W0088597

Indizien statt Dogmatismus

Darnach / 13 Erfahrungsberichte aus dem Jenseits

   *Verstorbene schildern in aufschlußreichen Einzelheiten,
wie sie von ihrem neuen Leben betroffen waren.*

'04
'08
'12

Geburt ist keinem Wesen eigen,
Und keines endet durch Vernichter Tod;
Nur Mischung ist
Und Austausch des Gemischten.

Empedokles (um 483–432 v. Chr.)

1. bis 20. Tausend
© 1983 by ABZ Verlag, Zürich
Alle Rechte vorbehalten
Umschlaggestaltung: Peter Kunz, Zürich
Printed in Switzerland
ISBN 3 85516 003 1

sache verschließen, aber entrinnen können wir ihr nicht. Spätestens durch den Tod lieber Verwandter und Bekannter oder durch eigene schwere Krankheit wird jeder Mensch damit unmittelbar konfrontiert. Es ist deshalb kaum zu verstehen, daß nicht alles darangesetzt wird, dieses Dunkel der Unwissenheit zu lichten, das auch hier Unsicherheit und Angst bewirkt, besonders wenn man nicht weiß, was einen nach dem irdischen Leben erwartet.

Sterbeforschung und Parapsychologie verfügen zwar über beachtenswerte Forschungsansätze und -ergebnisse, die darauf hinweisen, daß es ein Weiterleben nach dem irdischen Leben gibt. Ähnlich wie die großen Religionen beschränken sie sich in ihren Aussagen aber weitgehend auf die Frage, ob *es ein Jenseits und ein Leben nach dem Tode gibt. Solche Aussagen bleiben jedoch unbefriedigend, solange wir nicht wissen,* wie *wir weiterleben – in welcher Gestalt, mit welchem Bewußtsein und welchen Gefühlen, in welcher Umgebung, in wessen Gemeinschaft, mit welchen Begegnungen und Erlebnissen, nach welchen Bedingungen und Gesetzen ...*

Gerade dieses Wie *aber ist die Thematik des vorliegenden Buches.*

Ich erinnere mich vieler Gespräche – meist anläßlich von Sterbefällen –, in denen häufig die resignierende Bemerkung fiel, noch kein Verstorbener sei zurückgekommen, um zu berichten, wo und wie er lebt.

Wer so spricht, hat sich wohl kaum Gedanken darüber gemacht, daß das Weiterleben nach dem Tode eine der elementaren Aussagen des Christentums ist. Christus selbst hat diese Zweifel widerlegt, indem er sich den Seinen nach seinem Kreuzestod zeigte und so für alle Zeiten den Beweis für ein Weiterleben gab. Darüber hinaus ist das persönliche Überleben des Todes durch die schon erwähnten Forschungsergebnisse[1] und nicht zuletzt auch durch unzählige menschliche Erfahrungen bestätigt.

Leider werden jedoch auf diesem Gebiet viele Hinweise offenkundig deshalb nicht zur Kenntnis genommen, weil man die Konsequenzen, die sich daraus ergeben könnten, ahnt und – weil unliebsam – scheut.

DARNACH stellt 13 Erfahrungsberichte von Verstorbenen vor, die über wichtige Fragen des Weiterlebens detailliert Auskunft geben; sie stellen eine Auswahl aus einer Vielzahl solcher Berichte dar, die alle auf medialem Wege im Rahmen der Geistigen Loge Zürich empfangen wurden, durch eine irdische Mittlerin gesprochen. Es handelt sich dabei um den gleichen Vorgang der Verbindung mit der Geisterwelt Gottes, wie wir ihn von den Propheten im Alten Testament, von den Aposteln und von den frühen christlichen Gemeinden kennen, für die der Apostel Paulus im ersten Brief an die Korinther, Kapitel 12 und 14, und Johannes im Kapitel 4 seines ersten Briefes genaue Anweisungen gegeben haben.[1]

Mit den vorliegenden Erfahrungsberichten aus dem Jenseits werden wiederum im Sinne der Buchreihe, in der sie erscheinen, Indizien und Tatsachen gegen Spekulationen und Dogmatismus gestellt. Der Leser möge zur Kenntnis nehmen, prüfen und sich dann entscheiden – in dieser Reihenfolge und nicht umgekehrt. Die Freiheit zu individueller Stellungnahme und Entscheidung in solchen Fragen ist dem Menschen heute weithin gegeben. Nach geistigem Gesetz besteht aber auch eine Notwendigkeit zu persönlicher Entscheidung jedes einzelnen.

Alle diese Berichte machen klar, daß es zwischen Diesseits und Jenseits nicht die absolute Trennung gibt, die oft angenommen wird. Es gibt vielmehr enge Verbindungen und Wechselwirkungen zwischen Hüben und Drüben.

DARNACH macht deutlich, daß das Leben mit dem irdischen Tod nicht einfach aufhört und – rein zeitlich – darnach irgendein anderes anfängt. Aus den Schilderungen wird ersichtlich, daß im Leben nach dem Tod das irdische Leben weiterwirkt. Das Leben darnach nimmt direk-

ten Bezug auf das Leben davor, das irdische Leben, und ist im Sinne von Ursache und Wirkung folgerichtig.

Die 13 Erfahrungsberichte dieses Bandes sind verteilt über rund ein Jahrzehnt empfangen worden. Jeder Bericht ist in sich abgerundet und ohne direkten Bezug auf einen andern. Dennoch bestätigen und ergänzen sie sich in vielerlei Hinsicht und zeigen Verknüpfungen geistiger Gesetze auf. Sie sind so angeordnet, daß sich unter einigen Aspekten ein gewisser Erkenntnisaufbau ergibt.

So unterhaltsam die Schilderungen im einzelnen auch sein mögen, sie sind uns zu unserer Belehrung, zum selbstredenden Verständnis mühevoller Lernprozesse, wie sie uns das irdische Leben bringt, gegeben. Die Menschen sollen, wie einer der Berichtenden bemerkt, die Möglichkeit haben, sich mit dem Jenseitsleben vertraut zu machen, und die Konsequenzen erkennen, die das irdische Leben im darauf folgenden jenseitigen hat.

Um den Blick des Lesers auf das Wesentliche zu lenken, folgen den Berichten kurze Kommentare, die sich unmittelbar auf den jeweiligen Bericht beziehen und sich auch – um nicht zu verwirren – bewußt darauf beschränken, obwohl eine Fülle ergänzender Lehrmaterialien vorhanden ist.[2]

Im Anschluß an die Schilderungen und Kommentare werden die wesentlichen Grundtatsachen noch einmal in übersichtlicher Weise zusammengefaßt, und ein Nachwort gibt weiterführende Anregungen.

Heidelberg, 1983   Antonius Sommer

---

[1] Vgl. hiezu: W. Hinz, »Woher – Wohin«, ABZ Verlag, Zürich 1980.
[2] Vgl. die weiteren Veröffentlichungen des ABZ-Verlages.

Unfalltod in den Bergen

Mein Name ist *Philipp*. Nur kurz will ich das zurückgelegte Leben streifen. Ich lebte mit Frau und Kindern und den Eltern zusammen. Ich mußte für meine Eltern aufkommen, für ihr täglich Brot besorgt sein; dies tat ich gerne, denn ich liebte meine Eltern. Mit ihnen lebten wir in einem schönen, harmonischen Verhältnis.

Ich führte jeweils die Fremden, begleitete sie auf die Berge. Einmal war ich ganz alleine auf einen hohen Berg gestiegen und stürzte dann hinunter – stürzte zu Tode, wie ihr sagt.

Im Reiche des Geistes:
von einem Freunde betreut

Nun möchte ich von meinem Leben im Geisterreiche Gottes sprechen.

Das erste, was ich hörte, war: »Er ist tot. Wir müssen uns seiner annehmen.« Das waren die Worte, die ich zuerst vernahm, und ich überlegte: »Bin ich wirklich tot? Wieso kann ich denn das hören?« Es war mir nicht klar, in welcher Form, in welcher Art das Leben nach dem irdischen Tode weitergehen sollte. Auch fühlte ich mich etwas benommen. Eine Hand strich über meine Stirn und meine Augen, und jemand sagte zu mir: »Philipp, kennst du mich denn nicht? Ich bin es doch – der *Franzl!*«

Mir war, als würde ich aus einem tiefen Schlaf erwachen. Ja, ich sah den Franzl, aber ich war einfach zu müde – ich konnte nicht denken und nicht reden.

Dann aber sagte Franzl zu mir: »Ich bleibe nun schön bei dir und werde dich begleiten und dich führen. Weißt, du hast jetzt Abschied genommen vom irdischen Reiche. Jetzt bist du im Reiche Gottes. Das Leben geht weiter, Philipp. Schau mich an – du kennst mich doch!« Dabei strich er immer wieder mit seiner Hand über meine Stirne.

Und dann war es mir plötzlich klar. Wahrhaftig, der Franzl stand neben mir! »Was, du bist auch da?« sagte ich. Ach ja, es fiel mir wieder ein: Er war ja auch gestorben!

Da schüttelte er mich und entgegnete: »Selbstverständlich bin ich da und andere auch, die du kennst. Großvater ist da. Du wirst ihn bald sehen. Deinen vielen Bekannten wirst du wohl auch noch begegnen. Warte nur ab! Stütze dich etwas auf meinen Arm – ich führe dich.«

Ich betrachtete mich und dachte: »Habe ich denn nicht meine Beine, meine Arme und mein Rückgrat gebrochen? Ich bin doch ausgeglitten, bin gestürzt!« Das war mir klar. »Aber kann ich denn wahrhaftig noch gerade stehen?« überlegte ich mir.

Franzl sah meine Gedanken und sagte: »Ach, du hast weder deine Beine noch deine Arme noch deinen Rücken gebrochen. Du bist gesund! Dein Geist ist doch gesund! Philipp, wach auf!«

Ach ja, ich wollte aufwachen. Ich schaute mich um. Es war mir, als würde ich eben weggetragen. Ich schaute auf meine Füße, und es war mir, als würde der Boden unter ihnen wegrennen. Ja, ich machte Gehbewegungen, aber die waren ja nicht so schnell. Ich hatte das Gefühl, der Boden würde vorwärts gehen. So ging Franzl mit mir in die neue Welt hinein.

Begegnung mit den Richterengeln
In einem geistigen Spital

Franzl sprach zu mir: »Schau mal etwas nach rechts!«

Da sah ich drei schön gekleidete Gestalten. Ich kannte sie nicht. Da fragte ich den Franzl: »Wer ist es denn? Ich kenne sie nicht!«

»Ja freilich, es sind viele hier, die du nicht kennst. Weißt du, ich komme mit dir noch ins Gespräch darüber.«

»Muß ich denn Angst haben vor denen?« fragte ich weiter.

»Ja weißt du, das sind die *Richter.* Sie werden über dich Gericht halten, so wie sie dies über andere auch jeweils tun. Es sind die Richter; aber du brauchst dich nicht zu fürchten. Komm, begrüße sie!«

Auf Franzls Veranlassung hin getraute ich mich, sie zu begrüßen. Ich hielt ihnen meine Hand hin, und sie nahmen sie entgegen. Ihr Gesicht hatte sich dabei nicht verzogen. Sie standen da wie Säulen, und doch waren sie so schön! Aber sie kamen mit mir nicht ins Gespräch.

Da wurde ich mit einem Male wach. Ich schaute nach allen Seiten und hörte plötzlich verschiedene Stimmen. Jemand rief: »Führt ihn doch gleich ins Spital! Führt ihn doch ins Spital! Ich kenne das – es ist nicht gut, wenn man ihn nicht sofort ins Spital führt! Er ist abgestürzt! Er gehört ins Spital.«

Und schon drang wieder jemand anderes an mich heran und sagte: »Es ist besser, du gehst jetzt zuerst ins Spital.«

»Ins Spital?« fragte ich den Franzl. »Was soll ich denn im Spital? Ich habe ja weder Hände noch Arme gebrochen! Ich gehöre doch nicht ins Spital!«

»O doch«, sagte der Franzl, »es ist wohl besser für dich, wenn wir dich ins Spital führen.«

Und es kamen wieder welche heran und anerboten sich, mir einen Dienst zu erweisen. Sie würden mich auch begleiten und sie seien bereit, mir zu helfen; wenn ich etwas brauchte, könne ich mich einfach bei ihnen melden, denn sie wohnten nicht weit weg vom Spital. Ich könne sie nur besuchen; man werde mir jeden Gefallen tun.

Ja, so gefällig waren sie alle! Aber sie alle forderten mich auf, ins Spital zu gehen.

Da kehrte sich Franzl etwas ab und wechselte einige Worte mit einem von diesen dreien, die ich jedoch nicht verstehen konnte. Er wollte sich vergewissern, ob ich wahrhaftig ins Spital gehörte oder nicht. Die drei gaben ihre Zustimmung, und ich sah es ein, ich sollte ins Spital.

Eine neue Welt tat sich mir plötzlich auf. Ich ließ alles mit mir geschehen. Ich war ja fremd, und so führte man mich. Dabei hatte ich jedoch das Gefühl, es sei nicht notwendig, mich in ein Spital zu führen.

Sehr schnell waren wir an Ort und Stelle. Aber ich dachte noch menschlich und glaubte, das Spital müsse so aussehen wie auf Erden. Ich hatte so eine Vorstellung von einem Spital; aber dieses hier sah gar nicht so aus, sondern es war ein prachtvolles, längliches Gebäude mit vielen Säulen und einem schönen, langen Gang, zu dessen beiden Seiten herrliche Blumenbeete waren. »Hier kann man doch so gut einhergehen«, dachte ich; aber dann sagte ich mir wieder: »So was hat es doch im Spital nicht.« Herrliche Fenster leuchteten in allen Farben. »Na«, dachte ich, »wenn die dem 'Spital' sagen, habe ich eben das Verständnis nicht dafür.« Nun gut, ich war ja bereit, zu sehen und zu erleben, was da war.

Die drei Engel, die ich so im stillen doch fürchtete, kamen hinter mir her. Sie machten mir das große Tor zu diesem Hause auf, und ihre ersten Worte waren: »Tritt ein! Tritt ein in dieses Haus, und erhole dich!«

Kaum hatte ich einige Schritte in diesen prachtvollen Garten getan, kamen eilends wieder Wesen auf mich zu. Sie erkundigten sich, ob sie mir etwas abnehmen sollten – ob ich irgendwelches Gepäck dabeihätte oder überflüssige Kleider.

»Nein«, dachte ich, »was sollte ich für Gepäck haben? Wenn man ins Jenseits kommt, hat man doch kein Gepäck!« Ich wußte nicht, was sie mit diesem Gepäck und den Kleidern meinten. Ja, ich hatte gerade nur das, was mir am geistigen Leibe hing. Ich hatte doch nichts anderes! Was die denn tragen wollten, fragte ich mich.

Franzl nahm meine Gedanken auf: »Du wirst später schon Aufklärung darüber finden. Kümmere dich jetzt nicht darum!«

Noch während er diese Worte an mich richtete, kam wieder jemand anderes auf mich zu. Ich hatte überhaupt nicht die Möglichkeit, ins Haus einzutreten, so bestürmt wurde ich.

Man brachte mir etwas zu trinken und sagte: »Bruder, du wirst doch bestimmt hungrig und durstig sein. Komm, wir geben dir eine Erfrischung.« Und der Betreffende bot mir etwas an.

Franzl nickte mir zu und sprach: »Nimm nur davon! Es tut dir gut.«

Auch darüber machte ich mir Gedanken: »Muß man denn hier, im Reiche Gottes, noch essen und trinken? Das habe ich mir anders vorgestellt!« Und ich nahm diesen Trunk entgegen. Er war etwas herb, doch fand ich ihn gut. Ich hatte das Gefühl, er würde mich stärken und aufmuntern.

Plötzlich kamen mir folgende Gedanken: »So unerwartet schnell bin ich nun ins Reich Gottes eingegangen... Wie wird man wohl über mich urteilen? ...«

Ich hatte noch immer etwas wie eine heimliche Furcht vor diesen drei so vornehmen Gestalten, die hinter mir gingen, und ich dachte: »Die wissen ja alles aus meinem Leben. Ihnen kann ich nichts vormachen; sie wissen über alles Bescheid.« Und die Angst plagte mich etwas.

Franzl munterte mich jedoch auf: »Sei doch unbesorgt! Es geht alles gut! Es geht alles gut! Du warst ja schließlich ein guter Mensch! Du warst doch ein guter Mensch! Sorge dich doch nicht!«

»Ja, das sagst du, Franzl; aber was tun und was sagen die, die zurückgeblieben sind? Wo nehmen sie jetzt ihr Brot her? Und meine alten Eltern?« Ich machte mir plötzlich Sorgen.

»Komm jetzt! Komm jetzt!« sprach Franzl. »Geh weiter!«

Die Richterengel als Fürbitter
Der Anpassungsschlaf

Man führte mich in diesem Hause herum, und ich sah schöne Hallen. Ich wußte aber nicht, wozu diese benutzt wurden. Schließlich führte man mich in eine Kammer. Sie war ganz von Licht durchflutet. Auf zwei Liegestätten befanden sich zwei schlafende Geistwesen, neben denen jemand wachte.

Franzl sagte zu mir: »Siehst du, die dritte, leere Liegestätte ist für dich; da kannst du dich hinlegen.
Komm schon!«

Ich schaute hinter mich, ob diese drei Gestalten
auch nachkämen. Und sie standen wahrhaftig hinter
mir. Und das Unheimliche war, daß sie mit mir nicht
ins Gericht gingen. Es wäre mir lieber gewesen, sie
hätten mir gesagt: »Philipp – was du alles falsch gemacht hast! Gott wird dich bestrafen.« So aber verspürte ich eine ständige Unsicherheit durch ihr
schweigsames Hintermirhergehen.

Franzl tröstete mich jedoch, indem er sagte: »Ich
bleibe jetzt neben dir. So wie eine Wache bei den andern steht, so werde auch ich bei dir Wache halten.
Du kennst mich doch! Ich war doch der Franzl!«

»Ach ja«, sagte ich, »du warst ja auch ein guter
Kerl.« Und so legte ich mich hin.

Dann kamen diese Vornehmen, einer nach dem
andern. Ein jeder nahm meine Hände, faltete sie und
betete mit mir. Ich hörte nur die wunderschönen
Worte, die sie sprachen. Es ging eine solche Wärme
von diesem Gebet aus, von dieser Fürbitte für mich
an Gott, daß ich mich danach sehnte, stets von ihnen geführt zu werden und im Gebet begleitet zu
sein. Und als der letzte meine Hände gefaltet und
mit mir gebetet hatte, da wurde es mir so wonnig zumute! Alle Angst war von mir gewichen; keine Sorgen drückten mich mehr. Ja, ich hatte meine Lieben
zurückgelassen, und ich wußte auch, daß sie um

mich weinten. Ja, ich wußte es; aber diese drei, die mit mir gebetet hatten, versprachen mir, für sie zu sorgen. Sie würden sie besuchen, sagten sie mir bei ihrem Abschied; sie würden dafür besorgt sein, daß sie ihr tägliches Brot hätten – ich aber solle mich ausruhen.

So war ich bereit, mich hinzulegen. Es wurde mir klar: Das waren Geister Gottes, Engel Gottes! Sie hatten mir die Hände gefaltet; sie hatten mit mir gebetet. Also konnte es mir doch nicht schlechtgehen! Ich faßte Vertrauen zu ihnen, denn ihr Gesichtsausdruck war ja nicht mehr so streng. Ich sah ihr Antlitz so voll Liebe und Güte! Ich hatte nun das Gefühl, ich könne unbesorgt sein.

Da sagte Franzl zu mir: »Du wirst jetzt schlafen; aber bevor du einschläfst, bedarfst du noch eines Trunkes.«

Man brachte mir noch einmal etwas zu trinken; aber es war etwas ganz anderes, etwas eher Bitteres. Franzl meinte indes: »Es ist gut, wenn du davon trinkst. Du wirst wunderbar schlafen können. Sollte der Trank aber nicht wirksam genug sein, so wird dir etwas anderes gegeben. Du mußt nun schlafen, Philipp!« sagte Franzl zu mir. »Du mußt! Du kannst dich jetzt erholen. Ich wache bei dir, und die Engel werden nach dir schauen.«

Ich hatte das Gefühl, daß ich gut schlafen würde. Nach diesem etwas bitteren Trunk überkam mich eine große Müdigkeit, und ich schlief ein.

Wie lange der Schlaf gedauert hatte, wußte ich

nicht. Franzl hatte mich wieder aufgeweckt und zu mir gesagt: »Nun ist's genug. Du hast gut geschlafen! Lange hast du geschlafen, und ich bin dir die ganze Zeit treu zur Seite gestanden.«

Belehrungen über den Sinn
des Anpassungsschlafes

Als ich mich umblickte, war ich mit Franzl allein in dieser Kammer. Die beiden, die ich beim Betreten der Kammer gesehen hatte, waren fort, die Liegestätten leer.

Franzl erklärte mir: »Bald werden wieder andere kommen und den Platz einnehmen – solche, die der Ruhe bedürfen.«

»Warum mußte ich denn schlafen?« wollte ich von ihm wissen.

»Weißt du«, sagte er, »ein so plötzliches Abschiednehmen hinterläßt meistens seine Spuren. Man macht sich plötzlich Gewissensbisse. Man wird besorgt um die, die zurückgeblieben sind. Man kann aus lauter Sorgen und Ängsten die Aufgaben, die einem auferlegt werden, nicht erfüllen. Man wird zu fest und zu oft von den Tränen der Zurückgebliebenen angezogen. Während des Schlafes aber ist Zeit vorübergestrichen. Sie haben um den Dahingegangenen geweint, und nach einer gewissen Zeit haben sie sich aber wieder aufgefangen; sie haben ihren Weg wieder gefunden. Dann wird man nicht mehr so von der Trauer und den Tränen der Zurückgebliebenen angezogen, und so kann man in der Jenseitswelt besser seinen Aufgaben nachgehen und sie erfüllen.«

»Ja«, sagte ich, »aber ich darf doch bestimmt wissen, wie es den Meinen ergeht?«

»Sie haben ihren Weg gefunden«, sprach Franzl zu mir; »sie haben alle ihren Weg gefunden. Weißt du, man hat es dir doch versprochen: Die drei Engel haben dafür gesorgt, daß deine alten Eltern auch weiterhin ihr Brot bekamen und daß wieder etwas Sonnenschein in das Haus kam. Es geht alles gut. Bei Gelegenheit werden wir dich einmal hinführen. Doch jetzt sei unbekümmert, und versuche deine Aufgaben zu erfüllen!«

»Ja, was für Aufgaben stehen mir denn bevor?« Und weiter wollte ich wissen: »Nennt man denn dieses Haus 'Spital', nur weil man darin schläft?«

»Ja«, sagte Franzl, »man nennt es 'Spital'. Aber damit verhält es sich so: Bei dir genügte jetzt dieser Trunk; dies ist jedoch nicht bei allen der Fall. Viele nehmen davon und können trotzdem nicht schlafen. Sie sind noch voller Ängste und sind besorgt um die Zurückgebliebenen; noch können sie sich nicht damit abfinden, im Reiche Gottes zu sein. Und dann sind jene notwendig, die in diesem Spital tätig sind. Es sind Ärzte hier.«

»Ärzte?« wiederholte ich. »Wozu braucht ihr denn Ärzte? Bei Gott braucht man doch keine Ärzte!«

»Doch«, entgegnete er, »es braucht welche, gerade für jene, die eines schnellen irdischen Todes gestorben sind. Denn ihre Seele muß sich zurechtfinden, und dies ist keine Selbstverständlichkeit. Es kommt darauf an«, erklärte er mir weiter, »in was für einem Verhältnis man zu Lebzeiten zu Gott und *seiner* Welt gestanden ist, ob es ein Vertrauensverhältnis war oder ob einem das alles fremd ist und man es nicht annehmen will.«

»Was geschieht denn mit einem, der aus lauter Sorgen und Ängsten nicht schlafen kann?« wollte ich wissen.

Und Franzl erklärte: »Die Ärzte sind dafür ausgebildet. Das, was sie tun, vermag ich an dir nicht zu tun; diesen Dienst kann ich dir nicht leisten, denn diese Ärzte sind dafür bestimmt. Es sind Engel Gottes, und sie haben ihre Helfer. Sie werden den Betreffenden dann sozusagen mit sanfter 'Gewalt' in den Schlaf versetzen.«

»Mit sanfter 'Gewalt'? Wie geht das vor sich?« wollte ich wissen.

»Es gibt noch andere Mittel bei uns, die denen zur Verfügung stehen, die nicht zu beruhigen sind, die es jedoch wert sind, daß man diesen Dienst an ihnen leistet. So wie die Menschen ihre Mittel haben, um Kranke in eine Narkose zu versetzen, so verfügt man über ähnliches im geistigen Reiche. Man versetzt die betreffenden Geistwesen unter Anwendung dieser sanften 'Gewalt' in den Schlaf, weil sie unbedingt Ruhe brauchen. Und in der Zeit, da sie schlafen, ist ein Wächter neben ihnen, und Engel Gottes kommen immer wieder und schauen nach. Wenn es notwendig wird, werden Engel Gottes kostbare Öle auf die Stirn des Schlafenden streichen, und seine Hände werden sie mit Balsam einreiben. So tun es die Engel Gottes«, erklärte mir Franzl. »Weißt du, das ist eben das Himmelreich. Hier steht man für den andern ein; hier dient man dem andern, und gemeinsam schreitet man aufwärts, Gott entgegen, Stufe um Stufe. Aber Gott näher zu kommen vermag man nur dann, wenn man in seinem Innersten harmonisch ist, wenn man diese Ausgeglichenheit, diesen Frieden hat und dieses Verlangen nach gar nichts anderem als nach Gott und Christus; wenn man in vollstem Vertrauen zu ihnen lebt, ihnen dient und für sie wirkt. In diesem Gefühl muß man sein können – dann geht es immer schneller aufwärts.« Und so erklärte er mir weiter: »Je erdverbundener man ist, desto weiter ist man von Gott entfernt und um so schwieriger wird es, in *seinen* Dienst zu treten. Dann stellt man sich in den Dienst des Menschen, und man hilft sich nicht. Man sollte aber in den Dienst Gottes treten, eintreten in die große Familie, in die Gemeinschaft mit Jesus Christus.«

Staunend hörte ich zu und hatte das Gefühl, man müßte mir noch unendlich vieles erklären über diese neue Welt.

Aufnahme einer Tätigkeit im
Dienste des Nächsten

Da sagte nun einer dieser drei Engel zu mir: »Philipp, steh auf und verlasse das Haus! Dein Freund, den du auf Erden hattest« – damit war Franzl gemeint –, »wird dich führen.«

Und so gingen wir. Ich bedankte mich nach allen Seiten, dankte allen, die ich sah. Ich hatte das Gefühl, als sei ich allen zu Dank verpflichtet, die mir begegneten. Kaum hatte ich die Kammer verlassen, so geleitete man schon wieder andere hinein. Ich durfte noch zusehen, wie sich auch auf meine Liegestätte jemand niederlegte, der voll Trauer war und weinte – wahrhaftig weinte, weil er es nicht verstehen konnte, daß er alles zurücklassen mußte und nun fern von seiner Familie war. Aber auch er wurde in der neuen Welt von einem guten Freund getröstet und mußte sich zum Schlafe niederlegen. Dieses durfte ich noch sehen.

Es wurde mir klar: Diese Ruhe und diese herrliche Atmosphäre konnte man wohl nur in diesem Hause erleben – und ich erinnerte mich wieder an den Weg, den ich gegangen war, an die Betriebsamkeit, die auf dem Weg zum Spital geherrscht, und an die Stimmen, die ich von allen Seiten her vernommen hatte.

Nun sollte auch ich einer Tätigkeit zugeführt werden.

»Komm jetzt zuerst in mein Haus«, sagte Franzl; »ich habe nämlich ein eigenes Haus.«

»Was tust du denn überhaupt?« wollte ich von ihm wissen. »Ich habe doch gar keine Vorstellung vom Leben im Jenseits.«

»Das Leben hier ist genauso vielseitig wie das der Menschen auf Erden«, gab Franzl zur Antwort. »Du kannst hier eine Tätigkeit ausüben, die ebenso vielseitig ist wie jene der Menschen auf Erden.«

Ich aber wollte wissen, was er denn nun tue.

Und seine Antwort war: »Siehe, ich habe dich jetzt in Empfang genommen; man hat mich dazu von meiner Arbeit weggeholt. Du weißt ja, zu Lebzeiten habe ich viel geschnitzt. Es war doch unser Verdienst so nebenbei. Hier im Geisterreiche habe ich diese Möglichkeit auch. Hier schnitze ich jedoch nicht in Holz, sondern es stehen mir Steine zur Verfügung. Diese kann ich formen; indem ich sie bearbeite, behaue, mache ich Formen daraus. Dafür habe ich meine Lehrer. Du weißt ja, diese Tätigkeit liegt mir.« So sprach Franzl.

»Nun, was für eine Arbeit hat man wohl für mich?«

Und Franzl sagte: »Du hast die Wahl. Du selbst kannst auswählen, auf welche Art und Weise du dich beschäftigen möchtest: Vielleicht in ähnlicher Art wie ich? Oder möchtest du dich ganz in den Dienst des Nächsten stellen?« Und Franzl fuhr fort: »Siehst du, als ich an meiner Arbeit war« – und er zeigte mir ein großes Steingebilde, bei dem ich mir noch nicht so richtig vorstellen konnte, was daraus werden sollte –, »da kamen diese drei Engel zu mir, vor denen du so Angst gehabt, und sagten zu mir: "Sei bereit! Es kommt ein Freund von dir." Ich wußte aber noch nicht, wer. Und so mußte ich bereit sein. Meine Arbeit hatte ich nicht mehr ausgeführt. Ich hielt mich sozusagen fortwährend bereit, damit man mich holen konnte. Wann die Gelegenheit sich dafür biete, hatte man mir nicht genau erklären können. Und dann holten sie mich weg und führten mich in die Nähe der Berge. Man führte mich – zusammen mit diesen drei Engeln – dir entgegen. Wir kamen bis zu deinem Haus. Von dort begleiteten wir dich den ganzen steilen Weg. Wir waren stets bereit, dich zu halten, dich zu heben, das heißt, dich ins geistige Reich hineinzuführen. Und da wollte ich wissen: "Ja, hättet ihr es denn nicht verhindern können?" – "Nein", sprachen sie, "es ist Bestimmung; wir dürfen es nicht verhindern. Wir haben gewußt, daß er diesen Weg geht und daß er kommen wird." Und so waren wir einfach bereit – bereit, dich aufzunehmen und hineinzuführen.«

Ich hatte es ja schön. Sie hatten mich begleitet, und ich durfte eine wunderschöne Aufnahme erleben. So faßte ich den Entschluß, ich möchte viel lieber in der Art und Weise wirken, so wie Franzl sich in meinen Dienst gestellt hatte. Ich wollte mich in den Dienst eines Wesens in der geistigen Welt stellen oder vielleicht auch in den Dienst eines Menschen, wenn ich dazu die Zustimmung der höheren Geisteswelt bekäme.

So kam ich ins Gespräch mit diesen dreien, die meine führenden Geister waren. Sie hatten mir vorgeschlagen, ich könne jeweils zu solchen Menschen hingehen, die krank im Bette lägen und ihre letzten Stunden auf Erden verbrächten. Zu ihnen könne ich mich hinsetzen und mit dem Geist des Kranken beten oder einfach nur für ihn beten und Gott um Gnade und Barmherzigkeit anflehen. Sie sagten, ich solle es in ähnlicher Weise tun, so wie sie mit mir gebetet hätten, als ich in der Jenseitswelt auf jenem Ruhebett lag.

Ja, das war für mich eine solche Wonne, eine solche Wohltat gewesen! Und nun hatte ich mich dazu entschlossen: Ich wollte beten. Ich wollte mit solchen, die im Sterben lagen, beten. Ich wollte allein, aus eigener Kraft beten. Ich wollte den Kontakt mit dem Geist des Sterbenden aufnehmen, mit ihm beten, so wie es sich ergeben würde. Ich wollte auch bereit sein – falls es mir erlaubt wäre – und irgendwo bereitstehen, wenn jemand eines plötzlichen Todes sterben sollte. Ich wollte ihn führen; aber ich wollte auch, wenn ich Bescheid erhielte, daß es soweit sei, in den letzten Tagen seines Lebens für ihn beten. Ich hatte den Wunsch, diese Menschen in ihrem Alltag begleiten zu dürfen und sie auf das höhere Leben hinzuweisen, sozusagen sie zu führen, mit ihnen und für sie zu beten, den Kontakt mit dem sich noch im Leibe befindlichen Geiste aufzunehmen und ihm klarzumachen: »Bald stehen wir Hand in Hand miteinander im Reiche Gottes.«

Und diese Erlaubnis wurde mir gegeben. So erfülle ich auf diese Weise meine Aufgabe. Sie ist sehr vielseitig. Das eine Mal finde ich meinen Platz bei einem einsamen Menschen. Ich bete für ihn. Ich flehe Gott um Gnade an. Ich bete im Namen des Erlösers Jesus Christus. In *seinem* Namen bete ich, Gott möge ihm gnädig sein, *er* möge ihn aufnehmen, ihm vergeben. Ein andermal versuche ich, mit dem Geist ins Gespräch zu kommen, ihn aufmerksam zu machen auf die letzten Stunden seines Erdenlebens und mit ihm zu beten.

So hatte ich viele Möglichkeiten, meinen Dienst zu erfüllen, und ich erfülle ihn noch! Und es macht mich glücklich. So stehe ich in der Ordnung Gottes und erfülle meinen Dienst am Nächsten. So wie man mich geführt hat, mir barmherzig und gnädig war, so will auch ich die andern führen und will für sie beten.

Weder hüben noch drüben will
man die Welt verlassen

Eines möchte ich euch noch verraten: Manchmal ist es hart. Manchmal ist ein Mensch nicht Gott gefällig, und er hat kein gutes Leben gelebt. Dann werde ich auf seine Läuterung aufmerksam gemacht, auf die Bedrängnis, die seiner wartet; aber durch mein

Gebet, durch meine Aufopferung ist es mir erlaubt, ihn zu führen, ihn zu trösten. Es ist mir erlaubt, ihm Tröster zu sein an seinem Ort der Bedrängnis, und ich mache ihn immer wieder aufmerksam auf die Liebe und Herrlichkeit Gottes und auf *seine* Gnade, die auch ihn erfassen wird, und daß er eben noch zu warten hat, bis er der Gnade teilhaftig werden kann.

So erfülle ich meine Aufgabe. Aber es ist eben das übliche – wie man bei uns sagt –: Die Menschen, die da auf Erden leben, hängen an ihrem Leben, an ihrer Umwelt, an dem, was sie sich vielleicht selbst erschafft haben. Sie wollen sich nicht trennen von dieser irdischen Welt. Sie wollen sich nicht trennen! Sie möchten immer Mensch bleiben. Erst wenn sie alt geworden sind und ihr Körper ihnen beschwerlich wird – erst dann werden sie anders gestimmt. Dann sind sie bereit zu gehen. Aber es geht lange, bis sie soweit sind. Jene hingegen, die in der Blüte ihres Lebens stehen, denen es gutgeht, wollen nicht sterben. Sie wollen nicht! Sie wollen sich in der Anfangszeit im geistigen Reich nicht zufriedengeben. Darum bedürfen sie dieser Betreuung.

Die Menschen wollen nicht sterben. Und die Jenseitigen, die sich eingegliedert haben und sich in der großen, schönen, harmonischen Familie glücklich fühlen – die wollen nicht mehr heraus. Wird ihnen gesagt: »Nun wird es Zeit; du mußt noch mehr erreichen! Deine Stellung, die du jetzt hast, genügt nicht; du mußt erneut ein Menschenleben auf dich nehmen!«, dann sagen sie: »Nein, noch nicht! Noch nicht! Laßt mich hier! Laßt mich hier! Laßt mich nicht gehen! Ich will nicht zur Erde zurück! Laßt mich doch hierbleiben!«

Da muß manches wieder mit sanfter 'Gewalt' in den Schlaf versetzt werden, damit es ins andere Leben geführt werden kann. Man sträubt sich eben dagegen, weil man sich der neuen Welt angepaßt hat und sie einem gefällt, weil das andere eben unsicher ist und man nicht Bescheid weiß und weil die Jenseitigen um die Gefahren und Versuchungen wissen, die ein Erdenleben mit sich bringt, und daß man schnell strauchelt und fällt und leicht etwas verliert. Man kann es ja im geistigen Reiche schön gehabt haben, und darum ängstigt man sich, daß man das, was man im Geistigen erworben hat, verlieren könnte, weil man vielleicht als Mensch nicht fähig sein wird, sein Leben richtig zu leben: weil man versagt und weil nichts mehr von der göttlichen Welt – von dem, was man in der göttlichen Familie erlebt hat – durchdringen kann. Nichts wird in Erinnerung treten, weil man als Mensch neu anfangen und aufs neue beweisen muß, was man für ein Verlangen hat und ob man wahrhaftig in der Tiefe seiner Seele gefestigt ist – ob man wahrhaftig in der Sehnsucht nach Gott lebt, nach *seiner* heiligen Welt und nach dem König der Geisteswelt, nach Jesus Christus.

So ist es. Weder hüben noch drüben wollen sie die Welt verlassen, in der sie sind. Und so kommt oft eine sanfte 'Gewalt' über sie, die sie zwingt, ihre Welt zu verlassen, um in ein höheres Leben einzutreten, eine höhere Stufe einzunehmen, schneller aufwärtszukommen.

So mag es die Menschen schmerzen, wenn etwas in der Weise geschieht, wie es bei mir geschehen ist. Im Reiche Gottes ist es jedoch nicht so. Die Betreffenden werden aufgenommen und geführt. Sie werden schneller zu Gott kommen. Sie werden in Spitäler geführt, in Schlaf versetzt, und dann, wenn Ruhe über die Zurückgebliebenen gekommen ist und ihre Tränen nicht mehr über ihre Wangen rollen – dann wird es Zeit zum Wachwerden für jene. Und sie werden das alles aus einer anderen Sicht beurteilen und anders dem neuen Leben gegenüberstehen.

So durfte ich diese Worte zu euch sprechen. Möge Gottes heiliger Wille geschehen im Himmel und auf Erden – überall!

Geist und Seele lösen sich beim irdischen Tod vom Körper und leben weiter, ohne Verletzungen, Krankheiten und Behinderungen. Sogenannte Missionsgeister aus der göttlichen Ordnung sind beim Übergang behilflich, auch bei plötzlichem Tod.

Wer es durch seine Lebensweise verdient hat, wird von nahen (verstorbenen) Verwandten oder Bekannten empfangen, auf seinem Weg im Jenseits begleitet und in die göttliche Ordnung eingeführt. Außerdem sorgen höhere Geistwesen dafür, daß ein jedes seinen Verdiensten und seinem Verschulden entsprechend behandelt und eingestuft wird.

Geistige Spitäler bieten Erschöpften oder Verwirrten Ruhe, Schlaf und Erholung. Danach wird jedes Wesen einer ihm entsprechenden Betätigung in der Ordnung Gottes zugeführt, ehe es zu erneuter Bewährung – meist nach längerer Zeit – wieder ein Erdenleben anzutreten hat.

Geistige Verdienste werden anderen zum Segen

Voller Interesse erwartet

Mein Name ist *Anton*. Ich versuche euch von meinen Eindrücken in der Geisteswelt zu berichten.

Als ich in die Jenseitswelt kam, wurde ich von meinen Eltern begrüßt. Sie umarmten mich und erklärten mir dann folgendes: Ehe ich hinübergetreten, sei die Kunde durch die Ebene gegangen, in die ich eintreten sollte, ein Geistwesen werde heimkehren, über das man sich freuen könne. Man hatte dann auch gleich meinen Namen genannt.

Man hatte also den Geschwistern [gemeint sind hier nicht die irdischen, leiblichen Geschwister, sondern einfach Geistwesen] genau erklärt, daß ein männliches Wesen mit dem Namen Anton hier einkehren werde, das Verdienste aufzuweisen habe, und daß seine Eltern auch in dieser Ebene lebten. Und dieser Heimkehrende sollte nach seinem Übertritt in die jenseitige Welt in einem größeren Bereich unseligen und suchenden Geschwistern Gnade bringen dürfen.

Als ich meine geistigen Augen öffnete, waren nicht nur meine Eltern zur Begrüßung da, sondern auch noch viele andere Wesen. Ich kannte jedoch nicht einmal die Hälfte von ihnen. Es waren auch welche da, die mit mir zusammengelebt hatten. Teils machten sie ein trauriges Gesicht, teils riefen und jubelten sie mir zu. Dann aber wurden sie wieder weggeführt.

Ich wurde an beiden Armen gestützt, obschon es mir ganz wohl war. Ich war lange Zeit krank gewesen und hatte Schmerzen gehabt, ehe ich starb. Mein Körper hatte mir Unbehagen bereitet. Aber jetzt, da ich meinen [irdischen] Körper abgelegt hatte, fühlte ich mich recht wohl, und dennoch stützte man mich zu beiden Seiten. Die geistigen Freunde, die mich begleiteten, führten mich in eine Halle, die sich in einem prachtvollen Garten befand, und legten mich auf ein Ruhebett – ich sollte mich zunächst ausruhen.

Ich hörte alles, was vor sich ging. Ich fühlte mich schon etwas müder. Ich hörte die Worte verschiedener Wesen. Die einen fragten: »Ist das Anton? Ist er nun gekommen? Wie lange wird er schlafen? Wann kann man mit ihm reden? Wie lange wird er da drin bleiben?« – und so weiter.

Das alles konnte ich noch genau hören; aber ich konnte ihnen keine Antwort geben. Erstens fühlte ich mich fremd, und zweitens war ich auch müde. Ich konnte feststellen, daß die Engel zu meiner Seite die Fragenden abwiesen und ihnen erklärten, daß sie dann schon sagen würden, wann es soweit sei, daß man mit ihm reden könne.

Dann schlief ich ein.

In einer wunderbaren
Aufstiegsebene

Ich wußte nicht, wie lange ich geschlafen hatte. Als ich meine Augen auftat, gewann ich den Eindruck, ich wäre ganz woanders als dort, wo man mich hingeführt hatte. Später wurde mir dann gesagt, daß es derselbe Ort sei; aber ich hätte ja, als ich kam, diese Sicht noch nicht haben können, denn ich sei in einem gewissen Taumel gewesen. Ich war noch nicht ganz wach, hörte jedoch, was um mich vorging; aber ich hätte nicht sagen können, wie lange ich geschlafen hatte, und außerdem interessierte es mich auch nicht.

Als erstes wollte ich nur einmal die Umgebung betrachten. Ich fand sie so wunderschön! Ich stellte fest, daß ich mitten in einem Dorfe war. Das Dorf lag in einem Tal; ringsherum befanden sich Wälder und Berge. Von den Bergen herunter stürzte das Wasser, und alles war in ein wunderschönes Licht getaucht – ich möchte es Regenbogenlicht nennen. Mitten durch das Tal floß ein Bach, der seinen Weg in die Tiefen nahm. Alles glitzerte um mich her: Die Wälder, die Berge, das Wasser – alles schillerte in diesen Regenbogenfarben! Ich glaubte, nicht richtig zu sehen, und ich strich immer wieder mit den Händen über meine Augen, um mich ganz wach zu machen, damit ich auch richtig sehe. Doch ich konnte nichts anderes feststellen als diese Vielfalt an Farben, als dieses eigenartige Licht.

Man führte mich dann auf die Anhöhe eines Berges, und auf diesem Berge hatte ich eine wunderbare Aussicht. Mein Begleiter erklärte, daß man verschiedene Ebenen sehen könne, die alle von Geistwesen bevölkert seien. Ich sah weithin und hatte den Eindruck, daß es überall so herrlich, so farbenprächtig und schön wäre; aber man korrigierte mich und sagte: »Von der Höhe blickst du nun hinunter. Du mußt jedoch nicht meinen, alle Dörfer, die du siehst, wären so schön wie das unsere. Es ist nicht überall die Farbenpracht wie bei uns.« So klärte man mich auf.

Ich hatte natürlich bald verstanden, daß es eine himmlische Ebene [hohe Aufstiegsebene] war, in der ich nun wohnte. Man begleitete mich dann wieder in das Tal hinunter. Ich bewunderte alles, was in diesem Tale war. Die Häuser waren so verschiedenartig! Es gab da ganze Reihen von Häusern im selben Stil. Dann aber, etwas davon entfernt – man könnte sagen, wiederum für sich abgeschlossen –, standen andere Gebäude, die auch so sonderbar und schön waren.

Ich wohnte bei meinen Eltern in einem solchen Haus, das so sonderbar schön war. Meine Eltern waren gute, brave Leute [auf Erden] gewesen. Wir durften also zusammen eine Wohnung in diesem Haus haben; doch wohnten wir nicht allein. Das Haus hatte viele Stockwerke, und verschiedene andere Familien wohnten noch darin. Ich fühlte mich überaus glücklich, daß ich mit meinen Eltern zusammenleben durfte.

Große Verdienste im Irdischen
schaffen Möglichkeiten zu besonderer
Hilfe im Geistigen

Am Anfang, als ich mit meinen Eltern zusammen in der Jenseitswelt war, erhielten wir stets viel Besuch. Es waren Freunde von derselben Ebene, die uns ihre Aufwartung machten. Sie stellten sich vor und sagten, daß sie in der Nähe wohnten und daß man gemeinsam die gleiche Aufgabe erfülle und einander gerne mit Rat beistehe. Man wollte also eine Familie sein.

Ich kümmerte mich jedoch noch nicht um meine Aufgaben; denn meine Eltern hatten mir gesagt, ich solle zunächst einmal diesen Himmel genießen, und die Besucher, die kamen, rieten mir das ebenfalls. Ich sollte also den Himmel, in dem ich lebte, betrachten und mich dann später an die Aufgaben heranmachen. Das hatte man mir empfohlen.

Ich machte aber auch die Feststellung, daß man verschiedenen Wesen, die in die Nähe des Hauses kommen wollten, den Zutritt verweigerte, und ich wollte wissen: »Warum dürfen sie denn nicht in mein Haus einkehren und bei mir zu Gast sein, so wie die andern?«

Da wurde ich belehrt, daß es schon noch dazu komme, aber zuerst möchten sie – damit waren die Engel Gottes gemeint – sich mit mir unterhalten und dann sei immer noch Zeit genug, die anderen zu empfangen. Da wollte ich wissen, was das denn für Geschwister seien, die zu mir zu kommen wünschten; denn ich hätte deutlich gehört, daß sie meinen Namen gerufen hätten.

»Ja weißt du«, sagten sie mir, »sie alle sind aus dieser Ebene, und sie möchten eben auch Kontakt mit dir haben; denn du sollst ihnen einen Gefallen tun. Das hat jedoch noch Zeit.«

»Ist es denn nicht eine Vernachlässigung meinerseits, wenn ich sie nicht empfange – wenn ich ihnen nicht helfe?« entgegnete ich ihnen.

»O nein«, sagten sie, »es wird nicht mehr allzulange dauern, und du wirst mit ihnen zusammenkommen.«

Zuerst hatten sie mir noch viel zu erzählen. Ich machte auch die Feststellung, daß jene, die zu mir kommen durften, besonders gepflegt und schön aussahen. Daher wußte ich auch gleich, daß es Geschwister waren, die sich entweder bereits große Verdienste erworben hatten, oder es waren eben Engel Gottes, die alle schön sind. Nun bat ich aber darum, doch einige von jenen empfangen zu dürfen, die versuchten, in mein Haus zu kommen. Das wurde mir dann gestattet.

Es kamen ihrer zehn Geschwister zu mir und brachten mir kleine Geschenke. Das eine brachte mir einen schönen Reif, den ich mir um den Kopf legen konnte, ein anderes brachte mir ein Stück Stoff, der über und über bestickt war, und ein weiteres brachte mir einen feurigen Stein, der wahrhaftig sehr schön war. Es war ja alles so schön in dieser Welt! Sie alle brachten mir Geschenke. Ich wollte sie zuerst nicht annehmen; aber man hatte mich aufgefordert, die Geschenke ruhig anzunehmen und sie auch für mich zu behalten.

»Was wollt ihr denn von mir?« fragte ich die Geschwister.

Zuerst wollten sie mit der Antwort nicht herausrücken, sondern sagten lediglich: »Weißt du, es sind noch viele andere draußen, die dich begrüßen möchten; auch sie bringen kleinere und größere Geschenke mit. Sie möchten dir ebenfalls eine Freude bereiten.«

»Ja«, sagte ich da, »wenn es meine hohen Geschwister nicht zulassen, dann kann ich sie nicht empfangen.«

Die Engel Gottes sagten darauf, später würden sie alle zugelassen, aber jetzt solle ich mit denen zufrieden sein, die mich begrüßt hätten. Also forderte ich die Geschwister auf, zu sagen, was denn los sei und was sie von mir wünschten.

Einer hatte dann den Mut und erklärte: »Weißt du, deine Eltern hatten längst Bescheid erhalten, daß du bald kommen werdest, und wir wußten, daß du dir hohe Verdienste erworben hast. Wir wußten auch, daß wir auf deine Hilfe würden zählen können, und so möchten wir nun, daß du mit uns kommst. Weißt du, es gibt so viele arme Wesen!

Wir werden immer wieder angefleht, diesen Ärmsten zu helfen. Wir tun, was wir können und was uns erlaubt ist; doch wir können nicht allen beistehen und helfen. Wenn nun einer zu uns kommt, der besondere Verdienste aufweist, so hat der ein größeres Recht und bringt mehr fertig. Und weil wir wissen, daß du solche Verdienste hast, möchten wir dich um Hilfe bitten.«

»Weißt du«, sagte ein anderer, »ich habe einen Bruder. Ich gehe immer zu ihm, um ihn zu trösten. Aber wenn *du* kommst, dann weiß ich, daß du seinen Zustand erleichtern kannst. *Du* wirst es fertigbringen, ihn aus der größten Bedrängnis zu befreien.«

»Weißt du«, fiel ein anderer ihm ins Wort, »ich habe einen Freund, dem es auch nicht gutgeht. Ich gehe immer zu ihm hin. Ich bete mit ihm und tröste ihn; aber ich kann nichts Weiteres für ihn tun. Doch wenn *du* kommst, dann weiß ich bestimmt, daß du seinen Zustand erleichtern kannst. Vielleicht kannst du ihm sogar aus der Bedrängnis helfen.«

Dann kam ein weiterer und sagte ähnliches. Ich sollte also mit ihnen zu diesen leidenden Geschwistern hingehen, und mir sollte es dann möglich sein, deren Zustand etwas zu verbessern. Ja, ich mußte über mich selbst staunen und darüber, ob dies wirklich wahr sei; denn die Geschwister, die zu mir gekommen waren, sahen alle so schön aus. Ich hatte daher den Eindruck, sie hätten dasselbe Recht, die gleiche Kraft und Möglichkeit zu wirken wie ich.

Dann wurde ich eben belehrt: »Das ist so: Ein jeder, der kommt, hat die Möglichkeit, den belasteten Geschwistern beizustehen; aber je nach den Verdiensten, die man mitbringt, wird es einem ermöglicht, jenen [mehr oder weniger] beizustehen. Wenn man mit geistigem Reichtum zurückkommt, so zählt das bei den hohen Geistern Gottes, und man hat weitergehende Rechte, obwohl man in derselben Ebene ist.«

So wünschten sie denn alle, daß ich mit ihnen kommen sollte. Meine Mutter hatte es mir ja bereits gesagt: »Weißt du, wir haben ihnen mitgeteilt, daß du kommen wirst. Wir haben dich doch im Erdenleben beobachtet und haben auf dich gewartet. Es geht jeweils so schnell von Mund zu Mund, wer kommt! Ja man ist sogar darauf bedacht, Ausschau zu halten, wer als Nächster heimkommt, ob er wirkliche Verdienste mitbringt oder ob er einer der Auserwählten ist, über den sich die Engelswelt besonders freut – und so ging die Kunde von deinem Kommen von Haus zu Haus.«

Einem einstigen Nachbarn
soll Hilfe zuteil werden

Aber nicht nur in dieser Ebene schien die Kunde von meinem Kommen verbreitet worden zu sein. Meine Mutter berichtete mir, bei ihrem letzten Besuch bei jenen belasteten Wesen, die sie tröste, habe sie gehört, wie sie gefragt hätten: »Wann kommt er?

Wann ist es soweit mit ihm?« Und die Mutter hatte sich erkundigt, nach wem sie fragen, und da sei ich es gewesen.

Nun, ich wollte ja so gerne allen helfen! Einer von jenen, die mich um Beistand baten, hatte mit mir im selben Dorf auf Erden gelebt.

»Weißt du«, sagte dieser zu mir, »wir müßten eigentlich zusammen versuchen, dem Franz beizustehn.«

»Dem Franz?« fragte ich ihn. »Meinst du den Schmied?«

»Ja«, erwiderte er, »er hat sich längst schon nach dir erkundigt, wann du kämest und daß du ihn *ja* besuchen solltest.«

Ich erinnerte mich gut an ihn. Er hatte nicht nach Gottes Wohlgefallen gelebt, und es war mir verständlich, daß er nun in Bedrängnis war. Wir hatten einander gut gekannt. Wir waren auf Erden Nachbarn gewesen. Nun hatte er sich also nach mir erkundigt und gefragt, wann ich käme. Meine Mutter hatte ihn jeweils besucht. Sie hatte ihn und auch noch andere getröstet. Da hatte er einmal in seiner Bedrängnis ausgerufen: »Ich warte nur auf Anton! Wenn er kommt, wird er mich befreien! Er war ein guter Mensch auf Erden. Gott wird es ermöglichen, daß ich aus der Bedrängnis herausgeführt werden darf – seinetwillen, Antons Werken zuliebe!«

Diese Worte soll er laut ausgerufen haben, und andere hatten sie auch gehört. Und so hatten sie den

Franz gefragt: »Was ist das für einer, den du erwartest? Schicke ihn auch zu uns! Auch wir wollen ihn bei uns haben. Wie nennst du ihn? Woher kommt er?«

Franz hatte ja nichts anderes zu tun, als vom Erdenleben zu erzählen und von den Eindrücken, die ihm geblieben, und von jenen Menschen, über die man nur gelacht und die man nicht verstanden hatte, weil sie fromm und gottgläubig gewesen waren; aber jetzt hatte er Zeit, sich an jene zu erinnern und sie herbeizurufen. So tat er es mit mir.

Die Mutter sagte nun: »Du mußt zu ihm hingehen, zum Franz. Er ist eine ganz arme Seele. Geh doch zu ihm hin und tröste ihn!«

»Ich bin dazu bereit«, erwiderte ich, »wenn die hohe Geisterwelt damit einverstanden ist, mich dorthin zu senden. Ich werde nur das tun, wozu man mich auffordert.«

Ein Engel, der bei mir zu Besuch weilte, erklärte mir dann: »Die Mutter und dein Vater werden dir den Weg zeigen; auch dein Vater wird dich begleiten. Sieh, deine Eltern mußten so lange warten, bis du zu ihnen gekommen bist. Nun wirst du bald mit deinen Eltern dieses Tal verlassen und wirst in ein anderes Paradies [in eine andere Ebene] hinübertreten.«

Also sollte ich nicht mehr allzu lange in diesem Tale sein. Da überlegte ich mir: »Jetzt sind so viele zu mir gekommen und haben mich um Hilfe angefleht, und nun sollte ich nicht mehr lange hier sein? Ich wollte doch allen helfen!«

»Du kannst so lange hierbleiben«, sagte darauf der Engel, »bis du allen [Bittstellern] den Gefallen getan hast und sie zu jenen Ärmsten begleitet hast. So lange kannst du hierbleiben. Wenn du dann das Gefühl hast, du hättest jetzt allen einen Gefallen getan und deine Aufgabe in dieser Ebene erfüllt, dann werden wir dich und deine Eltern in eine höhere Ebene hinaufführen.«

Die Eltern freuten sich selbstverständlich. Sie beide waren damit einverstanden, zuerst den Bedrängten zu helfen und dann erst den schöneren Weg anzutreten. Es waren noch so viele Bitten zu erfüllen, und so wollte ich jeder Bitte zuerst nachgehen. Dieses lag jedoch in meinem eigenen Ermessen.

Bei den Bedrängten:
Das bessere Leben
muß von ihnen selbst
errungen werden

Meine Eltern waren meine Begleiter. So ging ich also zum erstenmal zu diesen unseligen Geschwistern hin. Ich wollte sie trösten und auch mit ihnen beten. Sie erwarteten jedoch noch etwas zu dem Gebet. Ich sollte also nicht nur mit ihnen beten, vielmehr wollten sie nach dem gemeinsamen Gebet mit mir und meinen Eltern schon einen Erfolg sehen. Sie nahmen uns jedoch mit Freuden auf, und es hieß dann: »Nun wirst du mir helfen! Nun wird es mir leichter werden!« Aber ich mußte sagen: »Ich weiß

nicht, ob es dir nun leichter wird. Ich habe nur den
Auftrag, mit dir zu beten, dich zu trösten.«

So ging ich verschiedene Male hin. Als ich dann
wieder einmal diese Unseligen besuchte, begleitete
mich ein Engel dorthin. Er erklärte nun allen, die ich
aufgesucht hatte, um mit ihnen zu beten: »Ihr habt
nach diesem guten Bruder gerufen, und ihr verlangt
oder erwartet nun, daß es euch besser geht. Es soll so
sein«, sagte der Geist Gottes: »Ihr sollt nicht mehr in
dieser Bedrängnis leben; es soll euch leichter zumute
werden – und dies geschieht auf Grund der Verdienste des Bruders.« Damit meinte er mich.

Und dann hatte der Engel ihnen viel zu sagen:
von den Vorteilen eines gottgefälligen menschlichen
Lebens, in dem man Gottes Werke geachtet und seine Gesetze erfüllt hat. Und es wurden ihnen Aus-
schnitte aus meinem Erdenleben gezeigt und damit
klargemacht, daß den Bedrängten Erleichterung zukommen werde, weil Gott Freude habe, wenn ein
Gerechter heimkehre. Aus dieser großen Freude werde andern Gnade zuteil.

Ich hatte dabei das Gefühl, als hörten sie nicht
recht zu, als wollten sie das gar nicht hören, als wollten sie nun einfach den Erfolg sichtbar und fühlbar
wissen. Es sollte ihnen also leichter gehen, und ich
konnte diese Feststellung selbst machen. Einige von
ihnen wurden aus ihrer harten Bedrängnis herausgeführt, eine Stufe weiter hinauf, wo sie es leichter hatten, andere wurden von Unbequemlichkeiten be-

freit. Ich selbst freute mich darüber, daß es ihnen besser ging, und wollte Gott und Christus dafür dankbar sein, daß sie so voll der Gnade waren; denn alles kommt doch auf das Wort [den Willen] Gottes an. Durch das Wort Gottes wurden sie aus ihrer Bedrängnis befreit oder erhielten Erleichterung.

Selbstverständlich wollten die Geschwister, daß ich sie immer besuchen sollte. Sie hatten ihre Fehler nun eingesehen und strebten ja dem besseren Leben zu; aber sie verstanden noch nicht, daß mit dem besseren Leben auch Aufgaben und Pflichten verbunden sind – daß man das bessere Leben eben erringen muß. Nun hatten sie ja erst etwas von ihrem Unbehagen verloren – von einem besseren Leben konnte man noch nicht sprechen. Das bessere Leben mußten sie selbst erringen.

Wie dem belasteten Franz mit
viel Geduld aus der Bedrängnis
geholfen werden konnte

Ich wurde ständig von Engeln Gottes unterrichtet. Sie waren auch meine Begleiter bei diesen Besuchen, und sie freuten sich, daß ich diese Aufgabe übernommen hatte.

Dann durfte ich den Franz, der in harter Bedrängnis lebte und gebannt war, befreien. Er hatte bisher das irdische Reich nicht besuchen dürfen. Nun aber wurde er freier, jedoch noch nicht ganz frei. Der Engel Gottes hatte mir folgendes Vorgehen empfohlen:

»Begleite ihn jetzt in das Dorf, wo er gelebt hat. Dort soll sein Platz in der Nähe der Kirche sein. Er darf aber nicht in die Kirche hineingehen.«

In der Nähe der Kirche war ein Brunnen. Bei diesem Brunnen sollte er seinen Platz haben. Dort versammelten sich jeweils die Männer nach dem Gottesdienst, und es wurde viel gesprochen. Er konnte jetzt hören, was diese Männer sprachen; aber er durfte nicht in die Kirche hineingehen. Er konnte hören, was die Männer redeten; doch das interessierte ihn ja eigentlich nicht mehr. Er hatte nur das eine Verlangen, auch in die Kirche zu gehen. Dies sollte ihm zunächst jedoch nicht gestattet sein. So sah er jeweils die Leute, wenn sie zur Kirche gingen. Die meisten kamen bei diesem Brunnen vorbei. Er konnte dabei feststellen, wer von ihnen wahrhaft fromm war. Von diesen frommen Menschen erhoffte er Hilfe; doch er konnte sie nicht in die Kirche begleiten. Er konnte sich aber merken, wer geistige Verdienste in sich trug, und jenen Menschen entgegengehen. Er sollte sich dieses merken, und das tat er auch.

Er fragte mich dann, ob er nicht einen Menschen nach Hause begleiten dürfe. Sein Aufenthaltsbereich war genau begrenzt; es war festgelegt, wie weit er gehen durfte. Nun fragte er mich also, ob er wohl in das Haus eines gerechten Menschen gehen dürfe. Die Entscheidung darüber sollte in meinem Ermessen liegen, denn ich sollte mich nun seiner annehmen.

Auch ich betrachtete die Leute und wußte, welchen Zweck dieses nun hatte: Er sollte in die Nähe eines gerechten Menschen kommen und mit dessen Lebensweise vertraut werden, um zu erkennen, daß er sein Denken zu ändern hätte. Ich empfahl ihm deshalb, einmal diesen, einmal jenen Menschen zu begleiten. Ich beobachtete ihn dabei und riet ihm, bei frommen Menschen zu verweilen, die zu Hause auch beteten.

Er sah, daß sie gute Werke taten. Ich erklärte ihm, daß noch vieles gutzumachen sei und er sehr strebsam sein müsse. So ging das eine Weile; aber er hatte fortwährend das Verlangen, in die Kirche zu gehen. Dort wollte er niederknien und beten; denn es gebe ja so viele fromme Menschen, die in die Kirche gingen, um zu beten, und bei diesen frommen Menschen werde man auch wiederum Erleichterung finden.

So mußte ich mich in dieser Angelegenheit an einen Engel Gottes wenden; denn Franz war im irdischen Reiche gebannt. Diesen Bannkreis konnte er nicht verlassen. Durch mein Flehen wurde dann der Bann gelöst. Er sollte nicht mehr an diese bestimmte Umgebung gebunden sein. Ich hatte den Engel darum gebeten, daß man ihn freigebe, so daß Franz sich im Dorf, wo er gelebt, frei bewegen könne. Er hatte doch in der Läuterung schon einiges durchgemacht, so daß man von ihm hätte erwarten können, daß er nichts Unnützes tun würde.

So ging er in die Kirche. Er betete dort, so wie die Menschen es auch taten. Ich blieb bei ihm und machte ihn jedesmal darauf aufmerksam, wenn er mit seinen Gedanken nicht mehr beim Gebet war; denn bald fing er an, die Leute zu betrachten, und vergaß, warum er eigentlich in der Kirche war. Er verfolgte ihre Gedanken, die, auch wenn diese Menschen in der Kirche weilten, nicht von frommer Art waren. Nicht alle beteten andächtig, und so mußte ich ihn jeweils darauf aufmerksam machen und ihm sagen: »Wende dich ab von diesem Denken, und richte deine Gedanken auf das Gebet aus! Dies ist wichtig.«

Einmal fragte er mich, ob er sich nicht im Dorfe umsehen dürfe; denn es sei doch schon viel Zeit verstrichen und er hätte gerne gesehen, was sich alles verändert habe. So gingen wir gemeinsam hin. Ich wollte ihn nicht allein lassen. Dabei mußte ich wiederum die Feststellung machen, daß er recht bald anfing, sich für die Menschen und ihr tägliches Leben zu interessieren, und daß er nicht mehr an Gott dachte. Dies war mir ein Beweis, daß Franz noch nicht fähig war, seinen Weg allein zu gehen. So mußte er immer geführt werden.

Es stellte sich nun die Frage: Durfte ich immer um diesen Bruder sein? Ich hatte ja andere Geschwister auch noch zu betreuen und blieb aus diesem Grund nicht ständig bei ihm. Ich erklärte ihm dann: »Du erfüllst jetzt deine Aufgabe soundso lang und entfernst dich nicht, ehe ich wiederkomme. Du beobachtest diesen Menschen und versuchst dein Denken auf Gott zu richten, auf das höhere Leben.«

So hatte ich die Kontrolle über ihn. Wenn ich jeweils zurückkam, sah ich, wie weit er gegangen war. Ich mußte ihn öfters tadeln, und er ließ sich dieses auch gefallen. Mit der Zeit brachte ich ihn soweit, aber eben nur dadurch, daß ich ihn stets von neuem darauf aufmerksam machte: »Wende dich von dem irdischen Denken ab – dieses bringt dir keinen Gewinn! Du sollst dich nun für deinen geistigen Aufstieg interessieren, und alles andere laß zur Seite! Kümmere dich jetzt nicht um den Wohlstand der Menschen, sondern kümmere dich um dein eigenes höheres Leben und wie du zu diesem höheren Leben kommst!«

So vermochte ich ihn zu führen und zu unterrichten. Er sah die Menschen in ihren Versuchungen. Ich sah ihm auch an, daß er bereit war, darüber nachzudenken, ob er selbst fähig sei, Versuchungen zu überwinden, oder ob er selbst einer solchen Versuchung anheimfiele. Immer wieder versuchte ich, ihn vom falschen Denken abzuhalten, ihm den Weg zu zeigen und ihn so zu festigen. Als ich dann glaubte, meine Aufgabe an ihm erfüllt zu haben, entließ ich ihn mit den Worten: »Du bist nun soweit, deinen eigenen Weg zu gehen und dich in die Ordnung Gottes einzufügen und dieser Ordnung treu zu sein.« Ich hatte ja noch so viele Aufgaben ähnlicher Art!

So überließ ich ihn seiner eigenen Entscheidung. Er mußte jetzt in die Ordnung eintreten und aus eigener Kraft handeln. Ich durfte dann die freudige Feststellung machen, daß er sich darum bemühte, vorwärtszukommen. Langsam ging es; aber er war strebsam, er gab sich Mühe und durfte dann aufsteigen.

Irdische Bande lockern sich
Je schöner die Aufstiegsebene, desto
größer die Aufgaben

Mit meinen Eltern durfte ich dann diese Ebene verlassen. In Begleitung einer großen Schar Engel führte man uns in eine Stadt. Der Übertritt von der einen Ebene zur andern wurde ein kleines Fest. Meine Eltern bekamen neue, schönere Kleider, und auch mir gab man schönere Kleider. Wir gingen dann in einem Festzug in diese andere Ebene hinüber – in eine andere, schönere Stadt hinein.

Dort wurden wir mit Jubel empfangen. Man freute sich über unser Kommen und hatte auch die Wohnung vorbereitet. Doch sollte ich jetzt nicht mehr mit meinen Eltern zusammensein. Es wurde mir auch verständlich, daß das Band der Verwandtschaft gelöst werden sollte. So nahm ich eine Wohnung für mich, Vater eine für sich und Mutter desgleichen. Doch war die Wohnung nicht etwa leer, sondern es wohnten bereits Geschwister dort; aber es war genügend Raum für alle vorhanden. Wir freuten uns, daß wir an einen noch schöneren Ort hatten ziehen dürfen, und wir wußten auch, daß wir uns immer sehen konnten. Es war unser Wunsch, auch unsere neuen Aufgaben zu erfüllen und uns mit den Engeln Gottes zu freuen.

Die Stadt war wundervoll, ihre Farben noch ausgeprägter als die jener Stadt in dem Tale, in die ich zuerst eingekehrt war. Sie war so herrlich mit ihren Gärten und kleinen Wäldern! Man hatte den Eindruck, mitten in einer Stadt zu wohnen, und doch war man recht bald von Bäumen umgeben, in einem kleinen Wald. In diesem Wald sangen die Vögel. Es waren vielerlei Arten von Vögeln, kleine und große. Sie kamen zu einem hin, flogen einem auf die Schultern oder setzten sich womöglich auf den Kopf. Es war ein herrliches Paradies. Es gab dort jedoch nicht etwa nur diese Vögel. Ich stellte fest, daß die Tiere ganz genau geordnet [nach Arten getrennt] in diesen kleinen Wäldern lebten, die sich da inmitten der Stadt ausdehnten. Ging man etwas weiter, so sah man wieder andere Arten von Tieren: Tiere, mit denen Menschen zusammenleben, an denen sie ihre besondere Freude haben – Tiere aller Art; aber Tiere derselben Art lebten gewöhnlich zusammen, eben genau nach einer Ordnung.

So konnte man je nach Belieben einmal dahin gehen, einmal dorthin, wenn man Muße hatte; denn es war hier kein Leben des Nichtstuns, auch wenn die Welt jetzt schöner war. Die Aufgaben wurden sogar immer größer. Man hatte den Wunsch, zu Gottes

Wohlgefallen zu leben, und wollte deshalb seine Aufgaben im Heils- und Ordnungsplane Gottes erfüllen.

Vieles gab es zu tun. Man mußte diese Stadt immer wieder verlassen, um in andere Ebenen hinunterzusteigen. Man mußte manchem Begleiter sein. Man hielt bei jenen Nachschau, denen man einst in Freundschaft verbunden war, und immer wieder wurde man darum gebeten, den Schutz zu übernehmen. Dann und wann mußte man ins Erdenreich gehen. Man begleitete Menschen; man hielt seine schützenden und segnenden Hände über ein ganzes Dorf, über eine Stadt oder über einen ganz bestimmten Menschen, über Tiere, über die Natur – man hatte so vieles zu tun. Man mußte für Ordnung besorgt sein, denn es herrscht eine wunderbare Ordnung überall im Heilsplane Gottes. Also fehlte es uns keineswegs an Aufgaben. Man hatte ein wirklich schönes Leben.

In dieser schönen Stadt befand sich auch eine Anhöhe. Dort war ein großer, freier Platz. Da versammelte man sich jeweils und sang zur Ehre Gottes und betete. Dort erlebte man Spiele, die von Engeln Gottes dargeboten wurden. Es konnten aber auch aufgestiegene Geistwesen auf eigenen Wunsch eine Darbietung bringen, denn es gab ja unter diesen auch Künstler auf den verschiedensten Gebieten. Und so war ein besonderer Ort dafür bestimmt, wo man diese Darbietungen erleben konnte. Diese trugen zur ständigen Freude bei. Man lud zu diesen Darbietun-

gen jeweils auch seine Freunde ein. Es konnten ja
nicht immer *alle* daran teilnehmen; so ging man zu
jenen hin, mit denen man am meisten zu tun hatte.
Die Kunde ging jeweils von einem zum andern, und
es war genau gleich, wie es bei den Menschen ist: Der
eine liebt den Gesang, ein anderer zieht die Malerei
vor. Und so wurde einem jeden etwas geboten, das
ihm zu besonderer Freude war. Zu gewissen Festen
kamen die hohen, die höchsten Geister des Himmels
zu uns und beteten mit uns. Sie gaben mit uns Gott
und Christus die Ehre.

So erlebte ich eine wunderschöne Zeit und erlebe
sie noch und gehe auch vielen, vielen Aufgaben
nach. Ich suche, wie ich bereits gesagt habe, einmal
einen Menschen, ein andermal ein in Bedrängnis le-
bendes Wesen auf. Es gibt der Arbeit ja so viel!

Dies ist mein Leben – mein Leben ist Seligkeit!

*Verdienste aus dem menschlichen Leben, in dem Gottes
Allmacht nicht so deutlich erkennbar ist wie im Jenseits,
zählen viel in der göttlichen Welt.*

*Die Gottgläubigkeit Antons und seine Selbstlosigkeit
im Dienst der Mitmenschen werden schon vor seinem
Übertritt in einem weiten Bereich der geistigen Welt be-
kanntgemacht. Seiner Verdienste wegen wird er allseits erwartet.*

*Er geht in eine schöne Welt ein und wird von Verwand-
ten und Bekannten und vielen anderen Wesen empfangen,
die ihn erwartet haben.*

Die Krankheit hat er mit dem irdischen Körper abgelegt. Er fühlt sich wohl. Nach einer Ruhezeit darf er die wunderschöne Umgebung ausgiebig genießen und wird außerdem reich beschenkt.

Seiner Verdienste wegen darf Anton bedrängten Seelen beistehen und helfen – seine Verdienste bringen Gnade über andere. Seinetwegen werden andere Wesen, um die er sich kümmert, aus ihrer Bedrängnis herausgeführt. Ihr Los wird ihnen erleichtert. Ihren weiteren Aufstieg müssen sie sich aber selbst verdienen. Am Beispiel von Franz wird dies deutlich.

Franz wird zu gerechten, frommen Menschen geführt und muß von ihnen lernen – unter Führung und Anleitung Antons –, bis er aus eigener Kraft im Sinne der göttlichen Ordnung selbst entscheiden und handeln lernt.

Schließlich wird Anton mit seinen Eltern in eine noch schönere Welt zu höheren Aufgaben geführt. Ihre Tätigkeiten sind nun nicht mehr in erster Linie auf die eigene Befreiung, sondern auf das Wohlgefallen und die Ehre Gottes ausgerichtet. Ihm zu dienen bedeutet Seligkeit (Anton: »Mein Leben ist Seligkeit!«).

Irdische verwandtschaftliche Bindungen verlieren in höheren himmlischen Ebenen allmählich an Bedeutung. An ihre Stelle treten neue Verbindungen zu Wesenheiten himmlischer Welten.

Wiedervereint in der Glückseligkeit

Ich heiße *Franz*. Ich war fünfunddreißig Jahre alt, als ich diese irdische Welt verlassen mußte. Ich war verheiratet. Wir hatten keine Kinder. Meine Frau kannte ich von früher Jugend an. Sie war es, die zu einer Heirat drängte. Ich hatte eine für jene Zeiten unheilbare Krankheit. Ich war lungenkrank, und so starb ich mit fünfunddreißig Jahren. Meine Frau, die diese Heirat wünschte, wollte, wie sie sagte, meinen Namen tragen dürfen.

Wer demütig sein Leiden trägt,
dessen Seele wird geläutert

Als ich in die jenseitige Welt hinüberkam, war ich erstaunt. Ich war in meinem menschlichen Dasein sehr gläubig gewesen. Durch mein Leiden, das ich zu tragen hatte, wurde meine Frömmigkeit noch intensiver. Von der jenseitigen Welt hatte ich mir jedoch keine Vorstellung gemacht, obschon ich daran glaubte, daß es einen Himmel gibt, wo man weiterlebt; aber in welcher Form und in welcher Art, davon wußte ich nichts.

So war ich erstaunt, meine Eltern zu sehen und weitere Freunde und Bekannte. Sie machten mich dann darauf aufmerksam, daß diese Welt, in der ich leben sollte, Ähnlichkeit habe mit der Welt, die ich verlassen hätte, und daß man in dieser Welt auch arbeiten müsse.

Meine Eltern waren auch nicht sehr alt geworden. Sie freuten sich, daß ich jetzt bei ihnen war. Die Welt und die Umgebung, in der ich lebte, gefiel mir; doch sagte man mir, daß ich nicht lange bei meinen Eltern wohnen sollte – daß ich recht bald etwas weiter aufsteigen dürfe, dann, wenn die Zeit der Läuterung vorüber sei. Es freute mich zu hören, daß mein Leben, das ich gelebt, nicht besonders belastet gewesen sei und daß ich dementsprechend Fortschritte in meinem Aufstieg machen könnte und nun in der jenseitigen Welt weiter belehrt würde. Dies nahm ich hin. Ich freute mich, daß man mir solches sagte.

Obgleich ich nun bei meinen Eltern leben durfte, hatte ich doch das Verlangen, daß meine Frau, die zurückgeblieben war, mir nachfolgen sollte. So bat ich Christus im Gebet darum, er möge es doch erlauben, daß meine Frau zu mir kommen dürfe – daß wir zusammenleben und miteinander arbeiten dürften. Dieser Bitte wurde aber nicht entsprochen.

Als ich immer wieder darum flehte und erhoffte, Gehör zu finden, führte man mich in das Haus meiner ehemaligen Lebensgefährtin. Dort sah und hörte ich, wie sie betete. Sie betete darum, daß Gott ihr Leben verlängern möchte – daß sie am Leben bleiben dürfe. Sie wollte also nicht sterben. Sie betete darum, daß sie leben durfte – und ich betete, daß sie sterben sollte! Nun wurde ich darüber belehrt, daß es nicht nach meinem Willen gehen sollte und daß ich niemals meine frühere Frau um die geistigen Früchte ihres Lebens bringen dürfe. Sie habe die Möglichkeit, in ihrem weiteren Erdenleben solche geistigen Früchte zusammenzutragen, und nun sollte ich ihr nicht die Möglichkeit dazu nehmen.

So sah und hörte ich denn, wie sie betete, daß ihr doch das Leben verlängert werde – daß Gott sie am Leben erhalten möge –, und sie betete auch für mich. Sie hatte sich auch einer neuen Aufgabe zugewandt; denn als ich von ihr weggegangen war, da nahm sie ihren kranken Bruder zu sich und pflegte ihn. Sie wollte also eine Aufgabe an ihm erfüllen und tat dies aus freien Stücken; denn ihr Bruder war einsam. So nahm sie ihn zur Pflege in ihre Wohnung und sah darin eine wunderbare Aufgabe. Für ihren Bruder wollte sie leben und ihn pflegen, und sie hoffte, darüber ihren Kummer zu vergessen. So erfüllte sie ihre Aufgabe.

Dann und wann durfte ich sie besuchen; doch sah ich recht bald ein, daß es nicht möglich war, sie in die geistige Welt hinüberzunehmen. So nahm ich dann Abstand und besuchte sie nur noch ausnahmsweise, wobei ich ihr Kraft für ihre Aufgaben brachte und Segen. Das war mir möglich. Ich kam jeweils in Begleitung eines höheren Geistbruders oder einer Schwester, und diese ließen bei den Besuchen heilende Kräfte wirken und boten beiden einen geistigen Trank dar, so daß jedes auf seine Weise gekräftigt wurde und sein Schicksal zu tragen vermochte.

In der ersten Zeit nach meiner Einkehr ins Jenseits durfte ich bei meinen Eltern wohnen. Ich wohnte so lange bei ihnen, bis die Läuterung vorüber war – bis verschiedene Unebenheiten, die ich in meinem menschlichen Leben auf mich geladen hatte, wieder ausgeglichen waren. Ich glaubte, daß ich in meinem Erdenleben den Mitmenschen keinen besonderen Verdruß bereitet hatte. Durch meine Krankheit war ich auf die Hilfe der Mitmenschen angewiesen, in der letzten Zeit ganz besonders auf die Hilfe meiner Frau. Es wurde mir klar, daß mein Geist durch das Leiden, das ich ertragen hatte, geläutert worden war. Durch dieses Ertragen des Leidens hatte ich einen wesentlichen Beitrag zur Läuterung meiner Seele geleistet – ich wurde demütig und bescheiden.

Der Heimgekehrte darf
die gleiche Tätigkeit wie auf
Erden ausüben
Im Himmel werden jedoch
höhere Ansprüche gestellt

Nun, nach einer bestimmten Zeit, als diese Läuterung vorüber war, geleitete man mich in eine höhere Ebene hinein. Die Trennung von meinen Eltern fiel mir nicht besonders schwer. Ich versprach, sie wieder zu besuchen und ihnen alle Neuigkeiten, die ich erleben würde, mitzuteilen. So trennten wir uns, und ich wurde von Geistern Gottes in eine andere Welt [Ebene] hineingeführt. Diese Welt war bedeutend schöner, sie war vielfältiger; aber es wartete auch Arbeit auf mich. Ich sollte also meine Hände nicht in den Schoß legen, sondern ich sollte fleißig arbeiten. Ich hatte jedoch eine schöne Arbeit.

Im menschlichen Leben übte ich den Beruf eines *Gärtners* aus. In der geistigen Welt sollte ich diesen 'Beruf' – ich will es so nennen – beibehalten. Aber es war nicht so ganz dieselbe Tätigkeit wie in der irdischen Welt. In der geistigen Welt war diese Arbeit viel schöner und auch von einer größeren Vielfalt. Zur Hauptsache bestand die Tätigkeit darin, Blumen in verschiedene Beete zu pflanzen, und zwar war das nicht so einfach wie auf Erden. Die Menschen zu meiner Zeit waren eben in dieser Hinsicht viel bescheidener; sie waren nicht so anspruchsvoll und hatten auch nicht diese Fülle von Blumen verschiedenster Art zur Verfügung.

In unserer Welt war alles unbeschränkt vorhanden, was man zur Gestaltung der schönen, himmlischen Gärten brauchte. Die Ansprüche, welche die hohen Geister stellten, waren jedoch sehr hoch. Wir unsrerseits konnten nicht einfach die Beete bepflanzen, wie wir es für gut befanden. Nein, wir mußten diesen hohen Anforderungen gerecht werden. Nun, ich sollte nicht allein diese Blumen in die Beete pflanzen, sondern zusammen mit andern mithelfen an der vielfältigen Gestaltung.

Diese Beete sollten eigentlich Worte in der Blumensprache zum Ausdruck bringen. So mußte zuerst alles auf das genaueste berechnet und vorgezeichnet werden. Dann wurden die Blumen bestellt und mit großer Sorgfalt hergeholt. Dazu hatte man seine eigenen Boten. Man mußte die Blumen je nach Art einmal von dieser Ebene, einmal von jener Ebene, von jenem Himmel, bestellen. Man ließ sich zuerst einige dieser Blumen kommen, um darüber zu beraten, ob man die betreffende Form mit diesen Blumen, mit diesen Sträuchern oder diesen Beeren gestalten sollte. Dies mußte alles vorgeprüft werden, ehe man daranging, die Beete zu bearbeiten.

Im Himmel geschieht der Wille
Gottes – persönliche Wünsche
werden zurückgestellt

Bevor ich euch einiges von meiner Tätigkeit schildere, die ich ja nicht alleine, sondern mit Geistgeschwistern zusammen ausführte, möchte ich nicht unterlassen, euch zu sagen, daß ich in eine geistige Familie aufgenommen wurde und in deren Hause als Gast leben durfte. Man hatte mich in ein Haus geführt und mir gesagt, daß ich hier nun so lange als Gast leben dürfe, bis meine frühere Lebenskameradin ebenfalls in die Geisteswelt hinübertrete; dann würden wir beide eine Wohnung teilen und gemeinsam der Arbeit nachgehen dürfen. Man erklärte mir, daß eine geistige Verbindung zwischen meiner ehe-

maligen Lebenskameradin und mir bestehe – ein
Band geistiger Verbundenheit würde uns zusammen-
knüpfen –, und so dürften wir auch in der Geisteswelt unsere Tätigkeit zusammen ausüben.

In mir war immer noch diese Sehnsucht nach ihr
und der Wunsch, daß sie zu mir kommen möchte,
und ich konnte es nicht lassen, immer wieder zu beten, daß man einsichtig sein möge und sie in die Geisteswelt hinüberführe; denn ich sah nun die Welt der
Menschen mit ihren Beschwernissen, und ich erlebte
die geistige Welt, die *Wirklichkeit*, und so fand ich es
einerseits überflüssig, daß sie, auf die ich sehnlichst
wartete, zurückblieb und dort leben sollte. Ich glaubte auch, daß doch noch andere Menschen da wären,
die nun ihren Bruder, meinen Schwager, pflegen
konnten; aber man schenkte meiner Bitte kein Gehör. So mußte sie auf der irdischen Welt verweilen
bis zu dem bestimmten Zeitpunkt, und so sollte ich
mich halt eben gedulden.

Je mehr Zeit verstrich, um so mehr vermochte ich
mich der neuen Welt anzupassen. Die Sehnsucht
verlor sich jedoch nicht; aber ich hatte Verständnis.
Ich lernte den Willen Gottes kennen; denn ich hatte
schon einiges erleben dürfen, und ich wurde auch in
den göttlichen Gesetzen unterrichtet. So sollte auch
ich mich dem Willen Gottes fügen, mich diesem göttlichen Willen unterwerfen, der im Himmel wie auf
Erden geschieht.

Die symbolische Sprache
der Blumen

Meine Tätigkeit hatte in mir immer größere Freude ausgelöst. Anfangs hatte ich etwas Mühe, überall mitzukommen, alles zu verstehen. Man mußte mich in dieser meiner Tätigkeit eben noch unterrichten, mich belehren; ich hatte doch wenig Kenntnisse – und hier wurden höchste Anforderungen gestellt!

Jetzt möchte ich erzählen, wie diese Gärten aussahen, diese Beete, die auf die verschiedensten Arten hergerichtet wurden. Jenen Geistgeschwistern, die durch die Gärten wanderten, sollte nicht nur Freude bereitet werden, sondern sie sollten auch die Sprache hören, die von diesen Blumen gesprochen wurde, und diese verschiedenartige Gestaltung sollte die Geistgeschwister zum Gespräch anregen.

Ich sagte, daß alles genau berechnet werden mußte – jedes Beet. Da sollte beispielsweise in einem Beet eine Rose dargestellt werden, und diese Rose ward aus Tausenden kleinster Blümchen gebildet, und sie war so lebendig! Die kleinen Blümchen waren einmal etwas erhöht, einmal etwas vertieft eingepflanzt worden. Die Blume sollte so lebendig wirken, daß man glaubte, es wäre eine wirkliche Rose.

Unsere Arbeit sollte Bewunderung finden. Dies war nicht immer so einfach; denn die hohen Geistgeschwister scheuten sich nicht, von uns zu verlangen, daß wir eine bereits fertiggestellte Arbeit wieder auseinandernehmen sollten, um das Werk in veränderter Form noch lebendiger und schöner zu gestalten. Um diese Lebendigkeit zum Ausdruck zu bringen, kam es auf kleinste Dinge an: beispielsweise wie die Blätter dieser kleinsten Blümchen gelegt waren.

Diese Gärten wurden zu besonderen Anlässen hergerichtet; sie sollten doch bei den himmlischen Feiern geschmückt sein. Man mußte daher fleißig arbeiten, um alles [nach Wunsch] zu gestalten und auf den rechten Zeitpunkt fertigzubringen. Die Gestaltung der Gärten sollte auch jeweils in Beziehung zu dem nahenden Feste stehen.

Da wurde zum Beispiel in der Weihnachtszeit in einem großen Beet ein großer *Stern* aus Blumen gebildet. Dazu wurden wiederum kleine Blümchen verwendet, die den Stern so lebendig gestalteten! Der Stern mit seinem Schweif sollte jene Geistgeschwister, die in diesen Gärten einhergingen, durch seine Lebendigkeit ansprechen und sie an das bevorstehende Fest erinnern – an die Vergangenheit!

So wurden solche Beete in verschiedener Art und Weise bepflanzt. Von großer Bedeutung ist auch das *Kreuz*, das in diesen Beeten mit großen, leuchtenden Blumen dargestellt wird. Auch dieses muß aussagekräftig sein und eine deutlich vernehmbare Sprache sprechen, wenn man es betrachtet.

Es werden auch *Kelche* mit Blumen gebildet – mit kleinen, mittleren und großen Blumen –, und auch sie sollen einen jeden Besucher ansprechen, und die

Besucher wissen ihrerseits auch, was ihnen der Kelch zu sagen hat.

Unter den symbolischen Bildern, die in diesen Beeten dargestellt werden, spielt die *Waage* eine bedeutende Rolle. Auf wunderbarste Art und Weise kann diese Waage mit solchen Blumen lebendig dargestellt werden. Die Blumen werden in feines Moos gepflanzt, erhöht und vertieft. So lebendig müssen die Dinge werden, als könnte man sie anfassen!

Ein anderes symbolisches Zeichen ist der *Fisch,* der von Zeit zu Zeit ebenfalls in diesen Beeten zu finden ist.

So könnt ihr euch nun vielleicht vorstellen, welche Tätigkeit da ausgeübt werden muß, um diese Bilder in Vollkommenheit zu gestalten. Vollkommen soll diese Arbeit sein; bewundert muß werden, was wir im Himmel tun.

Wenn nun die Vorbereitungszeit auf Weihnachten beginnt wie bei euch Menschen auf Erden, so leuchten Lichter überall. Zwar werden bei euch Menschen am Hochfest der Weihnachtszeit die Lichter des Christbaums angezündet. Wir in unserer Welt haben jedoch keinen Christbaum in der Art, wie ihr ihn habt. Wir haben unsere wunderbaren Gärten, und in diesen Gärten, da leuchten Fackeln. Das ist etwas Wunderbares. Diese Arbeit wird wieder von anderen geübten Geistgeschwistern ausgeführt, die ein 'Lichterspiel' gestalten und diese Fackeln in den Gärten so anordnen, daß sie Worte darstellen. Das Feuer der

Fackeln leuchtet in den verschiedensten Stärken, von schwach bis grell, und es kann auch von unterschiedlicher Farbe sein – wie ein Regenbogen. So sind auch jene Geistgeschwister Künstler in ihrem Fach, und sie tun das Ihrige, diesen Garten Gottes ebenfalls zu schmücken und ihm Glanz zu verleihen. Denn diese Fackeln, die jeweils zu den Festen angezündet werden und in diesen Gärten leuchten, erinnern die vorüberziehenden Geistgeschwister an das Licht, das von der Gotteswelt her gekommen ist und den Menschen leuchtet, und daß dieses Licht in ständiger Verbundenheit mit den Menschen sein soll.

Vieles, was in unserer Welt gestaltet wird, hat oftmals symbolische Bedeutung. Das mag für euch Menschen schwer zu verstehen sein; aber ein in der Jenseitswelt aufgestiegenes Geistwesen kennt diese symbolische Sprache. Man erlernt sie, und so weiß man, was die einzelnen Symbole bedeuten – was damit gesagt werden möchte.

Ein Wirken in Vollkommenheit
beglückt, erfordert aber stetige
Anstrengung

So arbeite ich in einem solchen Himmel und freue mich, wenn jeweils wieder die Zeit gekommen ist, da diese wunderschönen, in allen Farben gewandeten Geistgeschwister durch diese Gärten ziehen. Es ist eine Freude für uns, die Bewunderung zu erleben, die unsere hohen Geistgeschwister zum Ausdruck bringen; aber nicht alle diese Geschwister erkennen, wieviel Anstrengung und harte Arbeit es für uns bedeutet hat, solches zu gestalten.

Ihr Menschen seid oftmals der Auffassung, daß eine solche Tätigkeit im Geistigen ganz einfach vor sich gehen würde. Das stimmt nicht. Auch wir haben unsere Sorgen und Probleme mit der Arbeit, wenn wir sie zu jener Vollendung bringen müssen.

So bin ich in diesen Gärten tätig. Einmal führt mich der Weg in diese Ebene, dann gehe ich wieder anderswo meiner Arbeit nach; denn wir sind ja ständig mit Vorbereitungen für diese hohen Feste des Himmels beschäftigt. Ist beispielsweise zu Ehren Christi das Fest seiner Geburt als Mensch gefeiert worden, so beginnen wir gleich wieder mit den Vorbereitungen des nächsten Festes, das die Geistgeschwister an das Wirken Christi auf Erden erinnert, an sein Sterben und an seine Auferstehung. So liegt ständig große Arbeit vor uns.

Himmlische Künstler geben uns die notwendigen Inspirationen zu dieser schönen Gestaltung. Wir dürfen unsrerseits auch Anregungen machen, und diese können, wenn sie für gut befunden, ausgeführt werden. Wir haben uns also nach diesen großen Meistern der Kunst zu richten. Denn alles muß abwechslungsreich sein. Es soll immer wieder Neues im Glanze erstehen und aufs neue Bewunderung hervorrufen – ganz anders muß in den jeweiligen Himmeln gestaltet werden. Selbst von einem Fest zum andern muß die Sprache in einem ganz anderen Ton gesprochen werden. Nach eurem Verständnis ausgedrückt, heißt das: Es soll etwas anderes, ganz Neues, gestaltet werden. So wirken wir mit an der Gestaltung und ständigen Veränderung der himmlischen Welten.

Soviel von meiner Arbeit, die ich verrichte.

Geistige Verbundenheit bedeutet Glückseligkeit

Doch nun möchte ich von der Zeit sprechen, da meine frühere Lebenskameradin – so will ich sie nennen – auch in die geistige Welt kam. Sie sollte mit mir eine Wohnung beziehen dürfen. Ich lebte ja bisher als Gast in einer Familie und freute mich längst auf ihr Kommen. Man hatte für mich und meine Lebenskameradin eine Wohnung vorbereitet. Ich sollte diese jedoch nicht betreten dürfen, ehe sie in die Jenseitswelt zurückkehrte. Es sollte auch für mich eine Überraschung sein. Meine Lebenskameradin hatte ihre Aufgabe an ihrem kranken Bruder erfüllt. Daneben hatte sie auch noch vielen andern kranken und armen Menschen geholfen, war ihnen beigestanden und hatte so die Früchte des Lebens zusammengebracht.

Jetzt sollte sie mit mir zusammenleben dürfen, und wir sollten die Wohnung miteinander teilen. So war es für mich eine große Freude, sie in Empfang zu nehmen, als sie zu uns kam, sie zu begrüßen und in die Wohnung führen zu dürfen, die uns von andern Geistgeschwistern vorbereitet worden war, und zwar von solchen Geistgeschwistern, deren alleinige Aufgabe es war, Wohnungen für heimkehrende Geistgeschwister vorzubereiten und diese je nach dem geistigen Reichtum der Betreffenden zu schmücken und zu gestalten. Für beide, für mich und meine Lebenskameradin, war es denn auch eine große Überraschung, diese schöne Wohnung zu betreten.

Bei ihrer Einkehr in die geistige Welt wurde mir erlaubt, eine Zeit gemeinsam mit ihr zu verbringen, da wir beide nicht zu arbeiten brauchten; weder sie brauchte sofort zu arbeiten, noch ich mußte meiner Arbeit gleich nachgehen. Man erklärte uns, daß wir gerufen würden, wenn wir die Arbeit aufzunehmen hätten. Wir sollten nun eine Zeit des Zusammenseins miteinander verleben dürfen, wie es uns gefiel.

Da ich ja schon mit der geistigen Welt vertraut war, durfte ich sie – ich will sie nun meine geistige Schwester nennen –, durfte ich also meine geistige Schwester in den verschiedenen Himmeln einherführen und ihr die Schönheiten des Himmels zeigen. Wir hatten im besonderen auch die Möglichkeit, himmlische Werkstätten zu besuchen. So verbrachten wir eine wahrhaft glückselige Zeit zusammen; denn wir mußten uns nicht mit unseren Arbeiten beschäftigen und darauf bedacht sein, den Anforderungen gerecht zu werden, die uns – wie ich bereits gesagt habe – auch Probleme und Sorgen bereiten. Frei von all dem sollten wir nun sein. Und so war es für uns eine wunderbare Zeit des Glücks und der Seligkeit.

Als dann der Engel Gottes kam und uns rief, wir möchten gemeinsam die Arbeit aufnehmen, taten wir es mit großer Freude. Wir hatten – so fanden wir – genug Zeit miteinander verlebt, und dann ging es ja auch darum, nicht nur für uns beide zu leben; wir sollten uns vielmehr dem ganzen Himmel zur Verfügung stellen: Verschiedene Aufgaben sollten im Bereiche dieser Welt erfüllt werden. Wir sollten in den Gärten Gottes arbeiten, und wir sollten außerdem Gastgeber werden. Es sollten nun solche Geistgeschwister bei uns zu Gast sein, die [in unsere Ebene] aufgestiegen waren und die noch keine eigene Wohnung hatten, so wie auch ich bei andern Geistgeschwistern zu Gast gewesen war.

Wir hatten ein schönes Haus, in dem wir glücklich zusammenlebten und unsere Gäste pflegten und verwöhnten, so gut wie wir nur konnten. Und so lebten wir alle in himmlischer Freude und Seligkeit zusammen.

Zur Zeit besteht meine Tätigkeit noch immer in der Gestaltung dieser himmlischen Gärten. Gemeinsam mit meiner Schwester gehe ich an die Aufgabe heran, und unsere gemeinsame Freude ist es auch, jeweils selbst unter den Besuchern der himmlischen

Gärten sein zu dürfen, uns über unsere eigene Arbeit zu freuen und die Bewunderung der hohen Geistgeschwister vernehmen zu dürfen.

So ist mein Leben und das Leben meiner geistigen Schwester. Und so möchte ich euch allen wünschen, daß ihr, wenn ihr zurückkommt, auch eine solch schöne Tätigkeit ausüben dürft. Es erwartet einen jeden Arbeit, und je weiter man hinaufsteigt, desto größer werden die Ansprüche, die an die Tätigkeit gestellt werden, die man ausübt, sei es nun eine Tätigkeit in dieser künstlerischen Art oder sei es eine Missionstätigkeit. Es werden hohe Anforderungen gestellt, was jedoch einen jeden beglückt, wenn er jene Stufe erreicht hat, wo er das zu leisten vermag, was von ihm verlangt wird.

Wenn in der kommenden Festzeit eure Lichter zur Ehre Christi leuchten, so denkt daran, daß auch der Himmel seine Feiern hat! Denkt an das Licht, das in den Gärten Gottes leuchtet – so viel schöner! Es gibt nichts auf der Erde, das nur Ähnlichkeit hätte mit jenem Lichte in der Geisteswelt Gottes!

Im Himmel gibt es ein immerwährendes Um- und Neugestalten zur Ehre Gottes und zur Freude aller seiner Bewohner.

Je höher die himmlische Ebene, desto höher sind die Ansprüche an den Reichtum und das künstlerische Niveau der Gestaltungen. Diese beglücken jeden, der diese Stufen erreicht hat, wo er zu leisten vermag, was von ihm er-

wartet wird. Solche Gestaltungen und Veränderungen lassen den Himmel in immer neuem Glanz erscheinen.

Der Vielfalt himmlischer Welten und himmlischer Gestaltungsformen entspricht die Vielfalt himmlischer Tätigkeiten und Lebensweisen.

Franz wohnt mit seinen Eltern zusammen. Diese Verbundenheit aus dem Erdenleben wird allmählich ohne Wehmut gelöst, weil sie auf höherer Entwicklungsstufe an Bedeutung verliert.

Geistige Bindungen gewinnen mit höherer Entwicklung an Bedeutung. Eine solche geistige Verbundenheit gibt es zwischen Franz und seiner Lebensgefährtin. Auf der Erde haben sie ihre Aufgaben gemeinsam erfüllt: Franz vor allem dadurch, daß er ein langes Leiden in Gottergebenheit annahm, seine Frau, indem sie es mit ihm zusammen trug. Auch im Himmel erfüllen sie gemeinsame Aufgaben, und diese Gemeinsamkeit ist Teil ihrer beider Seligkeit.

Entsprechend dem Christuswort (Joh. 14, 2) werden die Wohnungen im Himmel für die Heimkehrenden vorbereitet. Sie sind je nach ihrem geistigen Reichtum, den sie sich bis dahin im Jenseits und auf der Erde erworben haben, und nach ihrer geistigen Stellung geschmückt.

Im Jugendalter
verstorben

Mein Name ist *Peter*. Ich starb, als ich siebzehn Jahre alt war. Ich hatte mir während meines kurzen Erdenlebens keine besonderen Gedanken über die Jenseitswelt gemacht.

Seine einstige Großmutter
empfängt ihn und nimmt
sich seiner an

Als ich dann diese für mich neue Welt betrat, kam meine Großmutter auf mich zu und zeigte große Freude darüber, daß ich heimgekommen war. Sie betonte zwar, meine Eltern seien jetzt sehr traurig, aber die Zeit werde die Wunde der Trennung heilen und ihre Wehmut werde nachlassen. Doch brachte meine Großmutter ihre große Freude über mein Heimkommen nochmals zum Ausdruck und lud mich auch gleich zu sich ein.

Nachholen möchte ich noch, daß eigentlich nicht nur meine Großmutter zu meiner Begrüßung gekommen war, sondern es waren noch andere Wesen zugegen, die ich aber nicht kannte. Ich schenkte diesen weiter keine Aufmerksamkeit, denn sie waren mir fremd. Ich war jedoch froh darüber, unter all den Anwesenden wenigstens *eine* Bekannte anzutreffen, eine liebe Bekannte, nämlich meine Großmutter. Die mir fremden Wesen entfernten sich dann wieder, ohne sich mit mir unterhalten zu haben. Es schien mir auch, als ob meine Großmutter schon über alles unterrichtet wäre. Sie lud mich also zu sich ein.

Sie bewohnte ein kleines Haus zusammen mit anderen, verfügte jedoch über ihre persönlichen Räume. Es war eine ganz hübsch eingerichtete Wohnung. Beim Anblick der verschiedenen Gegenstände konnte ich nur staunen. Ich betrachtete alles eingehend, nahm verschiedenes in die Hand und sagte schließlich zu meiner Großmutter: »Ich finde es doch sonderbar, daß in dieser neuen Welt soviel Ähnliches vorhanden ist wie in der irdischen. Eigentlich habe ich mir die Jenseitswelt nicht so vorgestellt.« Aber gleich fügte ich hinzu: »Natürlich sehe ich, man braucht diese Dinge auch hier, und man liebt offensichtlich auch das Schöne und Angenehme. Wenn die Menschen dies wüßten – die würden staunen!«

Eigentlich bewegte es mich gar nicht, daß ich die irdische Welt schon hatte verlassen müssen. Ich war einige Zeit krank gewesen, und soviel Interesse hatte ich noch nicht am menschlichen Leben gefunden. So freute ich mich über diesen Wechsel, darüber, in dieser neuen Welt leben zu dürfen. Es gab für mich so viele neue Eindrücke, und ich war überzeugt, es würde hier noch recht interessant werden.

Meine Großmutter schenkte mir ihre ganze Aufmerksamkeit, und ich konnte es mir in ihrem Zuhause recht gemütlich machen. Zunächst wollte ich wissen, was sie denn die ganze Zeit hindurch hier tue – sie könne sich doch unmöglich immer nur in ihren Räumen aufhalten oder spazierengehen. Ob es denn hier wohl auch Vergnügungen gebe, erkundigte ich mich weiter und fragte schließlich: »Man wird hier wohl auch zur Kirche gehen müssen oder zum Gebet oder wie man dem sagen mag?«

Großmutter klärte mich auf: »Ja, du wirst staunen, wenn ich dir erzähle, was in dieser Welt alles geschieht. Du bist jung aus dem Leben geschieden; doch jung sind wir hier alle, wenn wir heimkommen. Es ist ja nur der irdische Leib, der müde und alt wird und der Erde wiedergegeben wird. Ein Geist aber altert nicht; er sieht immer jung aus.«

Wirklich, Großmutter hatte weder graue Haare noch ein faltiges Gesicht, sondern ein jugendliches Aussehen. Dieses Kompliment hatte ich ihr gleich bei unserer Begrüßung gemacht. Es bestand jedoch noch eine große Ähnlichkeit zwischen ihrem jetzigen Aussehen und jenem zur Zeit ihres menschlichen Lebens, so wie ich sie von meiner Knabenzeit her in Erinnerung hatte. Von mir selbst hatte ich den Eindruck, als sehe ich noch wesentlich jünger aus, als ich war – ich fühlte mich recht knabenhaft.

Nun eröffnete mir die Großmutter: »Für dich wird das Leben hier freilich ganz anders werden. Du hast

ja als Mensch noch keine Aufgaben erfüllen können. Du sollst nun hier deine Ausbildung erhalten,
entsprechend wie auf Erden. Sieh, du hast im
menschlichen Leben keinen Beruf erlernen noch
Pflichten übernehmen können. Deine Eltern haben
für dich gesorgt; denn die Zeit war für dich noch
nicht gekommen, da du hättest ins Berufsleben treten können. Hier sollst du nun deine Ausbildung antreten.«

Aufmerksam hatte ich der Großmutter zugehört;
dann aber wollte ich doch wissen, wie sie denn ihre
Zeit hier verbringe.

»Schau, Peter«, sagte sie darauf, »du vermagst dich
sicher noch an Großvater zu erinnern und an das
Haus, in dem wir lebten. Wir besaßen einen schönen
Garten, und wenn die Zeit es mir erlaubte, fand man
mich immer im Garten, wo es stets viel zu tun gab.
Ich liebte diesen Garten, liebte die Blumen und unsere Tiere. Und auch hier darf ich mich wieder in einem Garten betätigen. Aber dieser Garten ist so
groß, daß man ihn kaum mehr als solchen bezeichnen kann. Ich werde ihn dir später zeigen. Er ist
nicht nur sehr groß und viel, viel schöner als mein
damaliger, sondern auch interessanter, obgleich er
viel mehr zu tun gibt.«

Wir plauderten miteinander und hatten es kurz-
weilig. Großmutter führte mich danach ins Freie,
und gemeinsam betrachteten wir die Umgebung. Sie
erzählte mir dabei von diesen und jenen Bekannten,

wie es ihnen in der geistigen Welt ergehe. Dabei vergaß sie auch nicht, nach ihren Angehörigen auf Erden zu fragen, nach Bekannten und weiteren Verwandten. Denn meine Großmutter weilte nach eurer menschlichen Zeitrechnung schon sieben Jahre in der Geisteswelt.

»Weißt du«, sagte sie dann, »anfangs hatte ich solche Sehnsucht nach meinen Angehörigen auf Erden, daß ich immer dorthin zurückkehren wollte, obwohl mein Mann, dein Großvater, schon in die Geisteswelt eingekehrt war; aber ich sehnte mich so sehr nach dir und allen übrigen Enkelkindern! Ich sehnte mich nach dem Haus und nach allem, womit ich mich mein ganzes Leben lang beschäftigt hatte.«

Sie erzählte mir weiter, wie fremd ihr diese neue Welt anfänglich gewesen und daß sie gerne immer wieder zur Erde zurückgekehrt sei; später habe sie dann eingesehen, daß man von niemandem beachtet werde, daß die Angehörigen einen weder hörten noch sähen, ja daß sie dies gar nicht wünschten.

Sie hatte sich daraufhin entschlossen, der irdischen Welt fernzubleiben, denn zu bieten hatte ihr diese wahrhaftig nichts mehr. Viel interessanter fand sie es fortan in der neuen Welt. In dem Moment, da sie sich fest entschlossen hatte, die irdischen Bereiche nicht mehr aufzusuchen, hatte man ihr von höherer Seite dieses Haus und ihre Arbeit zugewiesen. Sie erklärte mir des weitern, sie sei nun recht glücklich, da sie jetzt auch eine schöne Aufgabe zu erfüllen habe; sie hätte jetzt jedoch gerne noch erfahren, wie es den Verwandten und Bekannten auf Erden ergehe.

Begegnung mit dem Führergeist
In einer geistigen Familie

Wie wir so miteinander plauderten, erhielten wir einen Besuch, der sich mir als mein Führergeist vorstellte. Er sagte, er habe die Aufgabe, mich jetzt gleich mitzunehmen, denn ich hätte ja bereits eine erholsame Zeit bei meiner Großmutter zugebracht. Hier möchte ich noch nachholen, daß ich auch die Möglichkeit gehabt hatte, mich auszuruhen; aber stets war meine Großmutter mir zur Seite gewesen.

Nun hatte also dieser Führergeist den Auftrag, sich meiner anzunehmen. Er war sehr liebenswürdig, setzte sich mit uns an den Tisch und enthüllte etwas von meiner Zukunft. Er sagte, es sei nun soweit, daß auch ich meinen Aufgaben entgegengehen müsse, da ich jetzt ausgeruht sei und mich mit der neuen Welt etwas vertraut gemacht hätte; meiner Eingliederung [in die göttliche Ordnung] stehe nichts mehr im Wege. Er sprach auch davon, daß ich neben meiner geregelten Tätigkeit Schulen besuchen müsse, und ich nahm alles hin, was er sagte.

Meine Großmutter hatte mir zugeredet und erklärt, es sei alles sinnvoll angeordnet und außerdem könnten wir einander ja wieder besuchen. Wir trafen die gegenseitige Vereinbarung, uns wiederzusehen, je nach den gegebenen Möglichkeiten.

Der Führergeist entgegnete darauf, wir würden natürlich nicht in derselben Ebene wohnen; ich sei in meiner geistigen Entwicklung etwas weiter fortgeschritten und dürfe deshalb in eine höhere Ebene aufsteigen, und was die Besuche betreffe, da müsse *ich* zu Großmutter gehen, denn ihr sei es auf Grund der göttlichen Ordnung nicht möglich, mich in der höheren Ebene zu besuchen.

Wir verabschiedeten uns dann mit vielen guten Wünschen, und ich vertraute mich meinem geistigen Führer an. Er trat mit mir in eine andere Ebene hinüber. Ich fand die neue Umgebung etwas schöner als die, in der die Großmutter lebte; doch hatte es mir bei ihr auch gut gefallen. Ich wurde in eine schöne Stadt geführt. Auf dem Wege dorthin hatte mir mein Begleiter erzählt, ich würde in ein Haus aufgenommen und von einer geistigen Mutter empfangen; zur selben Zeit würden noch weitere Heimgekehrte ungefähr gleichen Alters eintreffen, also alles solche, die wie ich jung gestorben waren. Nach menschlicher Zeitrechnung war ich siebzehn Jahre alt. Der Führer sagte mir, der jüngste der Neuankommenden sei sechzehn, der älteste achtzehn. Es sollte auch eine gemeinsame Begrüßung stattfinden.

Am Ziele angelangt, erblickte ich vor mir ein Gebäude, das Ähnlichkeit mit einem irdischen Landhaus hatte und das von viel Grün umgeben war.

Mein Führer hatte mir die Stadt als groß und schön geschildert, mit Seen und grünen Parkanlagen.

Am Eingang des Hauses wurde ich von dieser geistigen Mutter – wie sie mein Führer genannt hatte – empfangen. Sie begrüßte mich mit meinem Namen, den sie bereits kannte, und sprach zu mir: »Im menschlichen Leben hast du den Namen Peter getragen. Vorübergehend nennen wir dich auch hier Peter, aber später wirst du einen ganz anderen Namen bekommen. Glaubst du nicht auch, daß es noch viel schönere Namen gibt als nur Peter?«

Ich stimmte ihr zu. Die geistige Mutter schien mir so vertraut und sprach zu mir, als hätte sie mich schon längst gekannt. So sagte sie: »Ich werde dich so betreuen, als ob ich deine leibliche Mutter wäre, und wir werden hier gemeinsam eine große Familie sein.«

Eine große Familie – das war vielleicht etwas übertrieben ausgedrückt; ich werde gleich davon erzählen, wie groß die Familie wurde.

Noch war ich mit meinem Führer allein. Man öffnete uns die Tür zu einem großen Raum, dem Wohnraum. Er war sehr schön, und ich bestaunte auch hier die verschiedenen Gegenstände. Da stand ein wunderbarer Tisch aus ganz seltenem Holz, wie mir schien. Ich konnte aber die Art dieses geistigen Holzes nicht erkennen. Die Stühle fand ich auch sehr schön, und sie schienen auch bequem zu sein. Ein prachtvoller Leuchter mit weitausragenden Armen erleuchtete den ganzen Raum festlich.

Was mir in dieser neuen Welt besonders auffiel: Es war immer hell, und doch gab es Leuchter, die allerdings, wenn sie aufflammten, zusätzlich ein angenehmes Licht verbreiteten. Es ist jedoch kein eintöniges Licht wie das künstliche Licht der Menschen, sondern von diesen Leuchtern geht ein Strahlen aus wie von einer Sonne, aber in wechselnden Farben. Wunderschön ist diese Beleuchtung! Ich liebte dieses Licht gleich von Anfang an; doch brannte dieser große, weitausladende Leuchter nicht zu jeder Zeit – aber zu unserem Empfang sandte er seine Strahlen nach allen Richtungen aus.

Der Boden war so weich ausgelegt als wie mit feinem Moos. Der Teppich fühlte sich so weich an, daß ich dasselbe Gefühl empfand wie einst, da ich als Mensch im Wald über dichtes, weiches Moos geschritten. Er war so lebendig, daß ich gar nicht feststellen konnte, aus was für geistigem Material der Teppich bestand und wie er hergestellt worden war. Dies hatte mich anfangs auch nicht allzusehr beschäftigt und interessiert; es war vielmehr der Gesamteindruck, der mich mit Bewunderung erfüllte.

Der Raum war noch mit andern sehr kostbaren Möbelstücken ausgestattet – unter anderem mit verschiedenen Sitzgelegenheiten –, so daß ich aus dem Staunen nicht herauskam. Nie hätte ich mir den Himmel so vorgestellt! Man hatte es uns sehr gemütlich hergerichtet.

*Der Empfang weiterer
geistiger Geschwister*

Dann sagte mir die geistige Mutter: »Wenn du schon als erster eingetroffen bist, so sollst du gleich beim Empfang der anderen mit dabeisein.«

Ich begab mich also mit der geistigen Mutter vor das Haus, um die Ankommenden zu begrüßen. Neben mir stand mein geistiger Führer, der sich ebenfalls darüber freute, wenn wieder jemand auf unser Haus zukam. Die geistige Mutter ging jedesmal auf den neuankommenden Bruder zu, begrüßte ihn lebhaft und setzte ihm auseinander, dies sei nun sein neues Zuhause und von hier aus werde er neuen Aufgaben entgegengeführt. Wir wurden uns auch vorgestellt.

Nun zu etwas Besonderem: Ich war im menschlichen Leben im katholischen Glauben erzogen worden. Man hatte auch gedacht, der Glaube, den man im menschlichen Leben habe, spiele eine wesentliche Rolle, wenn man in der Jenseitswelt Gott näher kommen wolle. Nun habe ich aber in der ersten Zeit eigentlich gar nichts Besonderes angetroffen, das dies bewahrheitet und mich an das katholische Glaubensleben erinnert hätte: Ich war doch eine gewisse Zeit mit meiner Großmutter zusammengewesen! Wir hatten auch miteinander gebetet, so wie im menschlichen Dasein. Die Großmutter hatte zu mir gesagt, wir könnten in ihrem Haus ebensogut beten wie die Menschen in den Kirchen. Dies hatten wir auch getan – wir suchten keine Kirche und keinen Tempel auf. Dies nur noch zur Ergänzung.

Nachdem mir der erste Bruder mit dem Namen vorgestellt worden war, den er im Erdenleben getragen hatte, sprach unsere Mutter das gleiche zu ihm: »Wir werden dir später einen anderen Namen geben. Vorläufig magst du deinen jetzigen Namen noch behalten, den du im Erdenleben getragen hast – schließlich müßt ihr ja alle einen Namen haben –, aber später werden wir ein Fest veranstalten und euch dann eure wahren, geistigen Namen geben.«

Es stellte sich heraus, daß dieser Bruder im orthodoxen Glauben aufgewachsen war. Ich war also katholisch und er orthodox. Mich störte das keineswegs. Die Hauptsache war: Ich fühlte mich geborgen. Ich dachte: »Ich bin ja jetzt schließlich im Himmelreich, und da wird es schon recht zugehen.« Ich hatte mir nicht angemaßt, irgendeine Bemerkung zu machen oder ein Urteil zu fällen.

Der neue Bruder wurde ebenso freundlich von der Mutter empfangen wie ich. Auch er war in Begleitung eines himmlischen Führers hergekommen. Wir führten ihn in den Wohnraum; denn dies war auch ihm gestattet, und es interessierte ihn doch genauso wie mich, zu erfahren, wo wir in Zukunft zusammenleben sollten.

Auch er war höchst erstaunt, betastete die Gegenstände und sagte: »Wenn die« – damit meinte er unsere Eltern –, »wenn die wüßten, wie schön wir es hier haben, so würden sie nicht mehr um uns weinen.«

Ich pflichtete ihm bei – das war auch meine Meinung. Wir wurden jedoch herausgerufen; denn schon kamen wieder andere an, und ihr Empfang fand nicht im Hause, sondern vor der Haustreppe statt. Jetzt kamen sie, einer nach dem andern, ein jeder von seinem geistigen Führer begleitet. Vom nächsten, der uns vorgestellt wurde, erfuhren wir, daß er Jude war. Nach ihm kam ein Mohammedaner. Nach diesem folgte einer, der sagte, er sei im protestantischen Glauben aufgewachsen. Man hatte sich – dies traf zumindest bei uns zu – gleich nach unserem Glauben erkundigt, denn die Himmelswelt ist ja eine Welt des Glaubens. Wir alle bekannten offen, welchen Glauben wir im irdischen Dasein gehabt hatten.

Es verwunderte mich, daß man uns kaum Vorwürfe unserer Fehler wegen machte, die doch auch wir in unserem Leben schon begangen haben mußten. Man sprach jedoch nicht darüber. Unsere geistigen Führer verabschiedeten sich dann von uns, nachdem sie uns der geistigen Mutter anvertraut hatten. Wir hätten bei ihr ein schönes Zuhause, versicherten sie uns, und wir sollten eifrig unsere Aufgaben erfüllen; über alles Weitere würde uns vorerst unsere Mutter unterrichten.

Ich hatte das Gefühl, man sehe uns noch nicht für voll verantwortlich an; denn man hatte keine große

Rechenschaft von uns abverlangt, sondern war sehr nachsichtig mit uns, so daß wir eben dabei das Gefühl hatten, man nehme uns so ungefähr wie erwachsene Kinder auf. Und so war es auch.

Unsere himmlische Mutter war sehr liebenswürdig; doch konnte sie auch sehr streng sein. Ein jedes bekam seinen Platz in diesem Raum zugewiesen. Daneben hatten wir noch einen weiteren Aufenthaltsraum, den wir auch benützen konnten und der sich in seiner schönen Ausstattung kaum von dem andern unterschied. Doch die gemeinsamen Besprechungen fanden in dem Wohnraum statt, den wir zuerst betreten hatten. Da stand jedem sein Platz zu, wo er es sich gemütlich machen konnte. Jeder hatte seinen Tisch, seine eigenen Gegenstände.

Dann kam unsere Mutter mit uns ins Gespräch, erzählte uns, was ich eigentlich zum Teil schon von meinem Führer wußte: wir hätten die Aufgaben in unserem Leben nicht erfüllt oder nicht erfüllen können und wir müßten nun im jenseitigen Leben nachzuholen versuchen und ins Berufsleben eintreten.

Der Eintritt in das geistige
Berufsleben
Die große Bedeutung des
Kunsthandwerks
in der geistigen Welt

Wir schauten uns gegenseitig verwundert an. Hatten wir richtig gehört? Ins Berufsleben? Ich hatte mich im stillen hier schon auf ein schönes Zusammenleben gefreut, wenn ich auch nicht überhört hatte, daß von Aufgaben gesprochen worden war. Es wurde mir und meinen Brüdern dabei auch klar, daß diese neue Welt [in ihrer Entfaltung] nicht abgeschlossen war; aber wir hatten doch alle ein recht bequemes Leben erhofft.

Nun fing unsere Mutter an, uns solche Dinge zu eröffnen: Wir sollten einen Beruf erlernen! Das war doch sicher gänzlich unmöglich hier. Aber unbeirrt fuhr sie fort: »Keiner von euch konnte im menschlichen Leben einen Beruf erlernen – ihr wart ja noch zu jung. Nun müßt ihr es eben hier tun.«

Erneut schauten wir uns ungläubig an. »Was sollte das heißen: einen Beruf erlernen? Wir sind doch im Himmel! Wozu brauchen wir da einen Beruf?« So mochte wohl ein jeder von uns gedacht haben.

Die Mutter ging nicht weiter auf unser Zögern ein, sondern fuhr mit ihren Belehrungen fort: »Nun, meine lieben Kinder, was glaubt ihr eigentlich: in dieser für euch noch so neuen Welt wäre alles, was ihr an Schönem seht, so einfach von selbst entstanden? Nein, vom Kleinsten und Unscheinbarsten bis hin zum Kostbarsten muß alles erarbeitet werden. Es braucht für alles fleißige, geschickte und geübte Hände. Es sind auch intelligente Wesen erforderlich. Je nach seiner Intelligenz und Geschicklichkeit wird jedem eine Arbeit zugewiesen. So sollt auch ihr einen Beruf erlernen, der euren Fähigkeiten entspricht.«

Sie zählte uns einige in Frage kommende Berufe auf: wir könnten darüber nachdenken; sie lasse uns genügend Zeit dazu, so daß wir miteinander darüber beraten könnten; sie werde wiederkommen und uns dann nach unseren Entschlüssen fragen.

Wie sollten wir uns aber unterhalten können, da doch keiner die Sprache des anderen verstand oder nur mangelhaft? Jeder sprach doch eine andere Sprache! Ja, wir benahmen uns wie Kinder, gaben uns Zeichen mit den Händen. So hatten wir uns bisher verständigen können.

Unsere Mutter machte es uns denn auch klar: »Das erste, was not tut, ist: Ihr müßt in der Lage sein, einander gut zu verstehen, und deshalb werden wir alle Sprachen lernen, die hier gesprochen werden.«

Die Mutter beherrschte sie alle und konnte sich so mit jedem in seiner [irdischen] Muttersprache unterhalten. Wir konnten uns mit ihr und durch sie verständigen; denn sie stand uns immer hilfreich zur Seite, nicht etwa nur als Lehrerin, sondern vor allem als Mutter. Stets fand sie für uns viele liebe und tröstliche Worte. Sie munterte uns auf und brachte uns oftmals auch etwas Strenge entgegen.

So begann unser Unterricht mit dem Erlernen der verschiedenen Sprachen. Dies zog sich natürlich über eine recht lange Zeit hin; doch wir waren sehr lernbegierig und beherrschten verhältnismäßig bald wenigstens das Notwendigste, um einander richtig verstehen zu können.

Dann eröffnete uns die Mutter, wir würden bald das Haus verlassen müssen, um ins Berufsleben einbezogen zu werden. Wir durften unseren Beruf selbst auswählen. Die Mutter zählte uns [nochmals] Berufe auf, die sie passend für uns fand und an denen wir auch Freude finden konnten. Sie begann mit dem Beruf eines Schusters, nannte ihn in den verschiedenen Sprachen, so daß es jeder verstehen konnte.

Keiner war jedoch mit dem Beruf einverstanden, und niemand meldete sich. Es waren doch alle noch mit der menschlichen Vorstellung behaftet: Also Schuster – nein, nein, nein! Keiner wollte Schuster werden, Schneider noch viel weniger!

Die Mutter machte uns aber darauf aufmerksam, wenn wir doch Wert auf schöne Kleider und Schuhe legten, so müßten diese zuerst hergestellt werden, denn sie seien nicht einfach von selbst da. »In der Gotteswelt ist jedoch das Handwerk viel vornehmer, viel schöner als auf Erden«, sagte sie, indem sie auf eines ihrer Gewänder zeigte, das sie nur zu bestimmten Festlichkeiten trug. »Menschen üben dagegen nur Stückwerk aus.« Sie breitete das Gewand vor uns aus, und es zeigte sich, daß es sehr kostbar war. Die Mutter versuchte nun, den einen oder anderen für diesen Beruf zu gewinnen, und beteuerte, wie schön er sei; man könne auch in diesem Beruf ein großer Künstler werden.

Aber niemand konnte sich dafür begeistern; wir alle wollten uns andere Berufe überlegen.

Da fuhr sie fort: »Glasmaler beispielsweise«, und sie deutete auf unsere Fenster.

Es waren wahrhaftig prachtvolle Fenster! Ein Mensch hat noch nie so etwas erblickt. Diese leuchtende Farbenpracht! Diese herrlichen Bilder, so edel, so vornehm in ihrer Darstellung!

Wir betrachteten darauf diese Fenster etwas genauer. Innerlich hatte ich bereits ja zu diesem Beruf gesagt. Für mich war eigentlich der Gesamteindruck ausschlaggebend gewesen; auf Einzelheiten ging ich nicht ein. Wir sollten aber *alles* betrachten, vom Schuh zum Kleid bis zum Fenster!

Also die Glasmalerei hätte mich schon interessiert; aber ich wollte mir das Weitere noch anhören, und wir staunten immer mehr.

Da erklärte einer, er habe eigentlich immer gerne gezeichnet.

Die Mutter entgegnete darauf, die Glasmalerei sei ebenfalls eine große Kunst; es müsse natürlich die entsprechende Fähigkeit vorhanden sein, man werde deshalb auch geprüft; dann müsse man auch lernen, die Farben zusammenzustellen; das sei nun gar nicht so einfach – es sei eine wirklich hohe Kunst und lange würde es dauern, bis man diese ganz beherrsche.

Nun, für diesen Beruf zeigten wir schon größeres Interesse. Dann sprach die Mutter vom Weben, das sei auch ein sehr schöner Beruf; die Kleiderstoffe müßten doch gewebt werden. Sie zeigte uns die aus kostbaren Fäden eingewebten Ornamente im Stoff ihres Gewandes. Auch hier erwähnte sie ausdrücklich, dies sei keine einfache Tätigkeit; es brauche dazu Künstler mit Ideen und Inspirationen; um diese zu erhalten, könne man andere himmlische Städte besuchen; man müsse sich die neuen Ideen anderswo holen und dann aus eigener Kraft weiterentwickeln und entfalten, bis das eigene Werk vollendet sei; dies gelte für alle diese Berufe, auch für die Glasmalerei.

Diese Art Kunst hatte uns sehr beeindruckt, und sogleich meldete sich der Mohammedaner dafür an: Er habe schon in seinem menschlichen Leben als Kind mitgeholfen, Teppiche zu knüpfen; für ihn würde dies weiter kein Problem sein und die Tätigkeit würde ihm auch Freude bereiten. So sprach er zur Mutter, und diese schien damit einverstanden zu sein. Wir anderen wollten aber weiter zuhören und vernehmen, welch andere Berufe es noch in der himmlischen Welt gab.

»Natürlich gibt es deren noch viele, viele«, meinte die Mutter darauf, »aber ich zähle euch ja nur solche auf, von denen ich glaube, daß sie für euch in Frage kommen könnten. Ihr könnt zunächst *einen* Beruf erlernen, später jedoch noch einen oder sogar weitere dazu. Es ist keine Bedingung, daß man nur *einen* Beruf ausübt; aber mindestens einen müßt ihr haben – das ist Voraussetzung.«

Man sprach dann auch von Architektur, und die Mutter bemerkte dazu: »Auch die Häuser müssen er-

stellt werden.« Sie erzählte von besonders eindrucks-
vollen Bauwerken in der Geisteswelt, die mit kost-
barstem geistigem Material erstellt werden; diesem
Beruf könne man sich auch zuwenden, wenn man
dazu befähigt sei; man könne sich ebenfalls zum
Gärtner oder Gartenarchitekten ausbilden – was in
der Geisteswelt ein und dasselbe zu sein scheint. In
der Himmelswelt komme den Gärten und Parkanlagen große Bedeutung zu, fuhr sie fort: große Künstler müßten auch da am Werke sein, denn diese Gar-
tenanlagen würden immer wieder umgestaltet; ohne
große Ideen vermöge man nie, ein bedeutendes
Werk zu schaffen. Denn darum gehe es ja, meinte sie
weiter: man müsse eben, was die Kunst anbelange,
das Äußerste seines Talentes hergeben, damit man
von höherer Stelle gelobt und ausgezeichnet werde;
solche Belohnung und Auszeichnung gehörten zu
den großen himmlischen Freuden.

Dies alles erzählte uns die Mutter und fügte hinzu,
man könne nun aber nicht einfach den Wunsch äußern, man wolle Architekt werden, wenn man dazu
keine Fähigkeiten habe – dies müsse zuerst geklärt
werden. Im weiteren könne man auch das Flechten
erlernen; dann müßten auch Gefäße aller Art hergestellt werden, wie überhaupt unzählige verschiedene
Gegenstände angefertigt werden müßten. Sie machte uns auf unsere schönen Tische und Stühle aufmerksam, und wir mußten uns eingestehen: Unsere
Einrichtung war wirklich wunderschön.

»So etwas Schönes hat noch kein Menschenauge erblickt«, bestätigte ich; »die Menschen haben ja gar keine Ahnung von alledem, was hier erarbeitet wird.«

Die Mutter pflichtete mir bei und sagte: »Ja, siehst du, auch solches kannst du erlernen.«

Aber so ganz gefiel es mir doch wieder nicht. Ich war in Gedanken mit meinen irdischen Eltern verbunden und erinnerte mich, wie sie mit mir damals erwogen hatten, welcher Beruf für mich in Frage käme, den ich erlernen könnte. Genauso ging unsere [neue] Mutter vor, indem sie verschiedene Berufe der Reihe nach aufzählte. Schließlich ermahnte sie uns, wir müßten uns nun unbedingt für einen der aufgezählten Berufe entscheiden, indem sie uns zu bedenken gab: »Ihr dürft nicht vergessen, die irdische Welt ist [in ihrem Bestreben] mit der göttlichen Welt nicht zu vergleichen. Die Geschäftigkeit der Menschen ist sehr auf das Geld ausgerichtet. Wir in der Geisteswelt dagegen haben kein Geld, und das heißt, wir benötigen weder Buchhalter noch Kassierer. Hier braucht ihr euch also nicht um Geld zu kümmern; hier könnt ihr keine Banklehren machen und auch keinen Handel treiben. Vielmehr müßt ihr einen für hier sinnvollen Beruf erlernen und euch klar darüber werden, daß in der Geisteswelt nichts erlernt werden muß, was nicht sinnvoll ist. Ihr sollt deshalb Berufe erlernen, die dem Leben in der Geisteswelt entsprechen: Ihr könnt so mithelfen, die Schönheit der Gotteswelt weiter zu entfalten.«

Wir schauten uns den Wohnraum an und fanden,
daß es wohl kaum eine Möglichkeit gäbe, diese
Schönheit zu überbieten. Noch herrlicher konnten
wir uns den Himmel kaum vorstellen – wir fühlten
uns doch schon glücklich und selig hier. So mochten
wir alle gedacht haben.

Die Mutter ging auf unsere Gedanken ein, indem
sie sagte: »Ihr könnt ja niemals ahnen, wie es in den
höchsten Himmeln aussieht. Ihr habt jedoch das
Glück, daß eure Seele unbelastet blieb und ihr gleich
in diese schöne Welt einkehren durftet; dafür wird
aber von euch erwartet, daß ihr eure Fähigkeit ganz
in den Dienst der Gotteswelt stellt und für sie
arbeitet. Außerdem könnt ihr euch auch hier der
Musik, dem Gesang, der Malerei, all den hohen Kün-
sten widmen, wie es die Menschen im Erdenreich
tun. Ihr sollt sie auch erlernen, wenn ihr glaubt, Ta-
lent dafür zu haben.«

Ausbildung zum Glasmaler

Schließlich hatten wir uns alle für einen Beruf entschlossen. Ich wollte die Glasmalerei erlernen. Das
war ein weiter Weg für mich! Zuerst hatte ich mich
im Zeichnen von ganz einfachen Dingen zu üben.
Ich mußte das Haus unserer Mutter verlassen und
kam in eine himmlische Werkstätte, wo ich noch mit
anderen zusammentraf, die mit mir die Lehre antra-
ten. Wir hatten einen Lehrmeister für den Zeichen-
unterricht. Dazu mußten wir allerlei Kunde erlernen.

Wir lernten die Farben richtig aufeinander abzu-
stimmen, was so vor sich ging: Wir suchten oft die
herrlichen Gärten auf, bedienten uns der Farbenpracht der Blumen, die wir in unendlich vielen Farb-
abstufungen und -variationen zusammenstellten.
Wir verbrachten eine recht lange Zeit damit, bis wir
die harmonische Farbenzusammenstellung einiger-
maßen beherrschten. Man hatte uns gesagt, die Zeit
spiele dabei keine Rolle; wichtig sei nur, daß man das
Handwerk gut und gründlich erlerne.

So hatte ich mich mit großem Eifer dafür eingesetzt; denn es ging ja nicht nur um das Zeichnen
und um die Komposition der Farben, sondern man
mußte sich auch mit der geistigen Materie vertraut
machen, mußte also zuerst die Zusammensetzung
der geistigen Odkräfte, der Odmischungen – die
Schwingungslehre – erlernen, um das geistige Glas
anfertigen zu können. Da gab es vieles in allen Einzelheiten sich anzueignen. Dann versuchte man, zunächst einfache Farben in das geistige Glas hineinzubringen, noch bevor es zu zeichnerischen Darstel-
lungen kam. Man mußte es dabei verstehen, die Farben durch eine höhere Schwingung, durch einen höheren Druck in das Glas hineinzubringen. Dabei
mußte man auch auf den Glanz achten.

Es gab eine Menge zu lernen! Aber ich hatte Freude an diesem Beruf. Nach menschlicher Zeitrechnung hatte ich gut zwanzig Jahre gelernt, bis ich ein
solches Fenster fertigbrachte, von dem man sagen

konnte, es entspreche nach Farben und Gestaltung dem Gesetz der Harmonie – zwanzig menschliche Jahre! Dabei möchte ich betonen, daß ich mich nicht unentwegt nur diesem Beruf widmete. Wir behielten noch lange Zeit unser Zuhause bei der Mutter, wohin wir jeweils zurückkehrten, wenn uns unsere Lehrmeister entließen; denn wir arbeiteten auch nach einer Zeitrechnung – doch nach einer *geistigen*.

Der Aufenthalt bei unserer Mutter fand nach etwa zehn Jahren irdischer Zeitrechnung ein Ende. Nachher lebten wir in einem Gemeinschaftshaus unter Führung männlicher Engel. Doch diese erste Zeit, die wir zusammen mit unserer geistigen Mutter verbracht hatten, war die eigentlich beglückende und tröstliche gewesen.

Freizeitbeschäftigung

Wie unsere anderen Geistgeschwister müssen wir nicht immer nur arbeiten, sondern wir haben auch unsere Zeit der Muße, während der wir tun und lassen können, was uns beliebt. Als wir noch bei unserer Mutter wohnten, interessierten wir uns zudem für Spiele, wozu sie uns auch aufgefordert hatte. Andere versuchten sich in ihrer Freizeit im Malen oder Musizieren, denn sie übten andere Berufe aus als ich. Jeder tat das, woran er Freude fand.

Uns blieb genügend Zeit für ein wunderschönes Ballspiel, das ich in der Zeit spielte, als ich zusammen mit meinen Brüdern bei der Mutter lebte. Wir erfreuten uns regelmäßig daran. Um unser Haus war viel Raum zum Spielen, gab es doch einen herrlichen Park mit einem schönen Rasen. Unser Ballspiel ist jedoch nicht zu vergleichen mit dem Spiel, an dem sich junge Menschen in ihrer Begeisterung ereifern. Man benötigt dazu Reifen, die stufenweise im Rasen festgemacht werden. Man versucht die Bälle durch bestimmte Reifen zu werfen, während andere dieses Werfen zu verhindern suchen. Es ist ein Spiel, bei dem man gewinnen oder verlieren kann; aber es ist dennoch harmonisch und nicht übereifrig wie meist bei euch Menschen. Es bereitet sehr viel Freude, und wenn auch eine Partei das Spiel verliert, ist man darob nicht betrübt, sondern man freut sich schon wieder darauf, sich zu revanchieren. Man kann auch selbst Spiele erfinden und sie mit den Geschwistern einüben. Wir kennen viele Spiele mit Reifen und Bällen, die alle sehr interessant und ausgleichend sind.

So lebten wir auf diese Art, bis wir eben das Haus unserer Mutter verlassen mußten.

Die erworbene Selbständigkeit bringt Veränderungen

Als wir dann in das Gemeinschaftshaus kamen, hatte sich auch unser Denken etwas gewandelt. In der ersten Zeit unseres Aufenthaltes in der geistigen Welt hatten wir noch ein wirkliches Bedürfnis, bemuttert zu werden, waren wir doch alle noch unselbständig und fühlten uns daher glücklich, diese gute

Mutter um uns zu haben. Durch unseren Lerneifer und unser Schaffen kam dann später auch unser eigener Wille und eine gewisse Selbständigkeit zum Ausdruck. Nach der darauf erfolgten Trennung von unserer lieben Mutter waren wir für uns selbst verantwortlich. Wir pflegten indes weiterhin ein schönes Gemeinschaftsleben, und ein jeder ging von hier aus seinem Beruf nach – so auch ich.

Meine Großmutter – dies möchte ich nicht unterlassen zu sagen – hatte ich öfters besuchen dürfen, als ich noch bei meiner geistigen Mutter war. Ich hatte ihr jeweils von meiner Tätigkeit erzählt und auch alles, was ich an Wichtigem von der geistigen Mutter über meine lieben Familienangehörigen auf Erden erfahren hatte. Wenn jemand von unseren Bekannten, Freunden oder Angehörigen in die Geisteswelt zurückkehrte, ging ich zur Begrüßung hin.

Im selben Glauben vereint

So habe ich euch etwas von meiner Tätigkeit in der geistigen Welt erzählt. Ich bin dazu von unserem Bruder Josef aufgerufen worden, um – wie man euch gesagt hatte – euch mit dem geistigen Leben bekannt zu machen. Man hat mich dazu aufgefordert, euch von meinem Leben zu erzählen, damit ihr mit dem Jenseitsleben vertraut werdet.

Ich lebe glücklich in meiner Welt. Wir gehen unserer beglückenden Arbeit nach und tragen auch sonst zur Verherrlichung Gottes bei, was in unseren Kräften liegt. Gemeinsam gehen wir zum Gebet und Gesang, loben, ehren und preisen Gott. Wir Brüder treffen uns immer wieder, wir [die wir uns einst nach menschlichem Glauben unterschieden]: Orthodoxer, Jude, Mohammedaner, Katholik, Protestant und die übrigen. Wir beten und singen zusammen, beten dasselbe Gebet, singen denselben Gesang – gemeinsam loben und preisen wir Gott. Wir sind uns einig im Glauben – einig darin, daß jeder den anderen anspornen soll, um das Höchste zur Verherrlichung Gottes hervorzubringen. Wir sind bemüht, mit unserer Arbeit das Beste herzugeben, um den Himmel in seiner Pracht zu mehren. Wir wollen Gott damit die Ehre erweisen. Wir wollen aber auch allen Geschwistern damit beweisen, wie sehr uns daran gelegen ist, nach besten Kräften zu diesem Glanz der Himmel beizutragen.

Denn jeder, gleich welcher Glaubensgemeinschaft er im menschlichen Leben zugehörig war, ist ein Kind Gottes. Jeder spricht von Gott als von seinem Vater, und wir nennen uns alle Brüder – Bruder oder Schwester. Es gibt keine Trennung im Glauben. Wir haben alle denselben Glauben. Wir bilden eine einzige Familie. In dieser Familie ist Gottvater der Schöpfer, der höchste Geist des Himmels, und Christus unser König. Das ist es, was ich noch zu eurem besseren Verständnis nachtragen wollte.

Ich kehre jetzt zu meiner Arbeit zurück und überlasse euch dem Segen Gottes.

Irdische Konfessionen haben im Himmel keine Bedeutung. Sie stellen Beschränkungen dar, die überwunden werden müssen und auf höherer geistiger Stufe auch überwunden sind im gemeinsamen Gebet, in der gemeinsamen Lobpreisung und Verherrlichung Gottes. Einigkeit im Glauben ist erreicht, wenn alle erkannt haben, daß sie den gleichen Vater verehren, sie der Herrschaft Christi unterstehen und sie sich in deren eine *Ordnung einreihen.*

In einer Gemeinschaft, in der jedes Wesen von der Erde her einer anderen Glaubensrichtung angehört und eine andere Sprache spricht, muß der einzelne sich mit den anderen um Überwindung der trennenden Unterschiede bemühen (gemeinsames Gebet, Gemeinschaft im Glauben, Erlernen von Sprachen). Auf diese Weise regt die geistige Welt eine Höherentwicklung an und gibt auch die notwendigen Hilfen dazu (gemeinsames Heim über längere Zeit, Mutter als geistige Führerin).

Jeder muß im Himmel, seinen Talenten entsprechend, eine anspruchsvolle Tätigkeit erlernen, mit der er zur schöpferischen Gestaltung des Himmels beitragen kann, zur Ehre Gottes und zur Freude und Bewunderung aller Himmelsbewohner. Eine solche Tätigkeit muß sehr gründlich erlernt werden. Darüber hinaus werden in Mußezeiten und zur Verschönerung des Gemeinschaftslebens weitere Tätigkeiten und Spiele ausgeführt, die Freude bereiten.

Alles muß im Jenseits mit geschickten und geübten Händen erarbeitet werden. Dazu hat Gott seine Geschöpfe mit vielfältigen und unterschiedlichen Talenten gesegnet. Die schöpferische Kraft und die Inspirationen kom-

*men von oben. Im Himmel herrschen weder Untätigkeit
noch Gleichförmigkeit. Nach dem schöpferischen Gesetz
der Vielfalt wird ständig Neues geschaffen und Bestehendes verändert. Daran beteiligen sich alle Wesen und finden Glück und Seligkeit darin.*

*In höheren Ebenen wird alles vielfältiger, leuchtender
und glanzvoller, weil die geistige Materie immer feiner
wird. Nichts zerfällt, nichts altert. Wenn ein Mensch im
Alter stirbt, verjüngt sich sein Geistleib in diesen Höhen
und bleibt jugendlich (so die Großmutter).*

Sühne einer Stiefmutter

Mein Name ist *Magdalena*. Ich hatte sechs Kinder und ein verwandtes noch dazu. Sieben Kinder zählte also unsere Familie. Mein Mann sorgte vorbildlich für sie. Das Kind, das wir angenommen hatten, war das Kind meines Schwagers. Dieser war, zusammen mit seiner Frau, früh verstorben. So hatten wir uns entschlossen, ihr Kind zu den unsern zu nehmen und es gemeinsam mit ihnen zu erziehen.

Einer Aufgabe nicht gewachsen

Ich gab meinen Kindern in allen Dingen den Vorzug. Von seiten meines Mannes bekam ich dafür öfters Vorwürfe, daß ich diesem Kinde, das wir angenommen – ich nenne es Erika –, daß ich Erika nicht meine volle Liebe gab, nicht dieselbe Aufopferung und Hingabe wie meinen eigenen Kindern. Manches Mal hatte mein Mann mich deshalb ausgescholten.

Ich hatte von diesem Kind auch mehr verlangt als von meinen eigenen, ja selbst die Kinder hatten es von klein auf ausgenützt. Sie hatten immer diese Erika als die Schuldige hingestellt. War etwas geschehen, so wollte niemand dazu stehen. Erika hatte es getan! So war Erika manchmal ungerechterweise bestraft worden.

Später, als sie herangewachsen war, verabschiedete sie sich von uns. Sie hatte sich selbständig gemacht und ging ihren eigenen Weg.

In materieller Weise hatten wir uns an ihr nichts zuschulden kommen lassen. Wir hatten sie wie die Unsern gekleidet. Wir hatten ihr genügend zu essen gegeben. Sie bekam dasselbe wie unsere Kinder.

Begangenes Unrecht erfordert Wiedergutmachung

In der jenseitigen Welt machte man mir den Vorwurf, daß es meinerseits an Liebe zu diesem Kind gemangelt habe und daß ich dieses nun gutmachen müsse. Ja, ich war eigentlich etwas enttäuscht, daß ich dafür bestraft werden sollte; denn ich glaubte doch, eine gute Tat ausgeführt zu haben. So mußte ich in der geistigen Welt zu der Erkenntnis kommen, daß man Liebe vergilt, daß aber Lieblosigkeit und ungerechte Behandlung bestraft werden. Bei meinem Empfang in der Jenseitswelt standen mir meine Eltern gegenüber und erhabene Gestalten, die sich als Engel Gottes vorstellten.

»Du siehst, du lebst weiter im Reiche Gottes. Deine Eltern haben dich nun begrüßt«, sprachen sie zu mir und erklärten weiter: »Du hast sechs Kinder großgezogen. Das ist eine schöne, große Tat von dir und deinem Manne. Ihr mußtet viele Opfer bringen und eine große Hingabe leisten. Zu alledem hattet ihr noch ein Kind zu euch genommen, das Kind des

Verwandten, des Bruders deines Mannes. Den Lohn für die Aufnahme dieses Kindes bekommt dein Mann; denn er war die treibende Kraft dafür, dieses Kind in die Familie aufzunehmen, und er arbeitete auch für dieses Kind. Er tadelte dich, wenn du lieblos und ungerecht warst. Er versuchte dem Kind den Vater zu ersetzen, ihm Vater zu sein; du aber hast ihm nicht die Mutterliebe gegeben, wie du sie den Deinen gegeben hast. Es ist schade, daß du das unterlassen hast. Hättest du diese Aufgabe voll und ganz erfüllt, so wäre unendlich groß dein Lohn gewesen. Du hast sechs Kinder großgezogen, und viele Sorgen sind über dich und deinen Mann gekommen. Viele Probleme waren zu lösen. Sechs Kinder waren dein eigen und eines noch dazu. Wir sind aber nicht einverstanden mit der Erziehung, die du dem verwandten Kinde gegeben hast. Dies muß nun in der geistigen Welt gutgemacht werden, damit du in einem späteren Leben den Gewinn daraus ziehen kannst. Wir wollen versuchen, daß du deine Läuterung ausschließlich hier, in der geistigen Welt, erreichst.«

So sprachen sie. Es bestehe auch die Möglichkeit, daß man, um weiteres gutzumachen, mit Belastungen in ein neues Erdenleben hineingehen müsse; da ich aber Mutter von so vielen Kindern gewesen sei und auch meine Arbeit an der Nichte erfüllt hätte, würden sie mir einen leichteren Weg der Läuterung zuweisen.

Man hatte mir von allem Anfang an erklärt: »Dein

ältester Sohn wird recht bald auch in die geistige Welt einkehren.« Ich wußte, er war krank, und meine Besorgnis galt auch diesem ältesten Sohn. Ich dagegen durfte ziemlich alt werden. Nachdem ich in die geistige Welt eingegangen war, folgte mein Mann, und nun sollte der älteste Sohn kommen. Man hatte mir gesagt und erklärt, beim Empfang meines Mannes dürfe ich dabeisein, beim Empfang meines ältesten Sohnes jedoch sei mir dies nicht gestattet. Ja ich dürfe überhaupt nie beim Empfang meiner eigenen Kinder dabeisein. Dieses sollte sozusagen die Strafe für die Lieblosigkeit sein, die ich meiner Nichte gegenüber zum Ausdruck gebracht hatte.

Am Anfang habe ich das noch nicht richtig verstanden. Ich habe noch nicht richtig erkennen können, welchen Schmerz dies bedeuten würde; denn ich war ja noch nicht so mit allen Gepflogenheiten vertraut in dieser neuen Welt. Ich wußte ja noch nicht, welche Freude es sein würde, wenn man eines seiner Lieben empfangen und auch begleiten darf.

Also empfing ich zuerst meinen Mann. Die Engel sagten ihm Worte des Lobes für seine große Arbeit, die er geleistet, und erklärten, daß wir beide nicht zusammenleben dürften in dieser neuen Welt – daß mein Mann seinen eigenen Weg gehen werde –, daß wir aber später wieder vereint sein dürften. Zunächst sollte ich das, was ich im Leben vernachlässigt hätte, in der geistigen Welt nachholen. Ich sollte etwas von der Liebe lernen.

Nun aber, als ich da in der geistigen Welt war, wurde mir etwas eröffnet, von dem ich im menschlichen Leben nie geglaubt hätte, daß so etwas eben geschieht. Ich hatte ja nie an eine Verbindung zur geistigen Welt geglaubt. Wohl hatte ich gedacht, daß es einen Himmel gibt und einen Ort, wo die Seligkeit zu erleben ist – aber in welcher Art und Weise, darüber hatte ich mir überhaupt keine Vorstellung gemacht. Ich hatte auch gebetet, auch zusammen mit den Kindern; aber eine Vorstellung davon, was nach dem Ableben geschehen werde, hatte ich ja nicht. Was da alles im Geistigen geschieht, das versetzte mich nun wahrhaftig in Staunen!

Wie sich die Himmelswelt
elternloser Kinder annimmt

Ich habe gesagt, daß ich alt werden durfte. Ich wurde fast achtzig Jahre alt. Und jetzt führte man mir das Geschehen in Bildern vor, in welcher Art und Weise die himmlischen Boten jenen verlassenen Menschen beistehen oder eben jenen Kindlein, die frühzeitig ihre Eltern verloren – wie die jenseitige Welt sich dieser Kindlein annimmt. So durfte ich es erleben wie in einem Film. Es spielte sich alles vor meinen Augen ab. Ich hatte nur zu staunen, und ich konnte daraus viel lernen.

So versuche ich nun, die Bilder euch zu schildern in der Art und Weise, wie ich sie sah und so lebendig erlebte.

Ich sah Erika, wie sie klein war, als sie mit knapp
zwei Jahren zu uns gekommen war. Nun sah ich
auch mich selbst, wie ich sie in ihr Bettlein gelegt
hatte, wie ich jedoch nicht viel Worte für sie aufge-
wandt, da ich ja noch meine andern Kinder zu um-
sorgen hatte. Dabei war ich länger an den Betten
meiner Kinder verweilt als bei diesem Kinde. Es befanden sich drei Kinder in einem Zimmer, und so
mußten die größeren jeweils ihr Auge auf die kleine-
ren richten. So wie ich mich bei meinen eigenen
Kindern länger aufhielt, wandte ich eben nur entsprechend kurze Zeit für die kleine Erika auf.

Darauf sah ich mich selbst aus dem Zimmer
schreiten. Kaum hatte ich jedoch dieses Zimmer verlassen, da bemerkte ich, wie durch die Wände hindurch Geistwesen kamen. Sie hatten einen Körper
wie Menschen, waren aber anders gekleidet. Ihre Gewänder waren sehr duftig. Die Wesen waren von feiner Gestalt – im Gegensatz zu meiner Gestalt, die ich
nun im Raum sah. Ich nahm wahr, wie ich festen
Schrittes auf dem Boden hin und her ging, von einer
Tür zur andern schritt und sie zuerst öffnete. Die
Geistwesen jedoch schritten durch die Wände hindurch, ja sie waren eigentlich gar nicht an diesen Boden gebunden, auf dem ich in menschlicher Gestalt
stand; vielmehr schwebten sie teilweise über dem
Boden. Es war so, als brauchten sie diesen Boden
nicht, um auf ihm zu stehen. Sie schwebten. Sie
schwebten über dem Raum. Sie neigten sich über die

Bettchen. Dies taten sie bei meinen eigenen Kindern und bei der kleinen Erika.

Dies alles konnte ich also wahrnehmen ... Und ich hatte auch mit den Kindlein gebetet ...

Nun wurde mir klar, daß die Kindlein von Schutzengeln behütet werden; daß also Schutzengel zu den kleinen Kindern kommen und einmal zu deren rechten, einmal zu deren linken Seite stehen und mit ihren Händen über die Decke streichen oder die Köpfchen der Kinder streicheln und heben, sich an den Haaren zu schaffen machen und dergleichen mehr. Freilich, diese Kindlein, die meistens recht bald einschlafen, ahnen selbst nichts davon, was mit ihnen geschehen ist.

Dann aber kam mein Staunen: Ich sah nun, wie sich der geistige Leib von dem irdischen löste. Mir schien es, als wäre ein doppelter Mensch da. Die Engel zogen dann diesen geistigen Leib zu sich heran, nahmen ihn auf ihre Knie und liebkosten ihn. Ich mußte dann auch sehen, daß sie mit diesem kleinen Geistkörper einfach auf und davon schwebten. Wohin, das wurde mir weiter nicht gezeigt. Ich stellte aber fest, daß sie nach verhältnismäßig kurzer Zeit wieder zurückkamen, die Kindlein in ihren Armen hielten und im Zimmer auf und ab gingen, als wollten sie diese Kindlein in den Schlaf wiegen. Dabei stellte ich wiederum fest: Diese Engel trugen in ihren Armen das Kindlein, und das Kindlein schlief doch eigentlich in dem Bettchen! Was für einen Zusammenhang das hatte, darüber wurde ich erst später aufgeklärt. Wie solches zustande kommt, brauche ich – wie man mich aufmerksam gemacht hat – euch nicht weiter zu erklären, als daß es eben der Geistkörper sei, der sich gelöst habe vom irdischen Leibe.

Nun aber zur Hauptsache: Ich sah jetzt meinen Schwager kommen und meine Schwägerin. Sie kamen zu ihrer kleinen Erika. Zuerst war jedoch ein Engel gekommen, der die Kleine aufgehoben, sie auf die Knie genommen hatte, mit ihr im Zimmer auf und nieder gegangen war und sich dann auf einen Stuhl gesetzt hatte. Und nun sah ich also, wie mein Schwager und meine Schwägerin auf demselben Wege in das Zimmer kamen wie vorher der Engel. Ich hatte das Gefühl, daß die beiden noch viel jünger und viel schöner aussahen, als sie in ihrem Leben gewesen waren. Die Eltern der kleinen Erika waren überglücklich, bei ihrem Kinde zu sein. Und so legte dann jener Engel das eine Mal den geistigen Kindesleib in die Arme der Mutter, das andere Mal in die Arme des Vaters. Wenn das eine frei war, dann ging es zu dem irdischen Leib hin und strich, wie die Engel es getan hatten, mit den Händen über das Köpflein, über die Haare und über die Augen. Sie küßten das Köpflein, sie strichen die Decke glatt, und sie sprachen zu dem Kindlein im Bettchen. Ihnen schien dies kein Wunder und nichts Sonderbares zu sein.

Also ich selbst hatte nur zu staunen! Da lag das Kindlein im Bett, und der eine trug es zugleich in seinem Arm! Sie gingen im Zimmer auf und ab, während der Schutzgeist sich nun entfernte. Doch zunächst hatte er die Runde bei allen meinen Kindern gemacht, war von einem zum andern gegangen, hatte in das Bett geschaut und war dann wieder durch die Wand verschwunden.

So konnte ich dieses Geschehen immer wieder beobachten, wie die Engel kamen und gingen, und ich sah auch meinen Schwager und meine Schwägerin mit dem Kindlein – wie sie kamen, wie sie gingen.

Dieses zeigte man mir, und zwar nicht nur einmal, vielmehr sah ich verschiedene Zeitabschnitte. Man zeigte mir dasselbe wieder, als die Kindlein etwas herangewachsen waren. Ununterbrochen übten die Engel ihre Tätigkeit aus; immer kamen sie. Immer kamen auch der Schwager und die Schwägerin. Sie holten ihr Kindlein und brachten es zurück.

Tiere als Spielgefährten:
Sonnenschein, Silberfuß
und Rosenduft

Nun aber wurde mir folgendes gezeigt: Man öffnete mir sozusagen ein Tor und zeigte mir ein weiteres Bild. Es war die Zeit, da die kleine Erika im Alter von drei bis vier Jahren war. Ich durfte jetzt sehen, wohin die beiden Verwandten ihre Erika führten, während ich aber nicht erleben konnte, wohin diese Engel mit meinen Kindern gingen. Wie es jedoch Erika erging, das sollte ich jetzt sehen.

Sie nahmen sie mit; sie trugen sie fort, das eine Mal der Vater, das andere Mal die Mutter. Der Weg ging in einen, wie mir schien, nahen Wald. Sie begaben sich nicht tief in den Wald hinein, sondern sie hielten sich am Waldrand auf. Die Umgebung schien mir so herrlich! Man hörte die Vögel, wie sie sangen. Außerhalb des Waldes hatte es herrliche grüne Wiesen. So waren die beiden mit dem Geistkindlein in den Wald hineingegangen und kamen wieder heraus. Sie gingen hin und her, und mir schien es nun, als suchten sie etwas. Sie sprachen mit dem Kindlein; doch konnte ich ihre Worte nicht hören. Erst später erklärte man mir, was sie mit dem Kindlein gesprochen hatten.

Wieder gingen sie in den Wald hinein. Ich sah es deutlich: Sie suchten etwas. Was war es wohl? Sie suchten nach einem Tierlein. Es war ein Reh, das kommen sollte, das sie erwarteten. So kam es denn auch endlich, dieses schöne Reh. Sie setzten ihr Kindlein neben das Tierchen hin. Das Kind durfte das Tier streicheln; ja es schien so, als könne es mit ihm reden, denn das Reh war nicht wild. Diese Tiere – dies möchte ich betonen – verlieren ja in der geistigen Welt ihre Wildheit. Sie sind zahm. So trat eben auch dieses Reh zu Erika heran, und man streichelte das Tier und unterhielt sich mit ihm.

Dieses währte eine gewisse Zeit, und dann wurde

das Geistlein wieder zurückgeführt. Es mußte ja wieder in den Raum zurückgebracht werden und wieder vom irdischen Leib Besitz nehmen.

So geschah es immer und immer wieder.

Dann aber sah ich einmal, wie mein Schwager und meine Schwägerin mit einem Kränzlein kamen. Sie hatten es mit Blättern und vielen farbigen Beeren geziert. Sie legten es ihrem Kindlein auf das Köpfchen. Es war ein schönes Kränzlein, das sie ihrem Kindlein gemacht hatten. Die Beeren leuchteten in verschiedenen Farben: rot, weiß, grün, tiefblau, gelb, orange. Die Mutter trug in ihren Händen noch ein weiteres 'Geschmeide', das aus den gleichen farbigen Beeren gemacht war. Nun flüsterten sie dem Kindlein zu, für wen dieses 'Geschmeide' sein sollte, nachdem sie es zuerst gefragt hatten: »Was glaubst du, wem gehört dieses 'Geschmeide'?«

Ich glaube nicht, abermals betonen zu müssen, wie nun diese beiden, als sie kamen, den geistigen Leib in Empfang nahmen, um ihn wieder an jenen Ort, zu diesem Walde, hinzuführen, wo ihr Kind wieder mit dem Rehlein zusammenkommen sollte. Sie hatten ihm erklärt, daß sie sich diesen Schmuck als Halsband für das Reh gedacht hätten und es selbst dieses 'Geschmeide' dem Reh um den Hals legen dürfe. So geschah es auch. Sie nahmen ihr Kindlein wieder mit sich, gingen zum Waldrand, warteten, und wie immer ging es nicht allzulange, bis das Reh kam. Es kam so voller Freude zu ihnen herangehüpft, als hätte es schon längst auf sie gewartet. Die beiden gaben Erika das 'Geschmeide', und sie durfte es dem Rehlein um den Hals legen. So verweilten die beiden wiederum eine Zeitlang mit ihrem Kindlein vor dem Walde. Dann mußten die Eltern ihr Kindlein wieder zurückbringen, und auch das Rehlein ging wieder in den Wald.

So durfte ich dieses beobachten. Längere Zeit hindurch pflegten sie denselben Weg zu nehmen; immer wieder gingen sie zu diesem Waldrand, wo sie das Tierlein in Empfang nahmen. So hatten diese beiden ihrem Kindlein größere Aufmerksamkeit und mehr Liebe geschenkt, als ich imstande war zu geben.

Dann durfte ich einen weiteren Blick tun. Man hatte mir erklärt, daß ich nicht in allen Einzelheiten über das Geschehen unterrichtet würde; aber ich hatte nun die Gewißheit, daß Erika immer von ihren Eltern betreut wurde, daß diese sie immer besuchen durften, sie beschützten und führten. So war Erika herangewachsen.

Man zeigte mir dann das Bild einer späteren Zeit, da die beiden Verwandten wiederum kamen und ihr Kind wegholten. Erika war nun im Alter von zehn bis zwölf Jahren. Nun aber führte sie der Weg nicht mehr zu diesem Wald hin, zum Reh; denn das war nun vorbei. Ich stellte fest, daß nicht nur das Menschenkind herangewachsen war. So wie das Kind größer geworden, war auch der geistige Leib gewachsen. Sie waren gleich in ihrer Größe, und ich glaubte, daß auch die Intelligenz bei beiden entsprechend war. So wie ich das Kind im Leben gekannt hatte, genauso war auch dieser Geist – wie er sich ausdrückte, bewegte; auch glaubte ich, daß er denselben geistigen Fortschritt gemacht hatte.

Nun konnte ich beobachten, wie die beiden ihr Kind wieder fortführten. Jetzt ging aber der Weg durch schöne Alleen zu einem prachtvollen Garten. Dieser war mit viel Grün angelegt und nur zu den Seiten mit Blumen geziert; es war also eher ein Park. Auch hier gab es Tiere. Sie kamen auf die drei zu, und so sah ich, wie die beiden voller Freude Erika nahmen und sie auf ein Pferd setzten, und dieses Pferd ging im Park auf und nieder. Die beiden begleiteten Pferd und Reiterin. Ich stellte dabei fest, welch große Liebe und Freude von den beiden Verwandten ausgingen zu ihrem Kinde und wie dieses Geistkindlein, wenn ich es so nennen darf, beglückt und voller Freude war, auf diese Weise betreut zu werden, und wie auch, wenn das Kind eingeschlafen war und der Geist sich lösen konnte, dieser voller Spannung und Freude um sich blickte und die beiden erwartete, um in die andere, schöne Welt geführt zu werden.

Nun war aber dort nicht nur ein Pferd, sondern es waren deren zwei. Es waren aber nicht so große Pferde, wie ihr Menschen sie kennt, sondern ich möchte sie als kleine Pferde bezeichnen, jedoch etwas größer als Ponys. Sie schienen mir aber viel, viel schöner zu sein als in ihrer irdischen Gestalt auf Erden. So stellte ich fest, daß auch in der Jenseitswelt diese Tiere in geistiger Gestalt vorhanden sind und daß man sich an ihnen erfreuen kann. Ich durfte sehen und erleben, wie meine Verwandten ihre Aufmerksamkeit ihrem Kinde und diesen Tieren schenkten. Sie führten ihr Kind immer wieder an denselben Ort, und kaum hatten sie einen Schritt in diesen Park getan, so kamen auch schon diese beiden Pferde im Galopp auf die drei zu.

Man erklärte mir auch, wie die Eltern mit ihrem Kinde gesprochen hätten und daß sie diesen Pferden einen Namen gegeben, so wie sie auch dem Rehlein einen Namen gegeben hatten. Nachträglich möchte ich euch den Namen des Rehs nennen. Sie hatten ihm den einfachen Namen *Sonnenschein* gegeben. Es war für die beiden ein Sonnenschein. Es bedeutete für sie Sonnenschein, ihr Kindlein zu haben und diesem ihrem Kindlein eine Freude zu machen; denn diese Liebe und diese Freude hatte es im menschlichen Leben nicht empfangen – im Geiste jedoch sollte es diese erleben dürfen.

So hatten sie auch diesen beiden kleinen Pferden einen Namen gegeben. Das eine nannten sie *Silberfuß*, weil es einen Schmuck aus Silber trug. An seinen Fesseln trug es silberne Ringe, und ein ebensolches Geschmeide hatte es um seinen Hals, das eben von Silber war. So hatten sie ihm den Namen 'Silberfuß' gegeben. Das andere Pferd trug auch einen Schmuck

um seinen Hals, und dieser schien aus frischen Blumen zu bestehen. Es war ein Band von Rosen, von
schönen roten Rosen, und sie nannten dieses Pferd
Rosenduft. So hatten sie diesen beiden Pferden Namen gegeben und sie jeweils auch mit diesen Namen
gerufen: 'Silberfuß' und 'Rosenduft'. Die Freude des
Kindes war groß, und das eine Mal ritt es auf dem einen, dann wieder auf dem anderen Pferd.

So wurde mir dieses gezeigt, was Erika gemeinsam
mit seinen Eltern erlebte und wie sie sich freuten.

Hier möchte ich noch eine Erklärung einfügen,
ehe ich es vergesse. Die beiden Pferde gehörten Engeln Gottes. Diese hatten die Pferde in dieser Weise
geschmückt. Sie hatten auch in Verbindung mit dem
Schutzgeist des Kindes dies in der Weise eben gestattet, daß das Kind in der Zeit, da sein irdischer Leib
ruhte, das Spiel mit den Pferden aufnehmen durfte.
In der Zwischenzeit jedoch wurden diese Pferde zu
ihren Betreuern, zu den Engeln, zurückgeführt, in
deren Diensten sie standen.

Solches geschieht immer auf Absprache der geistigen Welt hin.

So hatte man mir dieses Bild gezeigt und erklärt:
»Auf diese Weise haben deine Verwandten Erika behütet und betreut. Sie haben sie aber auch zeitweise
betreut und geführt, wenn ihr Geist in den irdischen
Leib eingekleidet war – also wenn sie als Mensch auf
dieser Erde sich bewegte, wo sie ihr Leben gelebt und
wo sie ihren Aufgaben nachzugehen hatte. Dabei

muß ich jedoch erwähnen, daß die beiden – manchmal sich abwechselnd, einmal die Mutter, einmal der
Vater – nur ausnahmsweise tagsüber ihr Kindlein begleiten durften.

Die Früchte des geistigen
Beistandes
Wie die geistige Welt den
Menschen umsorgt

So durften die Eltern ihre Erika über eine gewisse
Zeit hin betreuen – man sagt mir, bis sie das sech-
zehnte Altersjahr erreichte. Dann mußten sie ihr
Kind verlassen, und es wurde der Obhut seines
Schutzgeistes und anderer Betreuer übergeben.

Den beiden Verwandten erklärte man: »Ihr habt
jetzt eine schöne Zeit bei eurem Kinde verbracht. Ihr
habt euer Kind begleitet und behütet; nun aber
müßt ihr euch euren eigenen Aufgaben zuwenden.
Jene Zeit [seiner Kindheit] ist jetzt vorüber; ihr
dürft euer Kind nur noch an den Feiertagen besuchen, die im Himmel und auf Erden gefeiert werden.
Ansonsten sollt ihr nun eure Aufgabe in der geistigen Welt erfüllen.«

Anfangs waren sie darüber etwas betrübt; doch
waren sie froh und dankbar, daß ihnen soviel Gelegenheit gegeben worden war, mit ihrem Kindlein zu-
sammenzusein, und daß sie ihm so die fehlende Liebe hatten zukommen lassen dürfen. Und etwas von
dieser Liebe, die die Eltern dem geistigen Kinde ge-

ben konnten, war in der Seele des Menschen veran-
kert worden; denn Erika war zu einem wahrhaft liebenswürdigen Menschen herangewachsen. Als sie
uns später verließ, war sie von liebenswürdiger Wesensart.

Obwohl ich mir später Vorwürfe machte, daß ich
doch etwas ungerecht gewesen sei, entschuldigte ich
mich andererseits damit, es sei wohl *mein* Verdienst
gewesen, daß das Kind so gut geraten war; sicher hätte meine Strenge das Kind so geformt und so weit gebracht.

Nun mußte ich jedoch sehen, daß dies nicht meine Arbeit im besondern war, die da ihre Früchte zei-
tigte, sondern daß es eben der Beistand der in der geistigen Welt lebenden Eltern war, den sie ihrem Kinde hatten zukommen lassen – daß dies eben die
Früchte jener Liebe waren, die *sie* dem Kinde geschenkt hatten.

So hatte man mich also in dieser Hinsicht belehrt.
Ich erkannte nun, daß jenseitige Wesen die Menschen begleiten und sich ganz besonders den verlassenen und sich einsam fühlenden Menschen nähern – daß sie versuchen, ihnen Trost zu geben; daß
sie ihnen beistehen. Doch manchmal gelingt es ihnen nicht, sie zu trösten. Sie stehen dann bereit,
wenn sich diese Menschen zur Ruhe legen und der
Geist sich vom irdischen Leibe löst. Dann werden sie
mit dem Geiste dieses Menschen reden; sie werden
ihm Mut zusprechen und Hoffnung machen, und

wenn dann der Mensch am Morgen erwacht, ist bei
manchem etwas von seiner Traurigkeit gewichen –
nicht bei allen; doch sie finden, daß der Schlaf ihnen
so viel erquickende Kraft gegeben hat, so daß sie
dann wieder mit etwas mehr Mut und Hoffnung die
nächsten Tage erwarten und erleben. Sie ahnen ja
nicht, was in der Stille geschehen ist: daß eben ihr
geistiger Leib gekräftigt, daß ihrem Geist diese Auf-
munterung und dieser Trost gegeben worden ist.

Im weiteren belehrte man mich darüber, daß es
einsame, bösartige Menschen gibt, bei denen man
den Beistand dem Geiste nicht geben kann; daß man
wohl versucht, ihn zu trösten und ihm Hoffnung zu
machen, daß aber der betreffende Geist sich dann,
da es sich ja um einen erwachsenen Geist handelt,
abwendet und die tröstenden Worte nicht annehmen will. Dieser macht es der jenseitigen Welt sozusagen unmöglich, ihm beizustehen, und die Belehrungen und die Kraft, die man ihm geben will, vermögen dann nicht durchzudringen. Sie können also
nicht in das Bewußtsein des Menschen gelangen,
weil der Geist diese Belehrungen ablehnt.

Andere jedoch sind hingebungsvoll und voller
Freude darüber, daß man sie betreut, und sie vermögen auch in einem einfachen Leben glücklich zu
sein, eben deshalb, weil sie als Mensch oder weil
auch ihr Geist eine solch wunderbare Führung, eine
solch wunderbare Stärkung erlebt, so daß sie nicht
traurig sind in ihrem Leben, auch wenn dieses noch

so einfach ist – selbst wenn es ihnen noch so schlecht ergeht, sind sie immer wieder mit Hoffnung erfüllt. Dieses ist darauf zurückzuführen, daß ihr Geist sich an das Geistige anlehnt, das ihnen übermittelt wird. Das noch als Bemerkung nebenbei.

Durch die Betreuung leidender
Geistwesen werden Gefühle der
Nächstenliebe geweckt

Nun, was mich anbelangt: Man hatte mir diese Bilder gezeigt. Es war ein Rückblick. Ich sah also rückschauend in jene Zeit, als das Kind klein war und wie es heranwuchs. Zu dem Zeitpunkt, da ich dieses in der geistigen Welt erleben durfte, stand Erika schon in einem gewissen Alter und lebte in rechten Verhältnissen; denn ich war ja als alter Mensch von dieser Erde abgetreten.

Man sagte mir nun, ich müsse meine Lieblosigkeit ablegen und wiedergutmachen, was ich gefehlt; man würde mir wohl gutschreiben, daß ich die Kinder aufgezogen und damit viele Entbehrungen hätte auf mich nehmen müssen; dieses würde mir wirklich gutgeschrieben. Sie gaben mir jedoch zu verstehen, daß ich beim Empfang meiner heimkehrenden Kinder nicht dabeisein dürfe, das heißt erst dann mit ihnen vereint sein sollte, wenn das letzte Kind in die Jenseitswelt eintreten würde; dann erst dürfe ich sie alle zusammen begrüßen: wenn das letzte Kind zurückgekommen wäre, sei auch meine Schuld gutgemacht.

Meine Läuterung oder meine Arbeit ging in folgender Art weiter: Wie ich bereits betont habe, sollte ich nicht besonders empfindlich bestraft werden; aber es war doch eine Strafe für mich, wenn ich von den anderen hören mußte, daß wiederum eines meiner Lieben in die geistige Welt eingekehrt und ihm dabei gesagt worden sei: »Die Mutter ist auch da, aber sie darf noch nicht kommen.«

Nur der Vater war beim Empfang der Kinder anwesend. Was man mir dafür zugestand, das war, daß mein Mann mich besuchen konnte. Er brachte mir jeweils Grüße und unterrichtete mich über die Kinder, und ich gab ihm meine Grüße mit. Ich war willens, mich in das Unvermeidliche zu fügen, und wollte nun diesen Verzicht auf mich nehmen, da es Gebot Gottes war, daß ich auf diese Weise zu sühnen hatte; denn ich sah nun ein, was ich falsch gemacht hatte. Ich sollte jetzt die *wahre* Liebe erlernen. *Ich sollte meine Aufmerksamkeit allen schenken können, ohne Unterschied der Person.* Man belehrte mich dahin, daß man nicht nur den liebt, der einem besonders zugeneigt ist, sondern daß man ohne Unterschied seine Zuneigung und Liebe einem jeden zu geben hat.

So führte mich der Weg in ein Haus, wo solche Geistwesen zusammenlebten, die sich in der neuen Welt nicht zurechtfinden konnten und sich krank fühlten. Es handelte sich um Heimgekehrte, die das Gefühl hatten, sie wären noch krank an ihrem Leibe. Man mußte sie trösten, weil sie es einfach nicht zu begreifen vermochten, daß sie alles zurücklassen, daß sie von ihren Kindern weggehen, sich von lieben Menschen trennen mußten. Jene konnten sich einfach nicht mit dem Gedanken vertraut machen, daß nun die Zeit ihres Erdendaseins vorüber war, daß sie sich jetzt in der geistigen Welt befanden und eine ganz neue Zeit begonnen hatte und sie anders zu wirken hatten.

Da sollte ich hingehen, und da mußte ich nun die Gefühle der Liebe und des Mitleids zum Ausdruck bringen können. Am Anfang fiel mir dies freilich schwer. Ich mußte mich von einem zum andern begeben und sollte einem jeden Trost bringen. Meine Aufgabe war es, einem jeden zuzuhören, was es mir zu sagen hatte. Ein jedes klagte mir doch sein Leid aus der Welt, die es hatte verlassen müssen! Und ich sollte jetzt Verständnis haben für das Leid eines solchen Heimgekehrten. Ich hatte ihm Trost zu geben, und nicht nur das: Ich mußte versuchen, ihm Aufmerksamkeit und Liebe zu spenden. Ich mußte mich also darin üben, die edlen Gefühle in meinem Innern zu entfalten.

So erlebte ich viel und vernahm von vielem Leid, das diese mit in die neue Welt gebracht hatten, Leid, das eigentlich nicht mehr in die neue Welt gehört, das man vielmehr hätte zurücklassen müssen in jener alten Welt – das man mit dem irdischen Leib hätte ablegen müssen. Es waren jedoch nicht alle soweit, daß sie umzudenken vermochten. Und sehr oft wa-

ren es gerade Wesen, die teils in jungen Jahren die irdische Welt hatten verlassen müssen, die sich jetzt
nur schwer davon trennen konnten. Sie waren eigentlich keine schlechten Menschen gewesen, die
Wesen, die sich hier zusammenfanden. Es waren
gläubige Menschen gewesen, die aber in irgendeiner
Art und Weise auch ihre Schwächen gehabt hatten.
Dieses sollte dann später mit den Betreffenden be-
reinigt werden. Zunächst wollte man den Heimgekehrten geistige Gesundung bringen. Sie sollten umdenken lernen, und sie sollten Vertrauen fassen in
die neue Welt und zu denen, die sie betreuten.

So mußte ich von einem zum andern gehen, lernte zuzuhören und mußte Verständnis zeigen; aber es
ging nicht nur um das Zuhören, ich mußte ihnen
Trost und Hoffnung geben und sie mit viel Liebe betreuen. Wenn ich glaubte, von all dem Zuhören müde zu sein und meine Aufgabe nicht mehr weiter erfüllen zu können, weil zuviel auf mich zukam, dann
suchten mich Engel Gottes auf, um mit mir über jeden einzelnen zu sprechen, den ich zu betreuen hatte, und sagten mir: »Auf diese Weise mußt du mit
ihm reden; auf diese Weise mußt du ihm antworten.
Dieses mußt du fragen und jenes sollst du erzählen.«

So lernte ich es. Ich lernte geduldig zu sein und
Liebe zu geben. In dieser Weise widmete ich mich einem jeden einzelnen.

*Das wahre Leben ist das
Leben des Geistes*

Diese Aufgabe hatte ich so lange auszuführen, bis man mir die Nachricht brachte, das letzte meiner Kinder kehre in die Geisteswelt ein.

Mein Mann überbrachte mir zusammen mit einem Engel Gottes diese Nachricht, und dann erlaubte man mir, diese Stätte zu verlassen. Ich durfte auch, wie man mir erklärte, vorübergehend mit meinem Mann zusammensein. Wir sollten nun zusammen eine Zeit voll der Freude und des Glücks genießen dürfen und uns mit unseren Kindern, die alle zurückgekehrt waren, für eine gewisse Zeit zusammenfinden und uns gemeinsam erfreuen; dann würden die Wege getrennt und ein jedes müsse seinen eigenen weiteren Weg beschreiten – den Weg, der aufwärts und zu neuen Zielen und Aufgaben führe. Dieses wurde mir erklärt.

So habe ich in der geistigen Welt meine Läuterung erlebt, die nicht eigentlich hart war, und doch bedeutete es für mich eine schwere Zeit, darauf zu verzichten, mit meinen Lieben zusammenzukommen. Ich fand aber Trost in meinen Aufgaben, war voller Zuversicht und froh darüber, ein wahrhaft nützliches Werkzeug im Reiche Gottes zu sein. Ich wollte mich bewähren, und ich erkannte, daß ich vieles, vieles zu erlernen hätte, bis man voll und ganz mit mir zufrieden wäre.

Nun, ich habe vielleicht noch unterlassen zu sagen, daß mir gewisse Zeiten – wenn man nach euren Begriffen es so benennen darf – zur freien Verfügung standen: freie Zeit, in der wir uns dem Gebete widmen konnten, in der wir nach Belieben etwas tun konnten – was aber in einem gewissen Rahmen blieb. Und wir alle, die wir unsere Aufgaben erfüllten, kosteten diese sogenannte Freiheit aus, gingen in den nahen Tempel und gaben uns dort der Verehrung Gottes hin. Wir beteten und sangen, lobten und priesen Gott in seiner Herrlichkeit, die auch wir zu einem gewissen Teil erleben durften.

Dann erklärte man mir, ich sollte später in weiteres eingeweiht werden. Und so geschah es auch. Ich habe später weitere Belehrungen empfangen und erfülle in diesem Sinne im Dienste des Nächsten meine Aufgabe.

So habe ich versucht, vielleicht manchmal etwas zurückhaltend und nach den richtigen Worten suchend, euch davon zu erzählen, was ich gesehen und erlebt habe in der geistigen Welt. Und so möge euch dies alles auch zur Belehrung sein, und möget ihr darüber nachdenken, was ich euch erzählen durfte! Und so habe ich euch doch auch Zeugnis von der wunderbaren Verbindung der göttlichen Welt zu den Menschen gegeben: daß also die Jenseitigen, die Engelsboten, den Menschen nicht nur dann begleiten, wenn er in seinen irdischen Leib gekleidet ist, sondern daß sie ihn auch führen, wenn sich der Menschengeist vom irdischen Körper gelöst hat [während des Schlafes]. Denn wir Jenseitigen [die wir in der Ordnung Gottes stehen] sind ja alle bereit, ein jedes, das seinen irdischen Leib abgelegt hat, zu empfangen, es zu führen und zu betreuen. Denn das wahre Leben ist das Leben des Geistes.

Das Leben auf der Erde und das Leben nach dem irdischen Tod stehen in unmittelbarem Zusammenhang: Gute Werke werden belohnt, Vergehen werden bestraft und müssen wiedergutgemacht werden. Lohn und Strafe erfolgen in differenzierter und gerechter Weise, den individuellen Gegebenheiten angemessen. Sie dienen der Beglückung und dem Ansporn bzw. der läuternden Wandlung und Belehrung des einzelnen. *Alles dient der Höherführung, dem Aufstieg zu Gott.*

Magdalena wird im Jenseits unter anderem durch nahe Verwandte empfangen. Der Empfang ihrer Kinder wird ihr zur eigenen Läuterung aber verwehrt.

Alles Geschehen ist im Geistigen festgehalten und kann dem einzelnen jederzeit zur Erkennung der Wahrheit und zu seiner Belehrung vorgeführt werden, um ihn zu notwendigen Erkenntnissen zu führen.

Lieblosigkeit ist ein Vergehen. In einer entsprechenden Betätigung kann und soll die Liebe geübt werden.

Im Sinne einer ausgleichenden Gerechtigkeit erfährt das vernachlässigte Kind auf der Erde, die kleine Erika, besondere Zuwendung und Betreuung aus der göttlichen Welt. Besonders in der Zeit des Schlafes können Geist und

Seele des Menschen sich vom irdischen Körper lösen (ohne sich völlig davon zu trennen – also anders als beim Tod). Göttliche Wesen und nahe Verwandte – hier die leiblichen (schon verstorbenen) Eltern – führen in dieser Zeit den Geist des Kindes in geistige Welten zu seiner Belehrung, Beglückung und Stärkung.

Der Geist des Menschen hat etwa die Gestalt des Körpers und wächst mit dem irdischen Körper mit.

Die geistige Gestalt der (verstorbenen) Eltern von Erika ist verjüngt.

In der geistigen Welt gibt es Wälder und Blumen, und die Tiere sind dort ohne Wildheit. Sie sind zutraulich und können sogar sehr anhänglich sein.

In einer beeindruckenden, neuen Welt

Ein Erdenleben voll guten Willens

Mein Name ist *Laura*. Ich lebte mit meiner Familie in Zufriedenheit. Ich war verheiratet und hatte Kinder. Wir versuchten, so gut wie möglich nach Gottes Willen zu leben. Das heißt, wir hatten auch unsere Fehler gehabt und manches falsch gemacht. Wir waren uns bewußt, daß wir dieses und jenes nicht hätten tun dürfen; doch waren wir eben auch schwache Menschen.

In der Familie versuchten wir, miteinander in Frieden zu leben. Wir beteten stets gemeinsam das Nachtgebet, ehe wir uns zum Schlafen verabschiedeten. Das war so selbstverständlich! Ich meinerseits hatte eine besondere Beziehung zu den Engeln. Ich betete zu ihnen, sie möchten mich behüten und beschützen. Ich vertraute und hoffte auf sie. Eigentlich betete ich mehr zu den Engeln als zu Gott selbst.

Was nach dem irdischen Tode kommen würde, darüber machte sich in meiner Familie niemand besonders Gedanken, obwohl wir wußten, daß in irgendeiner Form das Leben weitergeht. *Wie* es jedoch weitergehen sollte, das kümmerte uns nicht.

So lebte ich also in einer besonderen Verbundenheit mit den heiligen Engeln und glaubte, daß mein Schutzgeist besonders aufmerksam sei und jeweils auch meine Bitten erhöre. Im großen und ganzen gesehen hatte sich mein Leben nicht durch besondere Geschehnisse ausgezeichnet. Ein jedes in meiner Familie bemühte sich aber, recht zu leben.

Wiedersehen mit dem
Großvater bei der Einkehr
in die Geisteswelt
Von seiner selbsterwählten
Tätigkeit

Daher möchte ich nun vom andern sprechen – eben von der Einkehr in die geistige Welt, von dem, was wir in jener Welt erlebten, von der wir ja keinerlei Vorstellung hatten, die ja für uns so neu war und für die wir nur Bewunderung fanden.

Als ich in die geistige Welt hinüberkam, begrüßte mich ganz besonders innig *mein Großvater.* Unser Wiedersehen bereitete ihm große Freude, und er vertraute mir an, daß er mein Schutzgeist gewesen sei, während ich doch angenommen hatte, ein ganz hoher Engel des Himmels habe mich durchs Leben begleitet.

Mein Großvater war es also gewesen! Eigentlich hörte ich das nicht gern; denn ich hatte erwartet, daß ein Engel Gottes vor mir stehen werde und daß er sage, er habe mich im Leben begleitet, meine Bitten gehört und sie jeweils zu erfüllen versucht. Und nun stand mein Großvater da und sagte, *er* sei es gewesen, der in der Hauptsache um mich und die ganze Familie besorgt gewesen. Ja, meinen Großvater hatte ich von meiner Kindheit her noch gut in Erinnerung; aber in der geistigen Welt hatte er sich doch etwas verändert. Er hatte ein sehr gutes Aussehen, und mir schien auch, er sei größer. Nun erzählte mir der Großvater von seiner neuen Welt. Er sagte, er möchte mir alles ausführlich schildern, damit mir diese nicht so fremd sei – und man ließ es zu.

Ich hatte ja noch andere Verwandte, Angehörige, die zu meiner Begrüßung gekommen waren; auch Bekannte waren da. Ich hatte aber den Eindruck, daß mein Großvater bei mir wirklich eine besondere Rolle spielen sollte.

Nun erzählte mir der Großvater, er habe nämlich nicht nur mich und meine Kinder und das ganze Haus beschützt, vielmehr sei er der Schutzgeist des ganzen Dorfes gewesen; niemand habe ihm das verweigert. Da er ja schon zu Lebzeiten eine große Anhänglichkeit gegenüber jenen Menschen gehabt und Anteilnahme an allem gezeigt habe, was sich im Dorfe abgespielt, so habe er eben diese Verbundenheit auch in der geistigen Welt zum Ausdruck bringen wollen. Und so erklärte er mir auch, daß man [nach seinem derzeitigen Verständnis] so weiterlebe; daß wohl Geister Gottes da seien – die stünden dann aber auf einer höheren Stufe und wachten über alles.

Er erzählte mir von seinen Aufgaben im Dorfe, die er ausgeführt hatte: Wenn es ihm irgendwie möglich gewesen, sei er da gewesen, um ein Unglück zu verhüten; er habe immer eingegriffen, wenn es ihm nur irgendwie möglich gewesen sei. Als Beispiel führte er an, daß er einmal im selben Dorfe – ich kannte die Umgebung genau und auch die Gebäude – beobachtet habe, wie ein Gewitter sich zusammenzog, und gleich erkannt habe, daß es für das Dorf unheilvoll sein könnte; er sei ganz aufgeregt gewesen und habe dann andere Geistgeschwister aufgeboten, ihm behilflich zu sein, so wie er stets von da und dort Geistgeschwister zu seinem Beistand herbeigerufen habe.

Er hatte eine gewisse Vorschau, so daß er zu erkennen vermochte, was in den nächsten Stunden oder in den nächsten zwei, drei Tagen bei den Menschen in diesem Dorfe sich abspielen würde, und so sah er eben auch die Gefahren, die dieses Gewitter mit sich bringen konnte.

Da war ein Hof mit einer schönen Anzahl Tiere im Stall. Der Großvater erzählte mir, der Blitz habe in diesen Stall eingeschlagen und es hätte zu einer Feuersbrunst kommen können, wenn er nicht frühzeitig eingegriffen hätte.

Großvater schien sehr stolz auf seine Taten zu sein, überhaupt auf seine Tätigkeit als schützender Geist, die er da bei den Menschen im Dorfe ausübte, wo wir gelebt hatten. Und er erzählte mir ebendeshalb so ausführlich von seiner Tätigkeit, weil er glaubte, daß ich sie nun zusammen mit ihm ausüben würde. Da Großvaters Aufmerksamkeit ja nichts anderem galt als seinem Dorf und selbstverständlich meiner Familie, so hatte er ja Zeit, alles genau zu beobachten. So sah er auch die Geistgeschwister sich um diesen Hof versammeln, und daher ahnte er nichts Gutes.

Er erklärte mir, gewöhnlich sei es ja so, daß es sich dabei um Geistgeschwister handle, die bereitstünden, um entweder Verstorbene heimzuführen oder um beim Ausscheiden des Geistwesens eines Tieres aus seinem irdischen Leib behilflich zu sein; so sei er dadurch beunruhigt gewesen, zu sehen, wie viele Geistgeschwister plötzlich in die Nähe des Hofes gekommen, dann wieder für kurze Zeit weggezogen und wieder zurückgekommen seien.

Großvater hatte also schon gewisse Erkenntnisse und überlegte sich: »Wie kann ich dieses Unglück verhüten?« Er habe gewußt, so erklärte er mir, wenn er ganz aufmerksam sei, könne es ihm gelingen, das Unglück abzuwenden; wenn er seine ganze Kraft und Intelligenz – wenn man das so nennen dürfe – anwende, dann könne es unter Umständen geschehen, daß dieses Unglück verhindert werde. Das sei dann eben ihm zu verdanken.

»Weißt du, die Leute dort haben einen Hund«, fuhr er in seiner Erzählung fort, »und dieser schläft im Stall. Da man abends spät immer noch einen

Rundgang durch den Stall macht, so habe ich die Möglichkeit, auf Mensch und Tier einzuwirken.«

Nun, das Unglück sollte nicht nachts über diese Familie kommen, sondern, wie er es erkannte, zur Tageszeit. Er beobachtete und sah genau, daß die Zeit näher rückte. Das Gewitter zog sich zusammen, und da waren die vielen Geistgeschwister ja schon anwesend. Das war das Zeichen dafür.

Was sollte er tun? Er ging zum Hund hin und versuchte den Hund etwas in Unruhe zu versetzen. Er hetzte ihn nicht direkt, trat aber nahe an ihn heran und störte ihn ständig, so daß der Hund unruhig wurde. »Denn«, so sagte der Großvater, »der Hund sah mich nämlich. Ich war so laut und deutlich zu ihm, daß er mich sah. Ich wurde immer energischer, scheuchte ihn auf, und er fing an zu bellen und Lärm zu machen. Da wurde der Bauer aufmerksam und sagte: "Das ist kein gutes Zeichen! Das ist kein gutes Zeichen! Ich kenne unsern Hund, den Fritzi" – so hieß er –; "er macht nicht solchen Lärm, auch wenn es ein Gewitter gibt." Und da rief er seine Leute zusammen, und man löste die Tiere von der Krippe los und ließ sie frei. Mochte nun geschehen, was wollte, so waren die Tiere schnell aus dem Stall raus. Ja, man ahnte, der Blitz könnte einschlagen. Es war ja noch soviel Heu eingebracht worden, und alle Tiere befanden sich im Stall! Es wurde immer dunkler, immer bedrohlicher – und es ward so: Der Blitz schlug ein, und der Hund bellte und bellte. Glücklicherwei-

se entstand kein Brand. Ich hatte mich doch vorher
mit einigen höheren Wesen unterhalten und sie gebeten, das Unglück zu verhüten. Eines von ihnen
sagte: "Ja, das sind die Gewalten – sie nehmen ihren
freien Lauf; aber wenn du so darum bittest, werde
ich versuchen, eine Änderung mit diesen Gewalten
vorzunehmen, so daß es zu keiner Feuersbrunst
kommt. Wir kennen dich ja"« – so soll es dieser Engel zu Großvater gesagt haben –; »"du bist ein lo-
benswürdiger, eifriger Bruder, willst alles Unglück
verhüten. Das ist gut und nett von dir." Und so war
es auch geschehen. Der Blitz hatte eingeschlagen,
und es gab keine Feuersbrunst. Es gab einen lauten
Knall, und dann wußte man: Jetzt ist es vorüber.
Man atmete auf. Das Gewitter verzog sich allmählich. Fritzi wurde gelobt, weil er ein so tapferer Hund
gewesen, und er bekam einen recht saftigen Kno-
chen dafür, und man liebte ihn fortan um so mehr.
So war das Unglück also verhütet worden... Nur
mir haben sie es zu verdanken«, fuhr der Großvater
fort, »denn ich habe mich für sie eingesetzt. Es war
nämlich so, daß dieses Unglück nicht unbedingt
über diese Menschen hatte kommen müssen. Die
Gewalten hatten getobt und waren losgelassen, und
hätte sich das Unglück ereignet, dann wäre es womöglich um die Tiere geschehen gewesen und dem
Bauern und seiner Familie wäre dadurch Schaden
zugefügt worden. Die Geistgeschwister, die da bereit
gewesen, die Geistwesen der Tiere in Empfang zu

nehmen, gingen dann wieder weg. Sie waren darüber nicht erstaunt gewesen. Sie hatten sich für jeden Fall bereithalten müssen.«

Mein Großvater erzählte mir so vieles: wo er überall geholfen habe – einmal bei einem kranken Mann, dann wieder bei einer kranken Frau; da und dort sei er beigestanden und habe geholfen, und er sei in der geistigen Welt auch schon dafür bekannt – als guter Geist, der sein Dorf beschütze.

Man ließ ihn also schalten und walten. Man hatte ihn aber auch darauf aufmerksam gemacht, daß es für ihn doch eine weitere Tätigkeit gebe; doch habe er sich ja von allem Anfang an überhaupt nicht um die Ordnung Gottes im besonderen gekümmert, sondern sich auf seine Weise behauptet und sich selbst diese Aufgabe zugelegt – da habe man sich eben damit abgefunden, da er ja schließlich nur das Gute gewollt und das Gute getan habe. Aber nicht immer sei es ihm gelungen zu helfen, erklärte er. Dann und wann habe er zurücktreten müssen; doch was in seinen Kräften gelegen sei, habe er getan, und so sei er eben stets ein guter Geist und Beschützer gewesen.

Dann sprach der Großvater zu mir: »Weißt du, Laura, jetzt bin ich froh, daß du da bist. Du kannst mir von nun an behilflich sein. Es gibt ja soviel zu tun in meinem Dorf, und so können wir nun diese Arbeit gemeinsam verrichten. Weißt du, die Leute sind eigentlich so froh darüber, daß man ihnen hilft, auch wenn sie nicht wissen, wer ihnen geholfen hat.

So sind es die Frommen, die dann ein Dankgebet zum Himmel senden und dem lieben Gott oder diesem und jenem Heiligen ganz besonders danken. Sie haben ja keine Ahnung, daß ich es gewesen bin.«

Ich muß euch nun noch sagen, wie man meinen Großvater zu Lebzeiten genannt hatte: Er war 'der alte Sepp'.

»Keiner ahnt«, fuhr er fort, »daß der alte Sepp ihnen geholfen hat, sondern sie sagen: "Der heilige Aloisius hat geholfen; der heilige Albert hat geholfen", ja sogar: "Der heilige Josef hat geholfen!" Aber niemand ahnt, daß ich, der bescheidene alte Mann des Dorfes, die Möglichkeit gehabt habe, ihnen zu helfen – daß es gar nicht ausgerechnet ein Heiliger des Himmels sein muß. Denn sie glauben ja, daß dieser Heilige ihr Schutzpatron sei und Unglück und Unwetter und was es auch sein mag von ihnen abhalte.«

Was bei der Jagd im
Geistigen vor sich geht

Dann aber erzählte mir mein Großvater folgendes: »Weißt du, ich habe schon allerlei gesehen, und man hat mir schon allerlei erzählt; aber ich hätte schon noch einen Wunsch. – Du erinnerst dich doch: Zu Lebzeiten ging ich dann und wann auf die Jagd. Auch jetzt möchte ich durch die Wälder streifen, denn das Wild interessiert mich auch; aber weißt du, da habe ich eigentlich nichts zu sagen. Wenn ich in den Wald eindringen will, dann werde ich gleich wieder weggeschickt – zugegeben, schließlich kann ich nicht überall helfen, und so bleibe ich eben bei meinem Dorf.«

Nun schilderte Großvater, was er dort alles gesehen und beobachtet hatte; denn beobachten durfte er, hatte er mir gesagt, nicht aber eingreifen oder beistehen.

»Wenn da und dort in der Jagdzeit oder aber auch durch einen Wilddieb ein Wild umgebracht wird, dann sind auch Geistgeschwister zur Stelle, die sich um das geistige Wesen des Tiers kümmern. Es sind besondere Brüder dafür bestimmt, die sich dieser Tiere annehmen und mit ihnen weggehen, wenn diese [als irdische Tiere] erlegt worden oder an einer Krankheit gestorben sind. Da kommen, genau wie bei den Menschen auch, diese geistigen Geschwister, und sie sind schon vor ihrem Ableben in ihrer Nähe, um sie dann eben in Empfang zu nehmen. Üblicherweise ist es so, daß sie vereinzelt erscheinen; sie kommen aber auch in Scharen, dann beispielsweise, wenn es Jagdzeit ist. Dann sind diese Geistwesen da, um die geistigen Tiere ins geistige Reich hinüberzuführen; denn auch die Tiere sind nicht sich selbst überlassen. *Für ein jedes Tier ist ein helfender Geist da.* Genau wie für den Menschen sind für die höheren Tiere des Aufstiegs Helfer da, die sie hinüberführen an ihren Platz und dort andern Geistgeschwistern übergeben, deren Aufgabe die Umwandlung [des geistigen Leibes] ist oder die sie solchen zuführen, die mit ihnen zusammenleben, je nach Entwicklungsstand und Erfordernis.«

Was ihn besonders freue, sagte mein Großvater, sei folgendes und das könne er von Zeit zu Zeit immer wieder sehen und deshalb gehe er auch jeweils in die Nähe des Waldes – als Beobachter nur. Da kämen mitunter solche Geistwesen, ja man könne sagen, daß es ganz vornehme Engel seien – wunderschön seien sie gekleidet. Ich hätte ja keine Ahnung, wie die angezogen seien; ich hätte in meinem Erdenleben nie etwas Vergleichbares gesehen, so kostbar seien sie gekleidet und ihre Gewänder würden glitzern vor lauter Edelsteinen. Diese Vornehmen kämen auch und nähmen sich eines solchen Tieres an, beispielsweise eben eines Rehs.

»Es ist ja so: Bevor das Tier geschossen wird, wird es gejagt und rennt in seiner Angst im Walde hin und her. Wenn das Tier dann erlegt ist, liegt sein irdischer Leib da; das Geistwesen des Tieres [das geistige Tier] aber rennt noch eine Zeitlang im Wald umher und ist voller Unruhe. Ein anderes Geistwesen oder ein solch vornehmer Engel folgt ihm ständig. Mit der Zeit wird dann auch das geistige Tier müde und gibt das Herumrennen auf. Plötzlich wird es ganz ruhig und legt sich nieder. Darauf nähert sich dieses Geistwesen – in diesem Fall ein ganz vornehmer Engel –, kniet neben dem Tier nieder, streichelt es und spricht mit ihm. Das Tier ist ganz zahm und ruhig geworden... Wenn man so etwas zum erstenmal er-

lebt, ist es wirklich ein Erlebnis. Wenn man sieht, wie
der irdische Leib nun daliegt und aus diesem irdischen Leib der gleiche Tierleib in geistiger Form herausdringt, also ein viel schöneres, geistiges Tier auf-
ersteht, dessen Fell viel feiner und seidiger, dessen
Gestalt noch edler und schöner ist – wenn man so etwas sieht, dann kann man eigentlich gar nicht traurig
sein, daß das Tier erlegt worden ist; denn man sieht
ja ein viel prachtvolleres Tier auferstehen. Es gibt eine wunderbare Geburt!«

Kämen solche vornehmen Wesen, fuhr der Großvater fort, dann brächten sie wunderbare Bänder,
Halsbänder, mit sich, die sie diesen Tieren anzögen,
und kostbare Leinen, und zwar so viele, daß man sie
kaum zählen könne; die am Halsband befestigten
Leinen seien lang und zart wie ein Schleier – alles sehe so elegant und vornehm aus! Der Geist Gottes
setze sich zuerst eine Zeitlang zu dem Tiere nieder,
rede mit ihm, um Vertrauen zu wecken, und streichle
es lange … Dann erhebe er sich und mit ihm auch
das Tier und das Tier entfliehe dann mit dem vornehmen Geist – wohin, das habe er nie gesehen; aber
er nehme an, daß ein solches Tier doch wohl dahin
komme, wo eben diese vornehmen Wesen lebten. Es
habe ihn manches Mal gewundert, wohin die Engel
mit diesen Tieren gingen und wie diese lebten; er
könne sich aber vorstellen, daß im Himmelreich
manch schöner Platz sei.

Begegnung und Gespräch mit dem wahren Schutzgeist

Ich mußte natürlich darüber staunen, was mir der Großvater da erzählte. Alles war ja so neu für mich! Als ich so mit dem Großvater im Gespräch war, da kam ein unbekanntes Wesen auf uns zu, fing an, sich ins Gespräch einzumischen und sagte zu mir: »Jaja, es stimmt alles, was dein Großvater dir sagt. Diese Tiere werden in die hohen Himmel geführt, um dort auch die Engel zu erfreuen.«

Dies leuchtete mir ein. Der Großvater aber staunte und konnte nicht genug betonen, wie schön diese geistigen Tiere seien; ich müsse unbedingt einmal das alles erleben, wie das [die Geburt des geistigen Tieres] vor sich gehe.

»Ja, wenn ich kann, lieber Großvater, dann will ich doch gerne dabeisein, um dies alles einmal zu erleben«, erwiderte ich.

Da mischte sich aber diese mir fremde Gestalt oder Person ein – ich wußte ja nicht, wie ich sie ansprechen sollte – und sagte zu mir: »Weißt du, um dich will *ich* mich kümmern an Stelle deines Großvaters! Wir haben ihm zugestanden, bei seinem Dorfe zum Rechten zu sehen; aber er hat kein Verfügungsrecht über dich. Zuvor will ich dir aber, da wir so beisammen sind, verschiedenes erzählen – wohin zum Beispiel diese Tiere geführt werden.«

Der Großvater interessierte sich natürlich auch

dafür. Nun stellte sich das Wesen vor, indem es sagte:
»*Ich* bin dein übergeordneter Schutzgeist, und ich
werde dich nun an den Ort führen, wo du [entwick-
lungsmäßig] hingehörst und wo du verbleiben sollst
und deine Aufgaben zu erfüllen hast. Aber ich bin
jetzt bereit, mich zunächst noch eine Zeitlang mit
euch beiden zu unterhalten.«

Es gefiel mir doch hier! Ich fühlte mich ja so geborgen bei meinem Großvater! Ich liebte ihn schon als
Kind. Er war mir so vertraut, und ich fand nun diese
neue Welt eigentlich gar nicht mehr fremd. Großvater gab mir ein Gefühl der Sicherheit, war ich doch
zuerst auch etwas unsicher und ängstlich gewesen.
Ich hatte auch den Eindruck, Großvater hätte ein großes Wort zu sagen hier in dieser neuen Welt, in die ich
eingegangen. Das war einfach meine Meinung.

Dann sagte mein Schutzgeist, als der er sich vorgestellt hatte: »Weißt du, die Geister Gottes, die in den
hohen Himmeln wohnen, haben viel zu tun. Sie haben sich viel mit den Menschen zu beschäftigen –
aber nicht nur mit Menschen. Es gibt so viel Arbeit,
die sie zu bewältigen haben, so vieles, wofür sie sich
aufopfern müssen – da sollen sie doch auch etwas zu
ihrer Freude haben! So sind die einen eben besonders mit der *Tierwelt* verbunden«, erzählte er. »Sie lieben beispielsweise ganz besonders die Tiere des Waldes. Da ja die Geisteswelt so gewaltig und so groß ist
und diese vornehmen, hohen Geistgeschwister über
genügend Platz verfügen, so können sie sich eben

nach Belieben solche Lieblingstiere halten. In ihren Gärten, Feldern, Wäldern, oder wo es auch sein mag, können sie diese Tiere zu Hunderten haben, und wenn es ihnen beliebt, nehmen sie solche Tiere zu sich und lassen sich von ihnen durch die Himmel begleiten.«

Aber nicht ein jedes Tier sei dafür geeignet, sagte der Engel; diese Tiere, deren man sich da annehme und die man in die Höhen führe – die in der göttlichen Welt als geistige Tiere weiterlebten –, würden sorgfältig ausgewählt.

Unter den Geistgeschwistern, die sich mit Tieren befaßten, gebe es sehr viele, die eine besondere Vorliebe für *Pferde* hätten; aber es sei noch vieles andere vorhanden, an dem man sich erfreue. Da seien beispielsweise Geistwesen, die besondere Freude an *Mineralien* hätten. Auch im geistigen Reiche würde man Mineralien sammeln und zusammenstellen, und zwar die kostbarsten; daran habe man eine ganz besondere Freude. Diese hohen Geistgeschwister gingen jeweils auf die Suche, um solche kostbaren Steine zu erwerben. Sie nähmen sie dann zu sich und müßten sie zum Teil auch bearbeiten; sie seien eben für deren Glanz sehr besorgt. Der Engel erklärte, daß nicht alle Steine, die sie da sammelten, denselben hohen Wert hätten. Sie würden sich auch in ihrer Form, in ihrer Farbe, in ihrem Glanz und in ihrer Reinheit voneinander unterscheiden. Dieses tue jedoch nichts zur Sache, meinte er, denn die betreffenden Geistgeschwister hätten eben ihre ganz besondere Freude daran. Wenn es in der himmlischen Welt da und dort Einladungen gebe, was ja immer wieder vorkomme, dann würden solche Geistgeschwister, die eben eine Vorliebe für Steine hätten, andere Geschwister einladen, ihre Kostbarkeiten zu bewundern, und diese würden dann auch Bewunderung finden.

Darauf sagte der Engel – und ich möchte nicht unterlassen, es euch zu erklären –: »Genau wie bei den Tieren ist es oft auch bei diesen Steinen: Man kann sie nicht unbegrenzt lange behalten. Die Geistgeschwister können sie eine bestimmte Zeit behalten, und dann werden sie wieder geholt, weil die Umwandlung zum höheren Leben erforderlich wird. Handelt es sich zum Beispiel um Tiere, dann geht der Engel wieder in den Wald und findet schnell einen Ersatz. Mit den kostbaren Steinen verhält es sich zum Teil ähnlich: Die einen müssen auch umgewandelt werden, und andere werden geholt und schmücken die kostbaren Gewänder – sie werden also nicht umgewandelt, sondern sie dienen so zur Verherrlichung der himmlischen Welt ... Aber nicht allein für Tiere und Mineralien zeigen Geister Gottes ein Interesse; es gibt auch Engel, die eine ganz besondere Vorliebe für *Blumen* haben. In der Tätigkeit mit Blumen bringen sie ihre künstlerische Fähigkeit, ihr ganzes Können zum Ausdruck. Ihnen geht es dabei weniger um das Gebinde dieser Blumen als um die

Veredelung. Sie versuchen diese Blumen zu veredeln, sie umzuwandeln – sei es in derselben Stufe
oder in eine geringfügig höhere Stufe. Es ist diesen
Geistern möglich, der Blume einen schöneren Glanz
zu geben, ihre Pracht zu entfalten. So betätigen sie
sich an der Veredelung der Blumen. Auch sie tun
dies zur Freude des Himmels, und ein jeder Geist
Gottes ist besonders stolz darauf, was er fertiggebracht hat.«

Der Geist Gottes fuhr dann fort, daß es ja im
Himmelreich so sei, daß man immerfort alles bewundern müsse – daß immer Neues geschaffen, gestaltet, daß umgewandelt, daß verherrlicht werde, so
daß man immer nur zu staunen habe. Dieses erlebe
man aber erst in den oberen, in den höheren Stufen.
Diese verschiedenen Beschäftigungen seien auch
nicht die Haupttätigkeit der hohen Geschwister,
sagte mein Schutzgeist, sondern sie würden dieser
besonderen Beschäftigung nur dann nachgehen,
wenn sie Muße hätten, also in ihrer 'Freizeit'; denn
so viel ganz Wichtiges müsse doch stets getan werden!

Mein Schutzgeist erklärte weiter: »Obwohl es in
der geistigen Welt hohe Geister Gottes mit außeror-
dentlicher schöpferischer Kraft gibt, die dafür ihre
besonderen eigenen Himmel haben, wo sie immer
wieder Neues schöpfen und gestalten zur Bewunderung aller, möchten doch andere Geistgeschwister
auch nicht zurückstehen. Der Unterschied zwischen

ihnen besteht darin, daß die einen ihre Tätigkeit 'be-
ruflich' ausüben, also nur künstlerisch tätig sind, während diese andern hohen Geistgeschwister sich eben
nur *nebenbei* künstlerisch betätigen, weil auch sie die
in ihnen vorhandene Schöpferkraft entfalten möchten; auch sie möchten sich doch am Schönen erfreuen ... Sicherlich freuen wir uns andrerseits auch
darüber, Geistwesen von unten durch Bitternis und
Bedrängnis hindurch hinaufzuführen, den Kummer
mit ihnen zu teilen und mit ihnen zu hoffen, daß es
ihnen endlich gelinge, einige Stufen emporzukom-
men. Das ist jedoch harte Arbeit; dazu braucht es
viel Geduld und Ausdauer. Man möchte daher nicht
ständig solches tun. Man möchte auch im Himmel
tätig sein, den Himmel in seinem Glanz, in seiner
Herrlichkeit erleben. Man möchte doch die schöpferische Kraft, die einem von Gott gegeben ist, auch
anwenden! So sind diese Geister Gottes eben bemüht, dieses nebenbei zu tun.«

Dem Großvater wird empfohlen,
sich in die göttliche Ordnung
zu begeben

Mein Großvater staunte und sagte: »Ich bin also
doch auf dem rechten Weg! Ich wußte es ja, es ist
doch richtig! Anfangs hatte man mir nämlich eine
ganz andere Arbeit übertragen wollen. Nun habe ich
doch recht gehabt, das zu tun [was mir gefiel]! Wenn
die Geister Gottes tun, was ihnen beliebt, wie soll ich

denn da nicht auch das Recht haben, auf meine Art das Meinige zu tun?«

»Jaja«, entgegnete darauf mein Schutzgeist, »man ließ dich ja gewähren; aber wie lange willst du noch da, in deinem Dorf, tätig sein? Du mußt doch auch schauen, daß du einmal über diese Stufe hinwegkommst – etwas hinauf! Es gibt doch weiter oben auch vieles zu tun, wo du mitwirken kannst. Du mußt dich doch einmal von deinem Dorf trennen!«

Da staunte der Großvater. Vorerst habe er das noch nicht im Sinn, meinte er; sie brauchten ihn doch im Dorf. Was wäre denn geschehen, wenn nicht er in diesem oder in jenem Falle eingegriffen hätte? Großes Unglück wäre doch über Menschen und Tiere gekommen, behauptete er.

»Ja, mag sein«, sagte da mein Schutzgeist, »es ist doch so: Für den Menschen ist jeweils das Hergebenmüssen, das Sterben eben etwas Schmerzhaftes. Ja, das verstehe ich schon. Aber weißt du, es ist ja so, wie du es selbst gesehen hast bei dem Wild im Wald, das gejagt wird. Es durchlebt eine gewisse Zeit der Angst, und sogar das geistige Tier rennt noch eine Zeitlang umher; aber es beruhigt sich dann bald. Und du hast ja selbst erzählt, daß aus dem irdischen Tier ein viel schöneres geistiges Tier geboren ist. Soll denn nicht das viel Schönere gefördert werden?«

»In dem Fall ist es so, wie du meinst«, sagte der Großvater; »aber in meinem Dorfe bin ich da, dafür zu sorgen, daß alles beim Rechten bleibt.«

»Weißt du«, sagte der Schutzgeist, »ich glaube, die Zeit, in der du da im Dorfe tätig gewesen bist, ist bemessen; denn du kommst ja nicht vorwärts! Du bist hilfsbereit – das ist gut und recht –, aber du kannst auch auf einer anderen, einer erhöhten Ebene helfen. Glaubst du nicht auch, daß du jetzt lange genug in deinem Dorfe tätig warst?«

Meinem Großvater fiel es schwer. Da sagte mein Schutzgeist: »Du hast geglaubt, Laura würde dir nun behilflich sein – sie würde im Dorfe herumgehen und in jedem Hause Nachschau halten, ob jemand krank sei, wo du helfen könntest. Nein, nein! Laura nehme *ich* mit!«

Da war mein Großvater etwas enttäuscht. Er habe sich doch so gefreut, nun endlich einen Beistand zu haben, sprach er. Er habe mich doch so gerne gemocht und sei mir auch beigestanden! Ob er denn da nicht ein Recht auf mich habe, fragte er.

»Nein, Laura nehme *ich* mit! ... Dann bleibst du eben allein im Dorfe zurück«, entgegnete mein Schutzgeist.

»Großvater, überlege es dir doch!« sagte ich. »Willst du denn nicht mitkommen – höher hinauf, etwas anderes tun? Wir dürfen ja vielleicht zusammensein; es muß doch nicht unbedingt in unserem Dorf sein! Wir können andern auch helfen: Sie sind ja auch unsere Geschwister; sie haben auch ein Recht darauf, daß man ihnen hilft.« Ich sprach ihm zu, aber Großvater war nicht zu überreden.

*Ein jeder wird zur
Rechenschaft gezogen*

Dann nahm mich mein Schutzgeist bei der Hand, machte nicht lange und ging mit mir weg. Ich konnte mich nicht einmal recht verabschieden. Es tat mir leid, so schnell von Großvater wegzugehen, der sich meiner so liebevoll angenommen – der sich um die ganze Familie, um das ganze Dorf gekümmert hatte.

Mein Schutzgeist bemerkte wohl, daß es mir nicht leichtfiel, und sagte nun: »Weißt du, das mußte sein; ich mußte so eingreifen. Weißt du, er muß zur Besinnung kommen. Er wird darüber nachdenken. Er wird nach dir fragen. Er wird zu dir kommen wollen. Aber das mußte sein. Weißt du, du hast dann schon Gelegenheit, zu deinem Großvater zu gehen und ihn aufzufordern, mitzukommen. Zuerst muß jedoch manches auch bei dir in Ordnung gebracht werden; denn so alles hast du nicht nach unserem Gefallen getan.«

Ich überlegte und dachte nach – ja ich bekam es mit der Angst zu tun. Bei meinem Großvater hatte ich mich so sicher gefühlt! Jetzt mußte ich ihn zurücklassen! Mein Schutzgeist – er hatte ja gesagt, er sei mein Schutzgeist – war mir jedoch fremd. Ich kannte ihn ja nicht so von Angesicht wie meinen Großvater. Er sprach mir aber zu und sagte, ich dürfe Vertrauen haben; es werde nicht so schlimm werden – es ergehe allen so, die in die geistige Welt hinüberkämen, denn das menschliche Leben sei eine Prüfung.

Man würde doch den Menschen nicht noch für ihre Untugenden danken, die sie zum Ausdruck gebracht, und für die Schlechtigkeiten, die sie verübt hätten. Mit solchen müsse man eben ins Gericht gehen.

Etwas scheu fragte ich dann, was ich denn wohl falsch gemacht hätte. Ich erinnerte mich wohl daran, daß ich schon auch manches getan hatte, was ich später jedoch bereute.

Der Engel sah meine Gedanken, sagte aber: »Weißt du, so schnell sind wir nicht einig mit unsern Menschenkindern; da müssen wir manchmal schon ein hartes Wort sprechen und ganz energisch mit ihnen umgehen.«

»Was willst du denn mit mir tun?« fragte ich. »Was hast du denn für eine Arbeit für mich? Ich habe doch keine Ahnung, was man im Himmel arbeiten muß.«

»Du hast doch jetzt soviel Schönes gehört«, entgegnete darauf der Engel, »wie es in den hohen Himmeln zugeht; auch wenn du nicht in die hohen Himmel hineingehörst, gibt es doch noch vieles andere zu tun. Man muß überall behilflich sein. Da sind ja so viele leidende Geschwister, denen man auch beistehen kann, die man trösten und denen man zusprechen muß. Ich werde dich jetzt auf verschiedenes aufmerksam machen«, fuhr der Engel fort; »du hast jetzt schon etwas Vertrauen zu mir gefaßt, auch wenn du noch etwas scheu bist. Weißt du, es werden noch andere Engel Gottes kommen, die dir fremd sind. Sie werden vor dich hinstehen und manche Fragen an dich stellen. Ich gebe dir den guten Rat: Gib treu und ehrlich Antwort auf alles, und bekenne dich schuldig, wenn sie dich anklagen. Das, was du falsch gemacht hast, tut dir doch leid, nicht wahr?« fragte er mich.

»O freilich! ... Alles tut mir leid!« Ich hatte doch keine Ahnung, wie der Himmel wirklich ist. Ich hatte wohl zu den Engeln gebetet; aber ich hatte ja keine Vorstellung vom Himmel, und ich fragte, ob man mir denn das übelnehme, daß ich gar nichts gewußt habe – andere wüßten ja auch nichts von dieser fremden Welt.

»Ja« – mein Schutzengel lächelte –, »leider wissen sie nicht viel; aber ich sage *dir* jetzt, wie *du* dich zu verhalten hast. Also, bitte die Engel um Vergebung für alles, was du falsch getan – bitte sie darum in Christi Namen! Und du sollst bereit sein, alles gutzumachen, was du gefehlt.«

Ich prägte mir das gut ein. Selbstverständlich tat mir alles leid. Es ging gar nicht mehr so lange, bis sie kamen. Ich kam mir nun doch etwas fremd vor. Eigentlich beeindruckte mich das Neue, das mich umgab; es gefiel mir. Manches erinnerte mich auch so sehr an mein vorangegangenes Erdenleben! Vieles ist hier viel schöner – viel, viel schöner! Und doch fühlte ich mich fremd hier.

Nun standen sie da – sie, von denen der Geist Gottes, mein Schutzgeist, gesprochen hatte –, und ich ge-

traute mich nicht aufzublicken. Ich schaute immer
nur nach unten. Sie waren schön; doch ich wollte sie
nicht ansehen, denn ich schämte mich etwas. Ich
hatte als Mensch zu den Engeln gebetet, aber nicht
zu ihnen – zu allen andern hatte ich gebetet. Ich war
verzweifelt; ich hatte Angst. Da sank ich einfach auf
die Knie, faltete die Hände und bat sie, sie möchten
mir vergeben – ich hätte ja nicht gewußt, wie das Leben wirklich in Zukunft sei.

Dann richteten sie mich auf und sagten, es sei
nicht so schlimm; ich müsse jetzt nur recht eifrig
und sehr gehorsam sein. Das versprach ich. Ich wollte gehorsam sein. Sie sagten aber, ich brauchte schon
einige Zeit für mich, damit ich in meinem Innern
Einkehr halten könne, und sie würden mir empfehlen, mich etwas auszuruhen. Wenn ich dann ausgeruht sei, hätte ich auch etwas mehr Mut und Zuversicht.

Mein Schutzgeist sagte dann: »Gut, jetzt begleite
ich dich.« Und er begleitete mich in ein Haus. Ich
kam zu einer Familie. Ich hatte nicht gezählt, wie
viele Geistgeschwister da waren; denn man führte
mich gleich in einen Raum und sagte: »Da hast du eine Liege; da kannst du dich ausruhen, und du wirst
Ruhe finden. Wenn du ausgeruht bist, dann werden
die da« – man deutete auf die Anwesenden – »dir behilflich sein. Sie sind deine Geschwister. Im Geiste
sind sie deine Geschwister.« Dieses war mir jetzt klargeworden. Und so durfte ich mich ausruhen.

*Anpassung an die himmlische Welt
Der Großvater ist endlich
willens, sich einzureihen*

Als ich dann erwachte, war ich von diesen Geistgeschwistern umgeben. Sie waren alle so freundlich
und lieb zu mir! Dann kam auch mein Schutzgeist
wieder und sagte: »Weißt du, jetzt müßte ich dir
eigentlich sagen, welche Arbeit du auszuführen hast;
aber ehe ich dich zu deiner Tätigkeit führe, wollen
wir uns des Großvaters annehmen. Zuvor sollst du
aber noch ein besseres Aussehen erhalten. Wir wollen dir ein anderes Gewand geben.«

Da brachte man mir ein schönes Gewand. Es hatte
gar keine Ähnlichkeit mit irgendwelchen Kleidern,
die ich im menschlichen Leben trug. Ich konnte
mich auch nicht daran erinnern, daß irgend jemand
ein solches Gewand getragen hätte. Der Stoff war
viel, viel feiner – alles war so fein, so zart! Man gab
mir dieses schöne Kleid – im menschlichen Leben
hatte ich nie so etwas Schönes getragen! –, und man
schlang mir außerdem ein schönes Band, womit
mein Haar festgehalten wurde, um den Kopf.

Darauf führte mich mein Schutzgeist zum Großvater hin, der natürlich wieder eifrig im Dorf tätig
war und von Haus zu Haus, von Stall zu Stall ging.
Als er mich sah, staunte er, ja er klatschte in die Hände und sagte: »Laura, wie ist das möglich! Bist du ein
Engel geworden?«

»Ein Engel wohl noch nicht«, antwortete ich; »aber ich glaube, es ist sehr ratsam, wenn du jetzt mit mir kommst – dann kannst du auch bald so schön aussehen. Ich werde dir dabei behilflich sein.«

Der Großvater zählte mir auf, was noch alles für Arbeit warte; wohin er überall zu gehen habe, um zum Rechten zu sehen; daß ja überhaupt niemand da sei, der sich um die Leute kümmere.

»Das glaube ich nicht, Großvater,« entgegnete ich; »das meinst du nur. Es sind doch auch noch andere Geistgeschwister da, die sich um die Tiere und um die Menschen kümmern – nicht nur du!«

Während ich mit ihm redete, war ja mein Schutzgeist bei uns. Dieser sagte: »Ja freilich, das bildet er sich nur ein, daß er alleine hier im Dorf zum Rechten sehen muß. Er läßt ja niemand anders zu. Wenn er weg ist, werden andere kommen und die Arbeit aufnehmen.«

»Was, ich lass' niemand zu?« meinte der Großvater erstaunt.

»Nein, du läßt niemand zu«, wiederholte der Schutzgeist; »das kannst du nicht abstreiten.«

Und es mußte wahr sein, so wie der Engel ihn anschaute und der Großvater unsicher wurde.

»Ja, was soll ich denn tun?« fragte der Großvater.

»Nichts sollst du tun«, erwiderte mein Schutzgeist, »als mit uns kommen.«

»Aber ehe ich von diesem Dorf und von meinen

Leuten weggehe, will ich mich noch verabschieden –
von jedem Haus, von jedem Stall.«

»Meinetwegen«, sagte mein Schutzgeist, »meinetwegen, so verabschiede du dich.«

»Gut ... aber ihr könntet doch mitkommen und
mich begleiten«, sagte der Großvater, »damit ihr
seht, daß es wirklich vonnöten war, daß ich zum
Rechten sah.«

Mein hoher Begleiter lächelte und sagte: »Tun wir
ihm den Gefallen. Wir sind schnell fertig damit.«

Dann nahmen wir den Großvater in unsere Mitte.
Erst jetzt stellte ich fest, daß er eigentlich gar nicht
besonders schön angezogen war. Seine Kleidung war
natürlich seiner Umgebung angepaßt. Ich war schon
etwas stolz auf mein Äußeres, auf mein Aussehen.
Man hatte mir doch so ein schönes Gewand gegeben, und dabei war ich überzeugt, daß Großvater
viel mehr Gutes getan hatte als ich! Der vornehme
Begleiter mußte meine Gedanken gesehen haben;
denn er sagte, es werde nicht daran fehlen, daß auch
er bessere Gewänder erhalte – zuerst müßten wir
ihn aber einmal von hier wegbringen.

Wir gingen mit ihm von Haus zu Haus, von Stall
zu Stall und verabschiedeten uns. Ich hatte das Gefühl, es gehe rasch; denn mein vornehmer Begleiter
war genauso kurz angebunden wie seinerzeit, als er
mich weggeführt hatte. Er nahm ihn einfach bei der
Hand, und schon waren wir wieder weiter. Da gab es
kein genaues Umhersehen. Er durfte noch über all

die Dinge hinschauen, und dann gab es ein schnelles Entfliehen.

Heilender Schlaf
Aufnahme einer Tätigkeit im geistigen Reich

So ging unser vornehmer Begleiter mit dem Großvater und mir aufwärts, in dieses Haus, das für längere Zeit mein Zuhause sein sollte. Alle, die da waren, begrüßten den Großvater wie einen alten Bekannten. Der Großvater mußte staunen und sagte: »Ja, ich fühle mich doch überflüssig hier! Was soll ich in diesem Hause tun? Was soll ich überhaupt hier tun? Ihr habt mich von meiner schönen Arbeit weggeführt!«

Der hohe Geist sagte ihm jedoch: »Du mußt nun endlich einmal von diesem Gedanken frei werden! Es geht nicht immer um deinen persönlichen Willen, sondern du sollst dich der Ordnung und dem Willen Gottes unterstellen. Man ließ dich ja tun, was du wolltest; aber dieses hatte seine Zeit, und die ist nun zu Ende. Du wirst auch hier mehr als genug Arbeit finden, andern beizustehen und zu helfen; denn schließlich gibt es im Himmelreich mehr als ein Dorf, wo man zum Rechten sehen muß, und auch auf der irdischen Welt gibt es schließlich nicht nur dein Dorf, wo du gelebt. Man soll nicht so gebunden sein.«

Hierauf brachte man dem Großvater einen Trunk und sagte ihm, er möge diesen zu seiner Stärkung zu sich nehmen; er werde sich danach etwas müde fühlen. Er solle sich hinlegen und sich ausruhen, denn er habe doch wahrlich viel gearbeitet während dieser Zeit. Großvater war einverstanden. Er nahm diesen Trunk, fand ihn köstlich und gut und legte sich zum Schlafen nieder.

In dieser Ruhezeit kann sich das Denken etwas wandeln. Er sollte nun seine Gebundenheit – so erklärte man es mir – durch diesen späten Schlaf verlieren.

Als er aufgewacht war, brachte man auch ihm ganz andere Gewänder. Auch er wurde anders eingekleidet; denn Großvater war wirklich eine gute, hilfreiche Seele. Er war nur etwas eigenwillig und glaubte, alles müsse so gehen, wie er es befehle, und nur er könne zum Rechten sehen. Er mußte umdenken lernen; aber durch den Schlaf erhielt er Heilung. Als ich vor ihm stand und er seine Augen öffnete, hatte ich das Gefühl, einen verwandelten Großvater vor mir zu haben. Er kam mir viel jünger vor, so wie ich ihn von meinem Erdenleben her nicht in Erinnerung hatte. Ich fand, er habe sich durch den Schlaf verjüngt und gewandelt.

»Ja, er hat sich gewandelt«, bestätigte man mir; »er ist jung geworden, wieder jung geworden. Nun könnt ihr beide, da ihr ja so hilfsbereit und gütig seid, gemeinsam von diesem Himmel aus eure Dienste den andern aufsteigenden Geistgeschwistern zur Verfügung stellen. Ihr sollt euch jetzt von der irdischen Welt abwenden und von den Menschen, die dort zurückgeblieben sind. Andere Geistgeschwister werden sich jener annehmen. Eure Tätigkeit sollte jetzt darin bestehen, daß ihr im geistigen Reiche eure Hilfsbereitschaft und Liebe denen zukommen laßt, die sie auch wirklich brauchen.«

Wir hatten ein schönes Leben in dieser Familie. Wir lebten und leben immer noch wirklich zufrieden und glücklich. Doch es kommt die Zeit – so sagte man es mir –, wo wir aus diesem Hause scheiden müssen und jedes seinen eigenen Weg den weiteren Höhen entgegengeht; aber in nächster Zeit sollte es noch so sein, daß wir gemeinsam miteinander unsere Aufgaben erfüllen. Auch hierbei war Großvater der Führende, und es gefiel mir auch so.

Man erklärte mir: »Es kommt die Stunde, wo jedes seinen neuen, eigenen Weg geht und selbständig handeln muß. Das wird dann geschehen, wenn ihr geistig weiter emporgestiegen seid und euch gestärkt und zugleich in eurem Denken und Wollen verbessert habt.«

Nun, ich habe versucht, euch das Erlebte so gut wie nur möglich wiederzugeben, damit euch diese zukünftige Welt nicht fremd ist, und so überlasse ich euch dem Segen Gottes.

Jeder Mensch hat einen Schutzgeist. Als Schutzgeister und deren Helfer können nahe Verwandte eingesetzt oder – unter bestimmten Voraussetzungen ihrem eigenen Willen entsprechend – zugelassen werden. Der Großvater darf zu Lauras Empfang kommen, um ihre Gefühle des Fremd-

seins in einer für sie neuen, unbekannten Welt zu mildern. Es wird auch zugelassen, daß er sich als Schutzgeist im Dorf betätigt, nicht aber in den angrenzenden Wäldern. Geistige Wächter sorgen für Ordnung.

Der Großvater tut zwar Gutes, folgt aber seinem eigenen Willen, nicht dem Willen Gottes. Behutsam wird er von Lauras Schutzgeist mit Hilfe Lauras in die Ordnung Gottes einbezogen. Nur so ist für ihn ein Aufstieg in höhere Ebenen und zu höheren Aufgaben möglich. Ähnlich wie vorher Laura wird auch er in einen geistigen Anpassungsschlaf versetzt. Durch diesen Schlaf findet auch bei ihm eine Loslösung vom irdischen Denken, eine Wandlung seines Aussehens und eine geistige Heilung statt.

<u>Auch am Beispiel der Tiere wird der irdische Tod als geistige Geburt und als Wandlung aufgezeigt.</u>

Die Tiere werden beim Übergang liebevoll betreut. Kein Wesen – ob Mensch, ob Tier – stirbt allein. Jedes Wesen macht Wandlungen durch und wird so zu höherem Leben geführt. Es gibt feste und liebevolle Bindungen zwischen Engeln und Tieren.

In der Ordnung Gottes hat jedes Wesen seine bestimmten Aufgaben und auch freie Zeit, in der es seinen Neigungen nachgehen kann. Beides dient dem Schöpfungs- und Erlösungsplan und der eigenen Freude und Entfaltung.

Glanz und Pracht des Himmels auf höheren Stufen werden in ihrer Vielfalt geschildert. Sie werden erneuert und gesteigert durch ständige schöpferische Umwandlungen und Gestaltungen. Daran beteiligen sich alle, die dessen fähig und würdig sind.

Im Dienste von Gequälten

*Ein Leben in christlicher
Nächstenliebe*

Mein Name ist *Mathys*. Es gibt aus meinem Erdenleben nichts Besonderes zu erzählen. Ich hatte einer
großen Familie vorzustehen. Wir hatten neun Kinder, dazu lebten noch meine Eltern bei uns. Von Beruf war ich *Glasmaler* und lebte in Österreich. Wir
lebten als fromme Christen. Wir gaben uns Mühe,
gerecht zu sein und die Gebote zu halten. Wir beteten jeden Tag gemeinsam und verfehlten sonntags
keinen Gottesdienst.

So habe ich durch mein Pflichtbewußtsein, durch
meine Hingabe und Aufopferung für meine Familie
gewisse Verdienste für das geistige Leben erworben.
Es war mir auch immer ein Verlangen, Notleidenden
zu helfen. Das hatten dann auch meine Angehörigen getan. Es war also in meiner Familie Brauch gewesen, den Ärmsten beizustehen und zu helfen, sei
es, indem man einmal einem eine Mahlzeit gab oder
etwas Brot, sei es auch, daß man ihm mit Kleidungs-
stücken aushalf. Wir halfen und gaben, so gut es uns
möglich war.

Als ich in die geistige Welt eingetreten war, staunte ich über die Begrüßung, die mir zuteil wurde. Mei-

ne Eltern, die schon längst in die Geisteswelt eingekehrt waren, kamen, begrüßten mich mit großer
Freude und erklärten mir: »Nun hast du keine
Sorgen mehr um das tägliche Brot. Du kannst aber
auch hier, wenn es dir beliebt, den Ärmsten den Beistand geben.« Und so sagte die Mutter: »An Arbeit
fehlt es uns hier nicht. Wir können in Seligkeit leben, aber wir müssen trotzdem arbeiten. Die Arbeit
ist jedoch nicht so beschwerlich wie im menschlichen
Leben.«

Ich nahm die Worte der Mutter und deren Begleiter auf. Sie alle zeigten große Freude darüber, daß ich
gekommen war. Ich meinerseits war eigentlich beruhigt. Ich hatte für die Meinen gesorgt, und die ich zurückgelassen hatte, schienen auch gut aufgehoben zu
sein. So brauchte ich also keine Angst und Bange um
die Meinen zu haben und wie es ihnen ergehen
könnte, zumal ich wie meine Zurückgebliebenen ein
großes Vertrauen zu Gott hatte.

Meine Lebenskameradin kam kurze Zeit nach mir
in die Geisteswelt. Wir durften eine Zeitlang zusam-
menbleiben und brauchten uns in der ersten Zeit
nach unserer Einkehr nicht besonders zu betätigen.
Die Arbeit sollten wir erst später aufnehmen.

Als Missionsgeist im
Dienste von Gequälten

Nach einer gewissen Zeit trennte man uns beide.
Man legte uns klar, daß es in der geistigen Welt, in

der wir nun lebten, keinen Stillstand gebe; vielmehr müsse man weiter um den Aufstieg bemüht sein und man habe die Möglichkeit, einen schönen Platz in der Gotteswelt zu erlangen, wenn man recht fleißig und gehorsam sei und sich Mühe gebe, den Heilsplan zu fördern.

Man erklärte uns, daß es viele gibt, die in Unseligkeit leben – daß ihrer viele, die zu uns in die Jenseitswelt herübertreten, in großer Unruhe, unzufrieden, voller Ängste sind; denn die neue Welt bringt für den einen und andern auch Überraschungen – mancher hat wohl vom Himmel ganz anderes erwartet! –, und dann gibt es auch solche, die sich mit dieser neuen Welt einfach nicht zufriedengeben, die sich mit ihr nicht abfinden können.

Man sagte mir dann, in dieser Beziehung müsse man den Heimkehrenden beistehen – es seien so viele Geschwister, denen man den Beistand geben müsse; und da ich schon im menschlichen Leben dazu geneigt hätte, hilfsbereit und gut zu sein, so würde man mir empfehlen, diese Hilfsbereitschaft auch in meiner neuen Heimat den Geschwistern zukommen zu lassen. Man erklärte mir auch, auf welche Art und Weise es zu geschehen habe.

Anfangs war ich eigentlich mehr Zuschauer und hatte selbst nicht viel zu tun. Meine Aufgabe war, aufmerksam zu beobachten, wie meine Lehrer mit solchen Heimgekehrten umgingen. Später sollte ich dann selbständig in dieser Art und Weise wirken.

So erzähle ich nun von den Erlebnissen, die ich hatte, die den größten Eindruck auf mich machten und die das Schönste waren, was ich erlebt habe. Ich hatte mir ja den Himmel, so wie er wirklich ist und wie es dort zugeht, damals gar nicht vorstellen können. Als Mensch macht man sich ja gar keine Gedanken darüber; man denkt nicht darüber nach, wie es einem ergehen oder wie es jenen ergehen könnte, die sich auf diese oder jene Weise belastet haben. Im Glauben spricht man doch viel von der Gnade und der Liebe Gottes, und wenn man als frommer Mensch gelebt hat, dann möchte man in der neuen Welt diese Gnade und Liebe bald kennenlernen. Im weitern hat man auch vom Erlösungswerk Christi keine richtige Ahnung. So muß man, den Aufgaben entsprechend, die man ausübt, zuerst einmal über den Erlösungsplan unterrichtet werden. Das geschah auch bei mir.

Dieser Unterricht wird jedoch nicht allen so kurz nach ihrer Einkehr in die Geisteswelt zuteil. Da man aber erkannt hatte, daß ich willens war, auch wieder zu dienen und zu helfen, gab man mir eine Aufgabe dieser Art. Und so versuche ich nun, euch etwas von meiner Arbeit zu erzählen.

Die Menschen auf Erden können sehr grausam sein, besonders wenn Kriege toben. Sie können den Feind – wie sie ihn nennen –, wenn er in ihre Hände gekommen und ihr Gefangener ist, einsperren und etwas aus ihm herausholen, indem sie ihn quälen.

Dieses geschieht leider sehr oft. Es kommt auch vor, daß einer, der mit seiner eigenen Regierung nicht einverstanden ist, zu spionieren anfängt, dann aber eines Tages wieder in die Hände seiner Landsleute kommt. Solches geschieht bei euch Menschen! Aber wehe, wenn solche ertappt werden! Sie haben ein schlimmes Ende zu erleben. Dann gibt es auch Menschen, die man ihres Glaubens und ihrer anderen Ansichten wegen einsperrt, quält und schließlich tötet. Und so finden die Gegner meist recht viele Möglichkeiten, die Angeklagten in der Weise zu beschuldigen, daß sie für schuldig befunden und womöglich zum Tode verurteilt werden. Ich möchte jedoch darauf nicht im einzelnen eingehen. Wie grausam Menschen sein können, ist euch von den letzten Kriegen her bekannt oder von Kriegen, die derzeit auf Erden geführt werden. Ihr vermögt euch sicher die Angst derer vorzustellen, die eingesperrt sind, die gequält werden und auf den Tod warten; die nicht wissen, auf welche Weise man sie töten wird, denen es aber bewußt geworden ist, daß sie sterben müssen.

Missionsgeister geben
allen gequälten Menschen
den Beistand

Die geistige Welt läßt solche Menschen nicht im Stich. Sie wendet sich sogar auch von jenen nicht ab, die ungläubig sind. Denn das schließt die Liebe Gottes ein: Man will einem jeden nach besten Möglichkeiten den Beistand geben. Es ist euch aber bestimmt verständlich, daß ein gläubiger, auf Gott ausgerichteter Mensch eine bessere Betreuung erhält als ein Ungläubiger.

So wurde ich zu den Missionsgeistern eingereiht und sollte nun diesen Ärmsten den Beistand geben. Die Missionsgeister haben Mittel und Wege, die gequälten, angstvollen Menschen zu beruhigen. Sie verfügen über geistige Mittel und können sie in erster Linie bei denen wirksam anwenden, die sich in ihr Schicksal ergeben und auf Gott vertrauen. Da versuchen die Missionsgeister, diese Menschenkinder so gut wie möglich zu beruhigen, so daß sie mutig den Weg zum Sterben antreten. Die geistigen Mittel, die sie ihnen verabreichen, sind verschieden. Ein Mensch vermag solches kaum zu erfassen oder zu sehen, es sei denn, er wäre hellsehend, hellfühlend oder hellhörend. Die Missionsgeister können dem Leidenden und Bedrängten einen geistigen Trank zuführen. In diesem Trank sind Mittel enthalten, die den menschlichen Organismus beruhigen; dadurch wird aber zugleich auch seine Seele gestärkt und beruhigt. Der geistige Trank ist ein Mittel, das häufig bei Gläubigen und Ungläubigen angewandt wird.

Eine andere Möglichkeit der Beruhigung ist folgende: Man streicht eine Flüssigkeit über das Antlitz des Betreffenden, streicht sie über Stirn und Oberlippe. So wirken auch diese geistigen Mittel beruhigend.

In dieser Weise stehen Missionsgeister aus der Liebe Gottes heraus den leidenden Menschen zur Seite, um ihnen den Weg zu erleichtern. Die Wirksamkeit der Mittel hängt jedoch von der Einstellung und dem Willen des betreffenden Menschen ab. Mit seiner Ergebenheit [ins Schicksal] schafft er die beste Voraussetzung zur Beruhigung, und die Mittel können wirksam werden. Wer aber bis zur letzten Stunde von Haß erfüllt ist und sich gegen das Sterben wehrt, bei dem vermögen diese Mittel nicht ihre volle Wirkung zu entfalten. Dies noch zu eurer Belehrung.

So stand ich in der Anfangszeit den Bedrängten bei, einmal einem Gläubigen, Frommen, einmal einem Ungläubigen, der dann aber, so die Stunde herannaht, sich doch sagt: »Wenn es einen Gott gibt, dann nimm mich doch in Gnaden auf, und verzeih mir, daß ich nicht an dich geglaubt habe!« Es gibt viele, die in der letzten Stunde diesen Gedanken haben; aber es gibt auch solche, die gar nicht an Gott glauben.

Nun, ich hatte große Freude, jeweils jenen Gläubigen beizustehen. Ich durfte ihnen nicht nur diesen Trank anbieten oder dieses Öl über ihr Antlitz gießen und über Stirn oder Lippen streichen, sondern ich durfte auch dabeisein, wenn sie ihr geistiges Auge auftaten. Da stand ich dann jeweils mit meinem Gefäß da und durfte ihnen sagen, daß ich ihnen in der letzten Stunde beigestanden sei und ihnen Mut zugesprochen und sie beruhigt hätte. Gewöhnlich stehen sie dann da, mit weit geöffneten Augen, und verstehen kaum, was man sagt oder was man damit meint. Man muß ihnen zuerst Zeit lassen. Sie, die auf so gewaltsame Weise aus dem Leben scheiden mußten, haben es in der ersten Zeit nach ihrer Einkehr in die Geisteswelt nicht so leicht.

Ihr habt bestimmt [im Laufe der Jahre] von unseren Geistgeschwistern viele Erklärungen bekommen, daß die Heimgekehrten, je nach ihrem geistigen Entwicklungsstand, in die ihnen entsprechende Welt eingehen und daß man sich ihrer annimmt; daß die einen eine sorgfältige, liebevolle Aufnahme finden, während andere mit Vorwürfen begrüßt werden. So kommt es eben darauf an, was man während seines Erdenlebens getan hat.

Die Gottgläubigen dürfen nach ihrem
qualvollen irdischen Tod die
Herrlichkeit des Himmels erleben

So erzähle ich euch jetzt von jenen, die im Gottesglauben starben – die, ehe sie diesen schweren Schritt machen mußten, zudem körperlich gequält wurden.

Eine gewisse Anzahl von ihnen wird jeweils gemeinsam gepflegt. Es sind immer viele, die auf ähnliche Weise in unsere Welt eintreten. Sie werden, selbst wenn sie ohne Gottesglauben gelebt haben, nicht gleich mit Vorwürfen begrüßt. Doch zunächst berichte ich von jenen, die im Glauben gestorben sind.

Sie werden in einer Gruppe von zwanzig bis drei-
ßig in ein Haus hineingeführt. Dieses Haus hat verschiedene Räume. Zuerst führt man sie in jenen
Raum, wo sie schlafen können. Sie sollen sich zuerst
einmal ausruhen. Wenn ich in meiner Aufgabe vor
einem solchen Heimgekehrten stehe und ihm sage:
»Ich habe dir Kraft gegeben und dich beruhigt«, so
kann er es noch nicht recht verstehen. Er staunt darüber, daß das Leben weitergeht. Man führt ihn dann,
ohne ihm viele Erklärungen zu geben, in das Haus
zum Schlafen. Man berechnet seine ungefähre Ruhezeit, und dann, wenn man annimmt, die größte
Unruhe habe sich gelegt, wird er geweckt, oder er erwacht von selbst.

In dem Raum, in dem diese Ärmsten schlafen, befinden sich auch geistige Führer, Wächter. Sie beobachten die Schlafenden. Sie gehen von einem zum
anderen, und wenn einer seine Augen öffnet, dann
wird gleich die Anweisung gegeben, daß er aufstehen
und diesen Schlafraum verlassen soll, und er wird in
einen andern Raum zu den andern geführt.

Nun will ich mich jedoch nicht bei jenen aufhalten, die schlafen; denn von ihnen gibt es nichts Besonderes zu erzählen als eben das, was ich erwähnt habe. Ich trete jetzt in den Raum ein, wo sich jene
befinden, die aus dem Schlafe erwacht sind, über das
Weiterleben staunen und voller Fragen sind.

Zunächst möchte ich euch aber die Umgebung
schildern. Das Haus, in das diese Gottgläubigen ge-

führt wurden, liegt in einem Park. Man kann vom Haus in diesen Park hinausblicken. Ihr Menschen habt in euren Häusern Fenster; durch diese Fenster könnt ihr ins Freie blicken und die Umgebung betrachten. Wir in der geistigen Welt haben auch Fenster, aber es ist nicht ganz dasselbe wie bei euch; denn euer Glas, durch das ihr blicken könnt, ist irdische Materie. Im Geistigen ist auch Glas vorhanden, jedoch als *geistiger* Stoff, als *geistige* Materie. Und diese Fenster – um mich mit euren Begriffen auszudrükken – sind sehr groß. So ist beispielsweise eine ganze Wand ein solches Fenster, und so kann man wunderbar in diesen Park hinausblicken. In diesem Park gibt es natürlich schöne Bäume. Es sind vorwiegend Palmen und Zedern. Auf einem Teich schwimmen allerlei farbige Vögel; Wasservögel also sind es. Sie sehen sehr schön aus. Sie vergnügen sich auf dem Teich, und wenn es ihnen beliebt, dann verlassen sie das Wasser und watscheln durch die Allee.

Die Augen der in diesem Raume weilenden Geschwister sind auf dieses Geschehen [draußen] gerichtet. Sie staunen und haben Fragen über Fragen. Sie machten sich ja keine Vorstellung davon, wie der Himmel aussehen könnte. Daß es da wahrhaftig auch Häuser gäbe, das hätten sie nicht geglaubt! Daß es da Tiere gibt, das wußten sie ebenfalls nicht und auch nicht, daß da Bäume von solch schöner Art vorhanden sind.

Sie fingen nun an, sich für diese Welt zu interessieren, und vergaßen so die leidvolle Zeit ihres menschlichen Lebens. Ein jeder behauptete, etwas Interessantes zu sehen. Ein jeder machte den andern darauf aufmerksam, was er sehe, und so hatte man eine schöne Unterhaltung. Man klagte und jammerte nicht mehr darüber, was geschehen war. Das Neue, das auf sie zukam, war zu interessant, um über das, was zurücklag, nachzudenken. Wohl überkam den einen oder andern zeitweise eine Trauer; aber dann atmete er wieder auf und sagte: »Wie froh bin ich! Ich habe alles hinter mir! Ich habe alles überstanden! Was will ich noch dem nachtrauern, was will ich noch darüber reden, was gewesen ist! Ich will jetzt die Zukunft genießen! Ich will für die Zukunft leben!« Sie unterstützten sich dabei gemeinsam in dieser Meinung.

Abwechslungsweise gesellten sich vornehme Geister Gottes dazu, die sich bei ihnen erkundigten, ob es ihnen hier gefalle und ob sie irgendwelches Unbehagen verspürten, und gleich brachten sie ihnen eine Speise mit, eine Frucht oder etwas zum Trinken. Die Geschwister waren ja so stolz darüber, daß man sich mit ihnen allen so beschäftigte.

Einblick in das Treiben
eines kleinen Völkchens
Das Gnomenfest

Die neue Welt übte großen Einfluß auf die Geschwister aus, und sie wollten nun diese neue Welt erleben. Wenn jetzt nur schon dieser kleine Park so interessant war, wie würde es dann erst in der übrigen himmlischen Welt sein! Wie gab es da vieles zu bewundern und zu bestaunen! Man kam ja nicht aus dem Staunen heraus!

Plötzlich rief einer von ihnen: »Schaut einmal dorthin!« und zeigte in die Nähe eines Zedernbaumes. Diese Zeder hatte ihre Äste tief zur geistigen Erde geneigt. »Schaut einmal«, begann er wieder, »auf den Ästen dieses Baumes sind so kleine Wesen, die sehen aus wie Puppen! Schaut einmal hin!«

Da waren sie alle recht aufmerksam und interessiert wie ich auch, als ich dies das erstemal erleben durfte. Auf den Ästen hüpften kleine Wesen herum. Sie waren etwa so groß wie eine kleine Puppe, mit der Kinder spielen. Diese kleinen Wesen waren so schön und zierlich gekleidet! Sie schwebten von einem Ast zum andern. Nun hatte man wieder etwas zu bestaunen, und man wartete doch darauf, daß man belehrt wurde, was denn das für Wesen seien. Daß es keine Vögel und keine Tiere waren, schien klar. Es waren also kleine Wesenheiten.

So war ihre Aufmerksamkeit eine Zeitlang auf diese Wesen gerichtet. Dann zog sich das eine oder andere jeweils wieder in den Raum zurück. In diesem Raum befanden sich bequeme Liegestätten aller Art. Man konnte sich ausruhen; man konnte sich unterhalten. Wenn dann wieder jemand eine Entdeckung machte, etwas, das er zum erstenmal sah und das ihn besonders interessierte, so rief man doch die andern auch herbei: »Schaut einmal, was ich da wieder sehe!« Und jene, die es noch nie gesehen hatten und die noch nicht allzulange in dem Hause waren, blickten in diesen Park hinaus.

Nun hatte man wieder Neues entdeckt. Dies alles, diese neue Welt, wandelte die einst so angstvollen Menschen in ihrem Denken. Ihre Gefühle veränderten sich. Wenn sie vorher noch deprimiert waren und keine Freude mehr in sich hatten, so ward nun durch ihr Beobachten und Erleben ihre Freude wach und ihr Interesse für das neue Leben geweckt.

Während nun der eine diese kleinen Wesen – *die Elfen* – beobachtet, die es also in der Geisteswelt auch gibt, so hört man einen anderen bereits rufen: »Schaut einmal dort, bei jenem Gebüsch« – und er beschreibt genau, wo dieses Gebüsch ist –, »da bewegt sich etwas Sonderbares! Sage und staune«, ruft er, »die sehen ja aus wie unsere Gartenzwerge!«

Aber diese Zwerge waren nicht so deformiert, wie die Menschen diese Zwerge machen, sondern es waren recht schöne Gestalten. Sie waren klein; es waren jedoch keine Kinder – das sah man. Sie sahen sehr hübsch aus. Und diese Wesen – *Gnomen* nennen wir sie – fingen eifrig zu arbeiten an: Sie zogen Äste einher. Unsere Geistgeschwister staunten alle; selbst diejenigen, die auch schon ähnliche Tätigkeiten der Gnomen beobachtet hatten, waren aufs neue wieder überrascht vom Eifer, mit dem diese kleinen Wesen ans Werk gingen.

Man staunte und wollte doch gerne wissen, was da
vor sich gehe. Die Elfen hüpften auf den Ästen umher und gingen ganz nahe zu diesen Gnomen hin
und fingen ihrerseits diese Gnomen etwas zu necken
an. Nun ließen sich diese aber nicht stören, sondern
hatten an verschiedenen Orten des Parks aus Ästen
Hütten gebaut. Sie hatten diese Äste zusammenge-
tragen. Wir bewunderten das Ganze und staunten
darüber, wie diese Gnomen so kunstgerecht eine solche Hütte aufgebaut hatten.

Nun war man natürlich neugierig darauf, zu erfahren, was da eigentlich geschehen sollte und ob sie
wohl in diesen Hütten leben würden. Einige der Geschwister, die schon eine gewisse Zeit in diesem Hause, in diesem Raume sich aufhielten, sagten, man sehe diese Gnomen immer; aber so schnell sie auf-
tauchten und ihr Spiel trieben, so schnell seien sie
auch wieder verschwunden.

Doch die Tätigkeit, die sie jetzt ausführten, hatte noch niemand von den Anwesenden gesehen: diese Eifrigkeit, dieses emsige Tun! Bald schien es soweit zu sein, daß diese Hütten fertig waren. Dann
brachten die Gnomen Stühle auf einen Platz. Diese
Stühle waren ebenfalls aus Zweigen kunstgerecht
und schön gearbeitet. Es war nur eine kleine Anzahl Stühle, wovon einer ganz besonders schön geschmückt war. Man wußte gleich, daß auf diesem
Stuhl jemand Besonderes seinen Platz einnehmen
würde; denn dieser Stuhl war als Thron hergerichtet,

hatte eine lange Rückenlehne und ein kleines Dach, und das bestand alles aus ineinandergeflochtenen Ästen. Geschmückt war der schöne Thron mit weißen und mit farbigen Federn. Die andern Stühle jedoch waren aus einfachen Ästen gearbeitet.

So konnten die Sorgen, die diese Geistgeschwister gehabt hatten, und die Erinnerungen an die vergangenen schweren Stunden, die da beim einen und andern wieder zurückkehrten, überwunden werden. Ich beobachtete, daß geweint und gelacht wurde. Man hatte die schweren Stunden, die man auf Erden erlebt, noch nicht ganz überwunden – das Erlebte war noch gegenwärtig. Andrerseits war man überglücklich, dieser schweren und sorgenvollen Welt entronnen zu sein.

So trösteten sich die Geistgeschwister gegenseitig und sagten einander: »Denke nicht mehr daran, was geschehen ist! Komm, schau lieber zu! Hier erlebt man sonderbare Dinge!«

Ich möchte noch beifügen, daß diese Geschwister das Haus nicht verlassen durften. Sie mußten also in dem Raum bleiben – aber sie hatten ja eine so weite Sicht! Nun warteten die Geistgeschwister auf den spannenden Moment, da etwas geschehen sollte; denn die Vorbereitungen dazu waren getroffen. Also mußte hier sicherlich ein festlicher Einzug stattfinden – und dem war auch so.

Bald hörte man feine, zarte Klänge. Alle mußten aber gut hinhören, um diese Klänge zu vernehmen.

Es waren die Elfen auf den Ästen, die mit ihren kleinen Musikinstrumenten auf diesen Einzug aufmerksam machten. Uns schien es, als seien die Elfen noch schöner geschmückt und gekleidet – als hätten auch sie sich für ein Fest vorbereitet!

Wir betrachteten auch den Teich mit den Wasservögeln. Sie schienen jedoch alle unbekümmert zu sein über all das, was sich da im Park abspielte. Sie schwammen dahin und verließen den Teich wieder und watschelten da in diesem Park einher. Sie nahmen keine Notiz von dem Geschehen.

Unter diesen feinen Klängen, die so zart waren, daß man gut hinhören mußte, um sie zu vernehmen, kamen die Gnomen aus dem Park. Es war ein ganzer Zug von Gnomen! Sie veranstalteten also ein Fest. Sie waren alle geschmückt – geschmückt mit Federn und Blumen! Mitten auf dem Platze, wo der schöne Thron stand, war der erste Halt. Als erster schritt einer voran, der, wie wir belehrt wurden, der Führer dieser Gnomenschaft war. Er trug als einziger eine Schleppe, während die andern bloß mit Federn und Blumen geschmückt waren. Eine Krone zierte sein kleines Haupt. Diese Krone bestand aus kleinen, weißen Federn, und vorn in der Mitte war ein farbiger Federbusch. Auch die Schleppe war aus lauter feinen Federn.

Die Geistgeschwister scherzten mitunter und fragten sich: »Wo haben die Gnomen diese feinen Federn her? Wir wollen doch nicht annehmen, daß

sie diese Federn den Tieren ausgerupft haben!«Und
so freuten sie sich über all das, was ihnen geboten
wurde.

Der Anführer der Gnomen nahm wahrhaftig auf
dem Throne Platz! Seine Schleppenträger hatten
ihm den Platz bereitgemacht, und nun schien er zu
den Seinen zu reden. Was gesprochen wurde, konnten wir nicht hören, denn alles war so leise, wie auch
die Musik, die gespielt wurde und die für uns kaum
hörbar war; aber es schien uns, daß sich da unter diesen Gnomen etwas Bedeutendes abspielen würde.
Wir verhielten uns selbstverständlich ganz ruhig,
und mit Staunen und Bewunderung betrachteten
wir alles.

Nach einer Weile stand der Gnomenführer von
seinem Throne auf. Zu seiner Rechten und Linken
hatten auch welche gesessen, für die ja ebenfalls
Stühle bereitgestellt worden waren, während die andern im Stehen zuhören mußten. Dann zogen sie
sich in ihre Hütten zurück, und so hielten sie sich
dort eine Zeitlang auf. Dann und wann kam einer
hervor und ging – wie es uns schien – auf Besuch in
eine andere Hütte. So ging das Treiben hin und her.

In der Zwischenzeit suchten uns wiederum die
göttlichen Geschwister auf. Sie alle machten so freudige Gesichter, und immer, wenn sie kamen, brachten sie einem jeden [der hier im Raume Anwesen-
den] etwas mit. Meine Aufgabe in diesem Hause war
ja, diese Geschwister zu betreuen, und sollte in ir-

gendeiner Weise etwas geschehen, so mußte ich dieses den Geistern Gottes melden. Ich hatte auch die Möglichkeit, diesen Raum zu verlassen und mich zwischendurch einer anderen Aufgabe zu widmen. Ich konnte aber immer wieder in diesen Raum zurückkehren und mich nach jenen umsehen, denen ich ja auch im Erdenleben beigestanden war.

Das Fest der Gnomen dauerte eine gewisse Zeit, und dann traf die Gnomenschaft ihre Vorbereitungen zum Wegzug. Man versammelte sich noch einmal kurz, und dann gingen sie alle wieder leise weg. Sie wurden mit derselben leisen Musik verabschiedet, wie sie gekommen waren.

Die Elfen schienen ihrerseits auch sehr neugierig zu sein. Als die Gesellschaft fort war, stiegen sie von den Ästen herunter und gingen dann in diesen Hütten ein und aus. Sie gingen auf das Dach der Hütten und machten allerlei Lustiges miteinander.

Dann kamen wieder ein paar Gnomen zurück. Es waren jene, die in diesem Park wohnten. Wir sahen auch, wie sie sich mit diesen Elfen neckten. Später trugen sie alles wieder weg. Die Stühle kamen fort, die Hütten wurden wieder auseinandergebaut. Wo die Gnomen mit den Ästen hingingen, sahen wir nicht. Sie verschwanden wiederum, und dann kam eine Zeit der Ruhe.

*Der weitere Aufstieg wird
erst durch die Erfüllung von
Aufgaben erreicht*

Nun war man auf Neues gefaßt – sicherlich würde sich hier wieder neues Leben entfalten! Dann kam jedoch ein Engel Gottes. Es war ein führender Geist, der nun vor die ganze Gruppe hintrat und sagte: »Wir haben euch einen kleinen Einblick in die Vielfalt der Gotteswelt gegeben. Dieser Einblick hat dazu gedient, die Erlebnisse aus eurem Erdenleben in Vergessenheit zu bringen. Wir haben euch durch dieses abwechslungsreiche Erlebnis, das ihr hier gehabt habt, die Möglichkeit gegeben, einmal Einblick in die große Vielfalt zu nehmen – in das einerseits auch unterhaltsame Leben, das in der Gotteswelt geboten wird; aber wir möchten euch andrerseits auch darauf aufmerksam machen, daß ihr euch dieses schöne Leben in der Geisteswelt von nun an verdienen müßt.«

Der Engel erklärte ihnen, die Gnade und Liebe Gottes seien unerläßlich. Jene, die auf Erden Leid ertragen hätten, würden in der geistigen Welt gepflegt und in eine Welt der Seligkeit eingehen. Sie würden den Himmel bewundern und bestaunen können, denn sie würden ja Kinder Gottes genannt. Diese Kindschaft Gottes aber würde sie für ihr späteres geistiges Leben verpflichten. Sie müßten nun künftig tätig sein, um die weitere Vielfalt im geistigen Reiche aufnehmen und bewundern und an der Entfaltung mitwirken zu können.

Des weitern sagte der Geist Gottes: »Nur noch eine kurze Zeit werdet ihr hier verweilen, und dann werden wir ein jedes von euch an den Platz führen, von dem wir glauben, daß er für euch geeignet sein wird, um eure weiteren Aufgaben erfüllen und von dort aus euren Aufstieg antreten zu können.« Dieser neue Weg sei jedoch ein Weg der Arbeit, erklärte der Engel, und es werde nun nicht so schnell wieder möglich werden, solches zu erleben – ihre Erlebnisse würden dann anderer Art sein. Jetzt würden sich Geistgeschwister mit ihnen befassen, ihnen ihre Arbeit zuweisen und sie unterrichten. Sie könnten nun mutig und zuversichtlich ihr Leben in der neuen Welt leben.

So kam der Zeitpunkt, da sie alle ihren Platz räumen mußten, um andern wiederum die Möglichkeit zu geben, die Wunden ihrer Seele heilen zu lassen und die Gedanken der Unzufriedenheit und des Unglücklichseins zu überbrücken, indem jene auch einen winzigen Ausschnitt von der Schönheit, von der Vielfalt und von der Unterhaltsamkeit der jenseitigen Welt erleben durften.

Nun waren bei einem jeden viele Fragen aufgetaucht. Mit vielem beschäftigten sie sich; aber sie konnten jetzt nicht diesen einzelnen Dingen nachsinnen: Warum sind hier Elfen? Warum gibt es überhaupt Elfen? Warum gibt es Gnomen? Warum sind

sie hierhergekommen? Das alles sollte ihnen viel
später erklärt werden – viel später. Sie sollten dieses
Erlebnis jetzt mitnehmen und sich daran freuen.
Und dann wurden sie alle hinausgeführt, und der
Platz wurde frei für andere.

Doch ich möchte euch jetzt nicht von den Aufgaben jener Geistgeschwister berichten, denn sie waren
so unterschiedlich. Sie nahmen jedoch alle dieselbe
Stufe ein. Ein jedes führte man dahin, wo es seinen
Fähigkeiten entsprechend eine Tätigkeit ausüben
konnte. So hatten sie alle ihren Schmerz zu überwinden vermocht. Sie hegten keine Haßgefühle – sie
hatten nur Bewunderung für die neue Welt, für die
Liebe und Gnade Gottes.

Die unterschiedliche
Betreuung
der Ungläubigen

Anfangs habe ich erklärt, daß jene, die im Erdenleben ungläubig waren, auch ihren Beistand erhalten. Sie werden ebenfalls in ein solches Pflegehaus
geführt – wenn ich es mit euren Begriffen so nennen
kann. Auch sie werden zuerst in Schlaf versetzt. Die
Betreuung jedoch ist unterschiedlich, und auch die
Umgebung ist nicht dieselbe. Ihr Haus steht abseits
von der Farbenpracht. Aber es nehmen sich dennoch Geister Gottes ihrer an. Ihr Haus, ihr Raum, in
dem sie wohnen, bietet ihnen nicht die Möglichkeit,
in jene Weiten zu blicken und so vieles zu bewun-

dern. Ihr Auge erfaßt nur etwas Grün, sonst ist alles eine Einöde.

Die Heimgekehrten, die sich in diesem Raume versammelt haben und die aus dem ersten Schlaf erwacht sind, empfangen auch dann und wann von Geistern Gottes einen Trank, und die Geister Gottes unterlassen es nicht, ihnen zu sagen, daß sie ihren Haß ablegen müßten, indem sie ihnen erklären: »Das Leben geht jetzt weiter. Ihr habt ohne Gott auf Erden gelebt; aber Gott hat euch gleichwohl in sein Reich aufgenommen. Er nimmt sich eurer an und gibt euch Gelegenheit, euch zu wandeln. Versucht frei von eurem Haß zu werden, und dann, wenn es möglich geworden ist, werden wir euch hier herausnehmen und euch einer Arbeit zuführen, wenn ihr dieses wünscht. Wenn es euch aber lieber ist, für eine gewisse Zeit frei, ohne Betätigung, zu sein, so steht euch auch dieser Weg offen. Freilich, klüger und besser ist es, ihr wählt den Weg der Arbeit. Wenn ihr arbeitet, könnt ihr viel eher vergessen, und es werden euch Geistgeschwister beistehen und helfen, das Schwere aus eurem irdischen Leben zu überwinden.«

Und so verweilen sie hier. Was sie zu erblicken vermögen, ist das wenige Grün in der Einöde. Sie unterhalten sich auch gegenseitig. Der eine ist ganz aufgebracht, voller Haß, und will nicht arbeiten. Das sagt er gleich. Er will frei sein.

Ein anderer sagt: »Es ist vorüber! Ich bin jetzt in eine neue Welt eingetreten, und ich will mich dieser neuen Welt und ihren Bedingungen anpassen. Ich will von der alten Welt nichts mehr wissen. Ich will lieber arbeiten – in der Arbeit erhoffe ich mein Fortkommen und meinen Aufstieg.«

So redet der eine und so der andere. Manchmal ist einer wankelmütig und weiß nicht, welche Stellung er einnehmen soll, und mitunter üben dann jene auch ihren Einfluß auf ihn aus. Die so ganz ohne Gottesglauben gelebt haben und noch hadern, sagen: »Wenn Gott ein Gott der Liebe wäre, würde er doch verhindern, daß die Menschen Kriege führen und einander töten. Wenn es einen Gott der Liebe gäbe, so würde er ja auch dafür sorgen, daß Liebe auf Erden herrscht, und er würde von Anfang an alle Bosheit im Keime ersticken lassen. Ich kann es nicht fassen, daß es einen Gott der Liebe geben soll, der mich so leiden ließ.«

So spricht der eine, und der andere sagt das Gegenteil: »Weil wir eben ohne Gott lebten, hat er sich nicht um uns gekümmert; aber wir haben jetzt die Gelegenheit [uns zu wandeln]. Du hast ja gehört: Man hat gesagt, er habe uns nicht verlassen; wir seien in der neuen Welt von ihm aufgenommen, aber jetzt komme es auf uns an.«

So kann einer in der Weise sprechen, und viele schließen sich ihm an und sagen: »Gut, ich bin auch der Meinung. Die neue Welt stellt ihre Forderungen, und ich passe mich der neuen Welt an. Ich will nichts mehr verlieren; ich will mich dem Neuen anpassen.«

Die Wege scheiden sich:
Rückkehr zur Erde
oder Einordnen in einen
Arbeitsprozeß

Wenn dann für sie die Zeit gekommen ist und man ihnen das Tor des Hauses öffnet, in das sie zu ihrer Besinnung und zum Nachdenken hineingeführt worden sind, dann scheiden sich ihre Wege. Die einen, die frei sein wollen, gehen auf Wanderschaft und werden von der Erde, von den Menschen und ihren Lastern angezogen. Die andern, die das Verlangen haben, sich der neuen Welt anzupassen, suchen Arbeit. So gehen diese, die sich einig geworden sind, miteinander auf Wanderschaft und suchen Arbeit. Aber bald stellen sie fest: Da wird auf verschiedene Weise emsig geschafft. Sie fangen an ihre Dienste anzutragen und zu fragen: »Könnt ihr uns nicht brauchen? Wir suchen Arbeit. Wir haben keine Beschäftigung.«

Die andern, die an der Arbeit sind, rufen schnell einen führenden Geistbruder herbei und sagen: »Komm! Einer sucht Arbeit! Nimm dich seiner an!« Man weiß auch gleich, woher er kommt, und man ist sehr rücksichtsvoll mit ihm.

»Was glaubst du, was du tun könntest?« fragt man ihn. »Was hast du überhaupt auf Erden getan?«

Wenn nun einer ein Taglöhner war, der keine besonderen Fähigkeiten, keine Ausbildung in einer besonderen Arbeit hatte, dann muß man ihn zuerst für eine Arbeit anlernen, und dann sendet man ihn versuchsweise einmal dahin, einmal dorthin, um zu sehen, was für Fähigkeiten er hat.

Ich halte dann auch bei diesen Geistgeschwistern jeweils Nachschau, besuche sie und erkundige mich, wie es ihnen ergehe. Da kann ich immer feststellen, daß jene, die eine Arbeit angenommen haben, es nie bereuten. Sie haben den ersten Schritt zu ihrem weiteren Aufstieg getan und sind zufrieden. Gewöhnlich ist es dann auch noch so, daß jene, die Arbeit angenommen haben, nun ihre Eltern oder Verwandten begrüßen dürfen und daß die Eltern, wenn sie in einer schöneren, in einer interessanteren Welt leben, von ihrer Welt berichten und sie aufmuntern, fleißig zu sein. Sie tun also auch dementsprechend das Ihrige, um diese Geistgeschwister zu fördern. Es ist eben auch so: Man hört manchmal viel eher auf die eigenen Verwandten, die man auf Erden hatte, da sie einem doch sicherlich die Wahrheit sagen. Sie erzählen einem auch etwas mehr als die übrigen Geistgeschwister. Sie erzählen, wer alles noch da ist. So findet man sich dann mit seinen Angehörigen zusammen, und man schreitet empor, und man hat vieles, vieles zu überwinden. Doch man gibt sich Mühe, nicht mehr an das zu denken, was geschehen ist, und will nur noch für seinen eigenen Aufstieg leben.

So habe ich euch von meiner Tätigkeit erzählt, die ich ausübe, und wem ich da und dort beizustehen habe. Die Zeit ist vorgerückt, und ich ziehe mich zurück. Und wir alle, die wir mit euch verbunden sind, überlassen euch dem Segen Gottes und seinem Schutz. Möge dieser Gottessegen euch stark machen, damit ihr fähig werdet, Gottes heiligsten Willen zu erfüllen – damit ihr zu seinem Gefallen zu leben vermögt und wir zu euch auf Besuch kommen können.

Die geistige Welt läßt Menschen, die gequält, gefoltert und gemartert werden, nicht im Stich. Sogenannte Missionsgeister nehmen sich eines jeden an, ob gläubig oder ungläubig, auf der Erde schon und im Jenseits.

Die Missionsgeister stellen sich aus der Liebe Gottes heraus den Menschen zur Seite, um ihnen in schwersten Lebenslagen den Weg zu erleichtern. Mit besonderen geistigen Mitteln können solche Menschen beruhigt und gestärkt werden. Die Wirksamkeit dieser Heilmittel ist allerdings verschieden. Sie werden besonders wirksam, wenn der betreffende Mensch innerlich gottergeben sein Schicksal annimmt. Wer bis zuletzt von Haß erfüllt ist und sich gegen das Sterben wehrt, vermindert selbst die Wirksamkeit dieser Mittel.

Die besondere Betreuung von Gequälten und Gefolterten wird beim Übertritt und im Jenseits fortgesetzt. Sie werden in Gruppen gemeinsam gepflegt. Alle werden zunächst einem wohltuenden Erholungsschlaf zugeführt. Auch dieser Schlaf wird liebevoll überwacht und das Erwachen jedes einzelnen erwartet.

Mit dem Übertritt ins Jenseits werden allerdings Gläubige und Ungläubige gesondert betreut. Vor allem die Umgebung, in der sie leben, ist sehr verschieden. Die auf Erden schon Glaubenden erleben eine schöne Umgebung und erhalten Einblick in die große Vielfalt des Lebens in der Gotteswelt. Sie werden dadurch in ihrem Glauben bestätigt und bestärkt, können leidvolle Erinnerungen vergessen und werden bereit, sich um ihre weitere Höherentwicklung zu bemühen.

Die auf Erden nicht Glaubenden werden ebenfalls betreut und beraten, allerdings in einer vergleichsweise öden Umgebung. Sie müssen sich mit der Tatsache auseinandersetzen, daß das Leben weitergeht und daß sie der Macht Gottes unterstehen. In der Freiheit ihres Denkens und Wollens sollen sie den Haß auf ihre Peiniger überwinden und sich den göttlichen Gesetzen unterstellen. Tun sie es nicht, so behindern sie ihren weiteren Aufstieg. Diejenigen aber, die das Verlangen haben, sich der neuen Welt anzupassen, werden einer Arbeit zugeführt und weiter betreut und belehrt. Sie haben damit einen ersten Schritt zu ihrem weiteren Aufstieg getan und bereuen ihren Entschluß nie.

Sie dürfen später auch Eltern und Verwandte begrüßen, die ihrerseits dazu beitragen können, sie geistig höherzuführen, denn Bindungen aus dem menschlichen Leben haben auch im Jenseits ihre Bedeutung.

Allenthalben geht es um den geistigen Aufstieg, bei den Betreuten und ihren Betreuern, wie der Berichterstatter auch an seiner eigenen Aufgabe verdeutlicht.

Der Ausgleich von Erdenleben zu Erdenleben

Seit meinem letzten Erdenleben und heute, da ich zu euch sprechen kann, ist schon geraume Zeit verflossen. Natürlich bin ich seither zu anderen Ansichten gekommen. Ich habe auch wiederum das innere Gleichgewicht gefunden. Mein letztes Erdenleben, das ich gelebt habe, hat dazu gedient, mir dieses Gleichgewicht wiederzugeben.

Ich wurde gebeten, ganz speziell von dem zu sprechen, was für euch von Wichtigkeit ist. Ehe wir [Geistwesen] ja zu euch hintreten dürfen, haben wir das, was wir euch zu erzählen haben, unseren geistigen Führern bereits vorgesprochen. Ihr sollt also nicht glauben, daß es uns erlaubt sei, einfach irgendwelche Dinge zu erzählen. Unsere Führer stehen neben uns, und sie halten die Hand hoch, sollten wir irgend etwas reden, was sich nicht gehört, oder gar eine ausfällige Sprache haben. Nichts solches kann in dieser Stunde passieren; und dieses wäre auch gar nicht mehr möglich, denn wir sind auf einer geistigen Entwicklungsstufe, wo wir die Erkenntnis haben und wissen, was sinnvoll und gut für den Menschen und was ihm zu sagen erforderlich ist.

Ein Erdenleben in Armut
und Bescheidenheit:
als einfacher Schafhirte

Nun möchte ich euch von meinem zurückgelegten Erdenleben erzählen und euch dann erklären, warum ich ein solches Leben leben mußte. Ich war *Schafhirte.* 'Mutter Erde' war mein Zuhause. Sie war meine Schlafstätte, mein bester Freund. Ich war kaum fünfzig Jahre alt, als ich diese Welt verlassen durfte. Als ich hinüberkam, sagte man mir, ich sei an einer Lungenentzündung gestorben.

Nun zurück zu meinem Erdenleben. Mein Vater und auch mein Großvater waren beide Schafhirten, und so sollte ich es auch werden – ich hatte wohl gar keine andere Möglichkeit. Schulen konnte ich keine besuchen. Meinen Namen konnte ich aber schreiben; den hatte man mich gelehrt. Ich heiße *David* – oder ich kann sagen, ich *hieß* David. Dieses einzige Wort war ich fähig zu schreiben. Alles andere konnte ich nicht lesen, denn ich verfügte über keine weiteren Kenntnisse. Wenn man keine Schulen besucht, ist das nicht anders möglich.

Ich hatte eine große Herde Schafe zu hüten. Im Laufe meines Lebens hatte ich verschiedene treue Freunde. Es waren meine *Hunde.* Ich hatte einen weiteren Freund, das war die *Flöte.* Wie sollte man sich die Zeit sonst vertreiben, wenn nicht mit etwas Flötenspiel! Nachts schlief ich jeweils auf dem Boden, zugedeckt mit einem großen Mantel, wenn man das Mantel nennen kann. Es war ja nur ein Umhang, aus verschiedenen Stoffen oder Säcken zusammengesetzt. Einer meiner Hunde, an den ich mich noch gut erinnere, war mir besonders anhänglich. Sie alle waren mir treu ergeben.

Aber dieser eine kroch jeweils unter meinen Mantel, wenn ich nachts in der Nähe meiner Herde schlief. Er war jedoch nicht unaufmerksam; er hörte das kleinste Geräusch. Ich wurde manches Mal wach, denn er kroch öfters heraus und schaute zum Rechten. So wurde ich jeweils von meinen treuen Freunden geweckt, wenn Gewitter kamen – wenn irgend etwas nicht in Ordnung war. Erwähnen möchte ich noch: Ich hatte so eine Art Haus, das ich aber ganz selten bewohnte. Eigentlich war es nur eine zerfallene Hütte. Dort legte man seine Habseligkeiten hin, einmal vielleicht ein Paar ausgetragene Schuhe, vielleicht einen Proviantsack oder so etwas – man brauchte das so wenig!

Ich war nicht allein Schafhirte. In der weiteren Umgebung gab es noch mehr solche. Mit unserem Flötenspiel gaben wir einander Antwort. Auch konnten wir nicht die ganze Zeit oder das ganze Jahr hindurch an ein und demselben Ort verweilen. Wir machten lange, lange Wanderungen. Die Tiere gehörten einem reichen Schloßbesitzer. So lebte ich mein Leben immer in der Natur, immer unter den Tieren. Ich stellte an das Leben keine Ansprüche.

Von Zeit zu Zeit kam ich mit den Vorstehern zusammen. Sie besuchten uns, weil sie die genaue Zahl der Tiere wissen und auch sonstige Auskünfte von uns haben wollten, und sie versahen uns auch mit Nahrung. Ja, das war oftmals die einzige Möglichkeit, ein Gespräch zu führen. Dann erkundigte man sich auch nach den Leuten und wie man wohl in den Städten wohne, in den Dörfern und auf einem Schloß. Aber so richtig Sehnsucht, in einem Haus zu wohnen, hatte ich eigentlich nicht. Kein Unwetter konnte mir etwas anhaben. Ich liebte die Erde; sie war mein Zuhause.

So erzählte man uns auch dann und wann von den schönen Schlössern in der Umgebung und von den Leuten, die es angenehmer hätten als wir; die in Häusern wohnten und nachts an einem ruhigen Ort schlafen könnten; die richtige Betten hätten und so weiter. Aber ich konnte mich nicht daran erinnern, je ein eigenes Bett gehabt zu haben, auch nicht als Kind; denn mein Vater war Schafhirte und genauso arm gewesen wie ich. Wir wußten nichts anderes und waren zufrieden mit diesem Leben.

Viele Heimgekehrte finden
sich in der für sie fremden, neuen
Welt nicht zurecht

Als ich einmal durchnäßt auf der Erde schlief, hatte ich mich so schwer erkältet, daß ich dann von dieser Welt Abschied nehmen mußte. Im geistigen

Reich angekommen, kam es mir sonderbar vor. Es standen Scharen von Wesen da, die ich nicht kannte. Mein Vater, meine Mutter, meine Großmutter kamen, stellten sich vor, umarmten mich und freuten sich. Sie sagten dabei immer wieder: »David, nun bist du zurückgekommen!« Und so waren sie sehr beglückt, daß ich jetzt in der anderen Welt war.

Ich fand mich zuerst nicht zurecht, denn ich hatte ja nicht gewußt, daß man weiterlebt. Ich glaubte an Gott, aber das war eigentlich alles. Gebetet hatte ich hie und da einmal, aber eine so enge und besondere Verbindung zu Gott kannte ich nicht. Man war auch von den Menschen abgeschnitten; man hatte sich nicht mit ihnen zu beschäftigen, und so wurde man von ihnen nicht geplagt und nicht geärgert. Man war sich selbst überlassen und war zufrieden mit sich, mit den Schafen, mit den Hunden, und man war beglückt, eine Flöte hören zu können und sie selbst auch zu spielen.

Nun standen da Wesen um mich und sagten zu mir: »Ja, das Leben ist jetzt vorüber, und der Ausgleich ist geschaffen.«

Ich wußte mit diesen Worten nichts anzufangen. Ich war noch benommen. Ich fand jedoch, daß die Umgebung hier viel schöner war als da, wo ich gelebt hatte.

»Du brauchst nicht mehr auf der nassen Erde zu schlafen. Du wirst es jetzt schöner bekommen«, sagte man mir.

Eigentlich hatte ich gar nicht das Bedürfnis, es schöner zu haben. Ich war voll und ganz zufrieden gewesen mit dem Leben, mit dem, was es mir brachte und gab. – Ich sollte es schöner haben! Warum sollte ich es schöner haben?

Ja, ich sei jetzt in der Seelenwelt, wo Gott die Herrschaft führe mit all seinen Engeln, erklärte man mir. Ich hätte jetzt den Engeln Gehorsam zu leisten. Sie würden mich aber noch lange Zeit in einer großen Freiheit lassen.

Dieses Wort 'Freiheit' gefiel mir, denn eines war für mich sicher: »In dieser neuen Welt bleibst du nicht!« Wenn sie mir auch angenehmer erschien – sie gefiel mir nicht! Es war mir alles fremd. Ich wollte diese vielen Wesen nicht, die da bei mir herumliefen. Ich wollte *allein* sein. Ich wollte es nicht so schön haben. Und da man mir gesagt hatte, man lasse mir die Freiheit, fand ich gleich heraus, daß ich auch die Möglichkeit hatte, wieder zur Erde zurückzukehren, in meine alte Heimat.

So ging ich über die weiten, großen Felder hin, und ich suchte die Schafherden auf. Wenn ich auch gleich erkannte, daß sie mich weder sahen noch spürten – daß ich eigentlich nichts mehr zu tun hatte auf dieser alten Welt –, so fesselte sie mich doch, und ich fand sie noch tausendmal schöner als früher. Denn ich fand den Boden nicht mehr naß und kalt; es fror mich nicht mehr; keine Hitze quälte mich – nichts dergleichen. Ich fand es angenehm kühl, die

Atmosphäre angenehm. Und so wanderte ich . . . Ich wanderte und wurde nie müde. Ich hatte keine Schuhe; ich hatte auch keine oder nur selten während meines Erdendaseins getragen. Mir war es, als hätte ich einen neuen Leib bekommen. Es war alles so leicht, auch das Atmen! Ich hatte keine Beschwerden irgendwelcher Art. So durchwanderte ich die Erde – von Feld zu Feld, von Land zu Land. Ich bewunderte alles und fand es wunderschön. Ich ließ mich nieder, wo es mir gefiel, mied jedoch die Gesellschaft anderer Wesen. Ich wollte *allein* sein. Manch einer kam zu mir und forderte mich auf, mitzukommen – ich gehorchte ihm nicht. Wie lange ich so umherwanderte, wußte ich nicht; ich glaube, es waren Jahrzehnte.

Die Gotteswelt greift ein: Der Freiheit
sind Grenzen gesetzt; andere,
verantwortungsvollere Aufgaben
sollen dem Zurückgekehrten
übertragen werden

So wanderte ich, bis einmal jene kleine Schar, die mich einstmals begrüßt hatte, zu mir kam und sagte: »David, willst du nicht in unsere Mitte kommen? Was suchst du denn hier auf Erden? Was bietet dir denn diese Erde noch mit ihren Menschen und allem, was darauf lebt? Komm doch mit uns! Du hast neue Aufgaben zu versehen. Du sollst jetzt von dieser Welt Abschied nehmen – wirklich Abschied nehmen; denn Gott hat es dir ja zu jener Zeit empfohlen, als du aus deinem irdischen Leibe austratest. Damals war schon der Zeitpunkt da, Abschied zu nehmen. Du bist aber wieder zurückgekehrt. Nun soll es genug sein!«

Ich fragte, ob dies wirklich notwendig sei – ich fände dieses Leben so schön, so angenehm, so frei von Beschwerden! Und sie sagten mir, in der anderen Welt, in der wirklichen Welt, sei es noch viel angenehmer. Während sie mich noch darum baten, zurückzukehren, führten sie mich weg von der Erde, zurück in die neue Welt, in der ich nun verweilen sollte.

»Kann ich hier auch wandern? Habe ich auch Tiere hier, die ich hüten kann?« erkundigte ich mich.

»Du kannst auch wandern, wenn du willst«, antworteten sie; »wir haben auch Tiere aller Art. Aber du solltest nun diese deine letzte Aufgabe als beendet betrachten und nach Höherem streben. Du warst Schafhirte, und nun sollst du dich zu Neuem aufmachen. Du sollst neue Aufgaben erfüllen, denn für alle Zeiten sollst du nicht Schafhirte bleiben.«

Ich hörte mir diese Worte an, aber sie beeindruckten mich nicht besonders; denn es gefiel mir ja, wie es war. Ich hatte keine Verantwortung gehabt, und ich konnte so leben, wie es mir gefiel. Dem sollte jedoch nicht mehr so sein. Man wollte mir eine Verantwortung auferlegen, und ich sollte zu arbeiten anfangen.

Diese Behüter, die um mich waren, waren sehr

rücksichtsvoll, ja sehr liebevoll zu mir und sagten: »David, wir müssen dir etwas mitteilen. Wenn wir dir diese Erklärung gegeben haben, wirst du eher bereit sein, deine neuen Aufgaben zu erfüllen, und du wirst dich dem neuen Leben besser anpassen können.«

Vom Reichtum verführt
Belastungen aus
einem früheren Erdenleben
erfordern Wieder-
gutmachung

Ich wollte zuhören, was mir meine Beschützer zu erzählen hatten. Sie erzählten von meinem vorletzten menschlichen Leben (nicht vom Leben des Schafhirten: da gab es keine Besonderheiten; das war ein Leben voll Bescheidenheit und Armut). Das andere Leben, welches das Gegenteil von Armut war, dieses Leben, das ich [zuvor] gelebt hatte, wollten sie mir deutlich vor Augen führen. Sonderbarerweise konnte ich mich sehen, wie ich gelebt, wo ich gelebt und wie ich gewirkt hatte.

Ich sah mich in einem schönen Schloß. Ich sah den großen Reichtum um mich, und ich sah mich im Vergnügen leben. Ich sah den Drang, den ich hatte, nach immer mehr, nach noch größerem Besitz – den Drang, noch mehr mein eigen nennen zu können. Und es ging nicht immer auf ehrlichem Wege. Ich übte auch Gewalt aus. Ich hatte einen Glauben gehabt und dann und wann auch eine gute Tat vollbracht; aber man schien diese guten Taten und diese Gläubigkeit nicht besonders zu beachten, sondern man hielt mir das andere vielmehr vor Augen: das vergnügliche Leben, den Drang nach mehr. Ich sah, wie ich die Welt verlassen und alles zurücklassen mußte. Ich erlebte mich in den letzten Tagen jenes Lebens, in jener großen Leidenschaft, im Verlangen nach Besitz und im Denken, ihn nicht hergeben zu müssen, sondern ihn zu behalten.

So hatte man für mich den Ausgleich geschaffen. Ich staunte, denn ich konnte es kaum für wahr halten: der Schafhirte David – einstmals ein Schloßherr! »Unglaublich!« sagte ich. Dabei bedeutete mir der ganze irdische Reichtum nichts, gar nichts. Ich hatte keinen Hang nach irgendwelchem Glanz, nach irgendwelchem Reichtum. Ich liebte die Natur, ich liebte die Tiere; aber ich hatte kein Verlangen, auch nur in einem Haus zu schlafen, geschweige denn, es als mein eigen zu betrachten.

»Wir haben für dich diesen wunderbaren Weg gewählt«, sagte man mir. »So hast du dich dieser Leidenschaft für noch größeren Besitz, für Vergnügen und Reichtum entwöhnt. Du bist in Armut groß geworden, du hast in Armut gelebt und bist in Armut gestorben. Deine Seele ist nun von dem durchdrungen, und alles andere, was früher in dir Leidenschaft war, ist zerflossen.«

Ja, ich möchte sagen, zu jenem Zeitpunkt, als man mir das vorführte, war es für mich unglaublich gewesen, daß ich einst ein solches Verlangen nach irdischem Besitz haben konnte, und ich wollte wissen: »Was geschieht jetzt mit mir?«

»Nicht nur Schafhirte bist du gewesen und Schloßherr«, antwortete man mir; »schon so viele Male warst du auf Erden! Der Mensch, der durchs Leben wandert, muß sich von Leben zu Leben bewähren. Wenn er seine Prüfungen nicht besteht, dann kann er zur Strafe [Wiedergutmachung], zum Heil seiner Seele an einen solchen Platz gestellt werden, um den Ausgleich zu finden.«

Vom Reichtum – vom großen Reichtum! – kam ich in die Armut. Ich kannte nichts anderes als Armut. So wurde mir klar, wie weise die Geisteswelt Gottes und der Schöpfer am einzelnen wirken; denn ich hatte es an mir selbst erleben können.

Man erklärte mir Beispiele anderer Art, und man sagte mir, ich hätte auf andere Weise, härter, bestraft werden können; doch Gott sei so gütig: er gebe dem einen wie dem andern Gelegenheit, sich zu wandeln. Habe man dann diese Prüfungen bestanden, würde man auf Grund dessen wieder weiterschreiten. Sie würden nun annehmen und hoffen, daß ich die Prüfung bestanden habe und dieser Ausgleich geschaffen sei, sagten sie zu mir. Denn meine Seele dürste nicht mehr nach dem [vergänglichen] Reichtum, es sei denn, es käme eine große Versuchung an mich heran und brächte mich erneut zu Fall. Das sei noch die große Frage.

Es geht darum, geistigen Reichtum
zu erwerben
Aus dem Menschenleben
mitgebrachte Eigenheiten müssen
überwunden werden

Für mich persönlich war alles in bester Ordnung; denn ich glaubte nicht, daß ich mich abermals im Reichtum verlieren könnte. Ich schätzte ihn nicht; irdischer Reichtum bedeutete mir nichts [mehr].

Das sahen meine Behüter. »Hier ist es anders«, sprachen sie. »Hier, im geistigen Reich, findest du ebenfalls Reichtum und auch Armut; aber es ist nicht die Armut des Menschen auf Erden, und es ist auch nicht der Reichtum der Menschen auf Erden. Alles, was sich hier befindet, ist *unvergängliches Gut.* Hier muß man versuchen, *geistigen* Reichtum zu erwerben.«

Dann fuhren sie fort: »Betrachte dich einmal, wie du aussiehst, in deinem einfachen Gewande! Du mußt dafür besorgt sein, daß du andere Kleider erhältst, damit du ein besseres Aussehen bekommst. Doch hier kann man die Kleider nicht mit Geld kaufen oder mit irgendwelchen Gegenständen durch Tausch erwerben. Hier muß man alles selbst erwerben: Entsprechend den Leistungen, die man vollbringt, bekommt man etwas, das das Aussehen verbessert. Man 'kauft' also auch, aber nicht mit Geld und nicht mit Gegenständen [mit materiellen Werten], sondern man 'kauft' mit den inneren Werten: mit den hohen Gefühlen, die man hat [und zum Ausdruck bringt] – damit, daß man die göttlichen Gesetze erfüllt. Das sind geistige Kaufwerte.«

So wurde ich belehrt, und man erklärte mir weiter: »Wir haben so viele irrende Geistbrüder und -schwestern! Es gibt so viele, die hier leben und noch dem vergänglichen Reichtum nachjagen – die den Besitz, den sie auf Erden hatten, nicht lassen können und sich noch an ihn klammern, selbst wenn sie längst verstorben sind! Bei dir ist jetzt die beste Voraussetzung dafür gegeben, jenen andern etwas beizubringen«, sagten sie mir. »Zunächst mußt du einmal Kontakt mit den andern suchen, denn du hast ihn [bisher] gemieden.«

Ja, es fiel mir schwer. Ich mußte frei werden; aber es fiel mir nicht so leicht, dieses Freiwerden, das Mit-dem-andern-Reden. Wir hatten auf Erden nicht viel miteinander gesprochen. Es lag nicht in meiner Wesensart. Und nun sollte meine Wesensart gewandelt werden; ich sollte anfangen, mit den andern zu sprechen und mich mit ihnen zu unterhalten.

Man versprach, mir beizustehen, und so begleitete man mich in der ersten Zeit in der jenseitigen Welt. Da waren ja so viele, die sehr unglücklich schienen! Mein Begleiter sprach mir jeweils den Satz vor, den ich dem betreffenden Bruder oder der betreffenden Schwester zu sagen hatte. Jene, zu denen ich hingehen sollte, wurden genau bezeichnet, und ich mußte

mich jeweils mit den Worten an sie wenden, die man
mir vorgesprochen hatte. Auf diese Weise mußte ich
versuchen, frei zu werden und mich dem andern zu
nähern.

Man soll nicht glauben, in der Geisteswelt sei man
dann so frei und könne alles tun – nein, man verhält
sich genauso, wie man sich als Mensch während seines Erdenlebens verhalten hat. Entweder ist man
schweigsam und still, oder man ist gesprächig. Man
enttäuscht auch hier den andern. Man belügt ihn.
Man macht dem andern etwas vor, was man gar
nicht ist: Man ist derselbe geblieben!

Von der Notwendigkeit der
Belehrungen: Versäumtes muß
nachgeholt werden

So hatte ich also zu lernen. Mein ganzer Unterricht, den ich hatte, bestand im Anfang darin, mich
in diesen bescheidenen Dingen zu üben: mich dem
Nächsten in Liebenswürdigkeit und Wohlwollen zu
nähern. Es dauerte lange, bis ich so frei wurde, daß
ich mit einem jeden sprechen konnte. Man betrachtete dieses für mich als Fortschritt und belehrte mich
dann weiter. Ich mußte lesen lernen; ich mußte
schreiben lernen. Man unterrichtete mich in Sprachen. Ja, ich wurde auch im Heils- und Ordnungs-
plan unterrichtet; ich wurde über die Gesetze Gottes
belehrt. Denn das ist wohl das erste, wenn man in ein
neues Land kommt, daß einem die Gesetze klarge-

macht werden, die in diesem Land maßgebend sind. Es wird einem zuerst klargemacht, auf welche Ordnung man zu achten hat. Das waren die Grundregeln. Ich lernte spielend. Ich wunderte mich, wie schnell ich schreiben lernte.

Ihr denkt jetzt sicherlich, in der geistigen Welt brauche man nicht zu schreiben. Doch, man muß auch schreiben; so gut wie man redet, schreibt man auch. Man zeichnet, man rechnet und berechnet, und man lernt Sprachen, je nach seinen Fähigkeiten und Interessen. Man soll sich auch in der Geisteswelt mit den vielen Geistgeschwistern unterhalten können, denn man spricht dort schließlich nicht nur eine Sprache. Man hat viele Sprachen, bis man an jenen höchsten Punkt gelangt, wo diese einheitliche, verständnisvolle Sprache zu vernehmen ist.

Ich stellte also fest: Was ich im Menschenleben versäumt hatte, mußte jetzt nachgeholt werden. Man erklärte mir aber, Lesen, Schreiben, Rechnen und derlei Dinge mehr hätte ich früher bereits gekonnt, und so fiel mir das Lernen eben leicht. Das alles war ja in meinem Innersten. Ich mußte es sozusagen nur wieder neu entdecken, aufs neue hervorholen. Was ich einst gewußt, was ich gelernt hatte, konnte ich innerhalb kurzer Zeit wieder erfassen. So wurde ich geschult und belehrt.

*Zu Einsicht und Erkenntnis
gekommene Geschwister werden
wirkungsvoll im Aufstieg
eingesetzt*

Am Anfang ging mein Weg zu den Unseligen hin. Ich sollte sie auf die Unsinnigkeit ihres Tuns aufmerksam machen. Ich mußte also reden lernen, im wahren Sinne des Wortes das Richtige sagen lernen. Ich mußte also jenen Geistgeschwistern den Weg zu ihrem Aufstieg zeigen. Ich durfte jedem erzählen, ich sei ein Schafhirte gewesen. Ich hatte auch die Möglichkeit, ihnen vor Augen zu führen, wie ich gelebt hatte. Später natürlich, nachdem ich dem allem eifrig nachgegangen war, was man mir aufgetragen und worüber man mich belehrt hatte, bekam ich ein besseres Aussehen. Da schenkten mir die Geschwister auch schon eher Glauben. Sie sagten mir: »Wenn du wirklich ein Schafhirte warst und heute ein solches Aussehen hast, muß wohl etwas sein an der ganzen Angelegenheit.«

Nach und nach hatte sich so eines ums andere bereit erklärt, daß man sich seiner mehr annehmen solle, und das bedeutet, man fügt sich jetzt in die neue Ordnung und geht nicht mehr seinen altgewohnten Weg. Man sucht nicht mehr das Haus auf, in dem man gelebt, oder die Menschen, an die man sich gebunden fühlt, oder man verfolgt nicht mehr etwas ganz Bestimmtes. Man verzichtet, man gibt eine Leidenschaft auf und so weiter, weil man eben die Unsinnigkeit [seines Verhaltens] erkannt hat.

Selbst erkennen, was richtig und was falsch ist, kann man auf diesen niederen Stufen der Entwicklung nur selten aus eigener Kraft. Es braucht dazu immer einen Lehrer. Denn man ist ja wie ein Kind, das belehrt werden soll. Gleich einem Kind fühlt man sich unsicher in einer Umgebung, die einem nicht vertraut ist; man weiß nicht, wie man sich benehmen darf, was man sich erlauben kann. Diese Lehrer sind jedoch nachsichtig und rücksichtsvoll, führen den einzelnen und erklären ihm den Weg, den er zu gehen hat. So gewinnt man einen um den andern, wenn er reif geworden, wenn er willig geworden ist.

Manches Mal können hohe Geister des Himmels wenig ausrichten im Vergleich zu einem – sagen wir in dem Falle –, zu einem aufsteigenden Geist. Dieser vermag oft mehr zu vollbringen. Er hat das Vertrauen der andern Geschwister, die auf tieferer oder gleicher Entwicklungsstufe stehen, oftmals schneller gewonnen. Sucht nämlich ein hoher Geist die Betreffenden auf, dann vermögen diese oft aus lauter Ehrfurcht, Scheu oder Hemmungen ihm nicht zu gehorchen; denn der Weg zum Ziel erscheint ihnen so unendlich lang, und sie betrachten es als eine Unmöglichkeit, das Ziel zu erreichen. Sie schenken also einem hohen Geist nicht so leicht ihr Vertrauen, und so werden einfach die andern [aufsteigenden Geistgeschwister] vorgeschoben. Es ist die höhere Geisteswelt, welche diese andern vorschiebt und sie zu den unseligen, irrenden Geschwistern hinsendet mit den Worten: »Geh dahin und versuche, das Vertrauen zu gewinnen!«

Und gleich und gleich gesellt sich gern. Man findet sich im Gespräch, man bleibt zusammen, und wenn einer dem andern mit einer gewissen Überzeugung etwas erklären kann, vermag er ihn zu gewinnen und kann ihn aus seinem Leben der Beschwerden und der Bedrängnis herausführen. So geht es, und so habe ich es auch getan im Auftrage meiner Führer, die mir diese [sorgfältige] Erziehung und diese Belehrungen zuteil werden ließen. Sie sandten mich zu den andern hin und sagten: »Du kannst ihnen zeigen, wer du warst. Du kommst als Schafhirte zu ihnen und sollst ihr Vertrauen zu gewinnen suchen und sie emporziehen.«

So wirkte ich und wurde außerdem auch gründlich unterrichtet. Je größer mein Eifer wurde, in allen Dingen zu lernen, was den Heilsplan, die Ordnung Gottes und alles andere betraf, worüber man belehrt wurde – je größer mein Eifer also wurde, desto größer wurde meine Durchschlagskraft, um so überzeugender wirkte ich auf die andern. So konnte ich ihnen den Weg aufzeigen.

In dieser Weise wirkte ich eine geraume Zeit – wie lange, weiß ich jedoch nicht; denn man fragt in der Geisteswelt, wenn man dort einmal *seßhaft* geworden ist, nicht mehr: »Wie viele Jahre, wie lange hat es gedauert?« Ach, das spielt gar keine Rolle mehr! Man lebt in der geistigen Welt der *Zukunft* entgegen und fragt nicht mehr [wie im menschlichen Leben]: »Wie lange oder wieviel Jahre dauerte es?« Das kümmert einen nicht mehr. Man vergißt das Leben auf Erden so schnell! Es wird unwichtig, was man gewesen ist. Es ist bedeutungslos, ob man ein Herr oder ein Schafhirte gewesen ist. Nur das, was im geistigen Reiche von Bedeutung ist – nur das zählt, nur jenes [nach dem Göttlichen ausgerichtete] Leben. Darauf wird geachtet: Was hat man während des menschlichen Lebens gewonnen? Was ist versäumt worden, und wie schafft man in der neuen Welt, im neuen Leben, den Ausgleich? Hat man diesen Ausgleich erreicht, dann muß man dafür besorgt sein, daß es aufwärtsgeht – daß es einen Aufstieg gibt.

So war mein Leben.

Ein schneller Aufstieg wird nur
durch erneute Menschwerdung erreicht
Mithilfe an der Erfüllung des Heils-
planes bringt geistigen Reichtum

Derzeit beschäftige ich mich jedoch nicht mehr mit jenen unseligen Geschwistern, sondern arbeite in himmlischen Werkstätten. Man hat mich aber darauf aufmerksam gemacht, daß die Zeit für ein neues Erdenleben kommen werde. Ja, wir sprechen viel vom [menschlichen] Leben, in das man hineingehen muß. Ich glaube, wir sprechen genausoviel davon wie die Menschen vom Sterben; denn es ist etwas, dem man nicht ausweichen kann. Ihr Menschen könnt dem Sterben nicht ausweichen, und wir im Aufstieg stehenden Geistwesen können dem Wiedergeborenwerden [der Menschwerdung] nicht ausweichen. Denn wir sehen genau, was man gewinnen kann: Wir erkennen, daß ein schneller Aufstieg nur durch das menschliche Leben erreicht wird. Dabei spielen aber noch viele andere Dinge mit eine Rolle. Es ist nicht nur das, was einen zu einer erneuten Menschwerdung drängt, vielmehr wird allen Geistern klargemacht, daß es eine Notwendigkeit ist, daß, wer sich irgendwie stark fühlt, dem Schwachen beistehen und ihn nach oben ziehen soll, weil der Aufstieg vorangehen muß und alle [in die geistige Heimat] zurückkehren sollen. Wenn man dann erzählen hört, welche Herrlichkeiten und Freuden man im Himmelreich erleben könnte, wenn die andern auch auf dieser oder jener Stufe wären, dann bemüht man sich. Man wird sich bewußt, daß man dem Menschen auf Erden nicht fremd ist, sondern man sieht in ihm den *Bruder,* und man weiß: Wenn dieser Bruder, der hier auf Erden lebt, sich um den geistigen Aufstieg bemüht und auch geistige Verdienste hat, dann sind seine Verdienste auch die Verdienste jener, die in der andern Welt sind. Denn die kleinste Bemühung der Jenseitigen um die Menschen auf Erden findet ihre Belohnung.

Wer hier auf Erden als Mensch eine gute Tat vollbringt, der ist umgeben von schützenden Geistern, von Freunden und auch von solchen, die an ihm zu lernen haben. Tut dieser Mensch ein gutes Werk, so findet seine Seele Belohnung; aber diese geistige Belohnung teilt er mit seinen [unsichtbaren] Freunden, die ihn begleiten, die ihn inspirieren, die ihn zu der guten Tat hingeführt und ihm die Kraft dafür gegeben haben. Der Lohn, der dem Menschen bleibt, ist noch groß genug für das, was er geleistet hat. Die 'Beute' [das geistige Verdienst] – wenn man so sagen darf – gehört nicht ihm allein; vielmehr teilt er sie mit seinen geistigen Geschwistern.

Könnten doch die Menschen solches sehen! Wenn nun einer ein Werk irgendwelcher Art vollbringt oder in einer besonderen, herrlichen Tugend lebt, bringt das seiner Seele Reichtum. Es bringt aber auch denen Reichtum, die mit ihm verbunden sind. Sie alle haben Anteil an seinem geistigen Reichtum. Wie wunderbar wäre es doch für den Menschen, würde er erkennen, daß das, was er sich im stillen in seiner Seele erwirbt und aufbaut, nicht nur seinem persönlichen Heil dient, sondern daß an seinem Reichtum noch viele andere Anteil haben! Wenn die Jenseitigen dies erkannt haben, daß sie durch den Menschen reich an geistigem Besitz, an geistiger Herrlichkeit werden, dann bemüht sich natürlich ein jeder, mit all seinen Kräften die Menschen dazu zu veranlassen, das Richtige zu tun, den göttlichen

Gesetzen nachzuleben und sie zu befolgen, Leidenschaften zu meiden und viel Gutes zu tun! Man ist also am Aufstieg des Menschen interessiert. Es ist eben wie in einer Familie, in der ein Zusammengehörigkeitsgefühl vorhanden ist, wo Vater und Mutter dafür sorgen, daß ihr Gut, das sie besitzen, einst auch das Gut ihrer Kinder wird. Sie sind nicht nur darauf bedacht, es für sich selbst zu behalten und zu genießen, sondern sie gehen in ihrer Anhänglichkeit so weit, daß sie auch ihren Kindern etwas davon geben möchten, und sie freuen sich darüber.

Dieses Zusammengehörigkeitsgefühl ist jedoch im geistigen Reich noch viel, viel ausgeprägter. Man ist einander nicht fremd, wie ihr Menschen einander fremd seid, sondern man nimmt Anteil am andern; man ist mit ihm verbunden. Deshalb interessiert man sich auch für sein Leben und dafür, daß er das Gute tut; denn wenn er das Böse tut, belastet er sich und wird bestraft. Freilich, diejenigen, die ihn zum Bösen verführen, haben auch ihren Lohn. Sie haben ihren Anteil [am Bösen]; sie finden ihre Befriedigung und Freude in der Sünde, im Unheil des Menschen. Anders aber ist die Freude der Gotteswelt am geistigen Reichtum des Menschen.

Hat ein aufsteigender Geist einmal erkannt, worum es geht, dann bemüht er sich auch und ist willens aufzusteigen. Er weiß, es gibt nur eines: Man muß in diesem Plane [im Heilsplan], der festgesetzt ist, mithelfen an dessen Erfüllung! So wird man auch am großen Reichtum beteiligt sein, wenn er zur Erfüllung gebracht wird.

An Erkenntnissen reicher geworden

So habe ich euch etwas aus meinem Leben erzählt, das mir den Ausgleich brachte. Ob ich mich in einem neuen Erdenleben bewähren werde, das weiß ich noch nicht. Ich möchte es aber gerne hoffen, und ich will nicht annehmen, daß ich [in meine Fehler] zurückfalle; denn ich bin interessiert am Aufstieg aller und an meinem auch. So bin ich bereit, mich in der geistigen Welt belehren zu lassen, und ich lasse mich führen. Tut dieses ein Geist, dann ist das Leben schön und herrlich.

Ich möchte auch nicht mehr in meine alte Stellung zurückkehren. Ich möchte viel lieber dort bleiben, wo ich bin; doch ich weiß, daß es mir nicht erlaubt ist. Ich weiß, daß ich zurückzukehren habe. Darum genieße ich in vollen Zügen mein schönes Leben in der Geisteswelt. Ich werde jedoch die Aufgaben, die mir gestellt sind, mit all meinen Kräften erfüllen. Ich will nicht nur meinen eigenen geistigen Reichtum vergrößern, vielmehr will ich auch den Reichtum meiner Geschwister sich mehren sehen. So haben wir Anteil am Menschen wie auch der Mensch an uns.

Nun verabschiede ich mich. Gottes Segen möge euch begleiten! Möget ihr die Kraft zum Ausgleich [zur Wiedergutmachung] in dieser Welt finden! Möget ihr durch diese Erkenntnisse, die ihr gewonnen habt, diesen Ausgleich erkennen! So wird euch geistiger Reichtum, innere Freude und Zufriedenheit zuteil werden, und ihr selbst und die Geisteswelt werden beglückt sein.

Die Seele behält beim Übergang in die geistige Welt ihre Wesenszüge. Erst durch Belehrung und die Erfüllung bestimmter Aufgaben vollzieht sich allmählich eine Wandlung der Seele und des geistigen Leibes.

David behält seinen freien Willen und irrt auf der Erde umher. Behutsam wird er der göttlichen Ordnung zugeführt und lernt, sich dem Willen Gottes zu unterstellen. Er wird belehrt und besucht Schulen. In der Führung anderer Geistwesen hat er sich zu bewähren, festigt zugleich die erworbene Erkenntnis und erwirbt sich erste Verdienste.

Eine Rückschau in sein vorletztes Leben ermöglicht ihm, sein Leben in größeren Zusammenhängen zu sehen. Er erkennt den Sinn der Wiedergeburt:

– ausgleichende Gerechtigkeit
– Entwöhnung von Leidenschaften, Überwindung von Fehlern (bei ihm unter anderem Habgier und Vergnügungssucht)
– Reinigung der Seele, Prüfung
– geistige Höherführung, Aufstieg

Sterben ist in diesen Zusammenhängen eine geistige Geburt, und die irdische Geburt wird von den betroffenen

Geistwesen wie ein Sterben empfunden – als Übergang in eine ungewisse Zukunft. Weder hier noch da ist ein Ausweichen möglich.

David erkennt an seinem eigenen Leben, daß irdischer Reichtum eine Prüfung und irdische Armut eine Gnade Gottes sein kann, die der Läuterung und Höherführung dient.

Es gilt, geistigen Reichtum zu erwerben – durch Tugendhaftigkeit, auf der Erde wie im Jenseits. Nur geistiger Reichtum ist dauerhaft. Nur das, was in der Geisteswelt von Bedeutung ist, nur das zählt; alles andere wird unwichtig – erkennt David.

Wer geistigen Reichtum erwirbt, hat auch geistige Freunde – im Jenseits wie auf der Erde. Wer hier auf der Erde als Mensch gute Taten vollbringt, ist umgeben von schützenden und helfenden geistigen Freunden, und wer geistige Freunde hat, braucht sich nicht zu ängstigen, weder hier vor dem Sterben noch dort vor der Wiedergeburt.

Im Geistigen herrscht eine große Verbundenheit: Wer in irgendeiner Art sich stark fühlt, steht mit anderen zusammen dem Schwachen bei und hilft ihn emporziehen. Wer in irgendeiner Art sich schwach fühlt, sich aber im Guten müht, der wird von geistig Stärkeren begleitet und geführt.

Das Himmelreich kann nur mit eigenen Verdiensten erworben werden

Mein Name ist *Hanna.* Ich möchte euch einen kurzen Überblick über mein zurückgelegtes Erdenleben geben. Ich hatte einen Sohn und eine Tochter. Mit meinem Mann lebte ich so recht und schlecht. Wir hatten keinen Mangel am täglichen Brot, denn wir betrieben einen eigenen Handel.

Man kann sich nicht auf Verdienste anderer berufen

Wir glaubten fromm zu sein. Unsere Tochter war Ordensschwester, unser Sohn Priester. Zu Lebzeiten glaubte ich, Gott würde sein besonderes Gefallen an mir haben, da ich es doch fertiggebracht hatte, die Tochter ins Kloster zu geben und den Sohn Priester werden zu lassen. Dafür erwartete ich auch dereinst in der anderen Welt die Belohnung. Ich hatte das Gefühl, Gott würde mir viele Ungerechtigkeiten vergeben, mir vieles entschuldigen dadurch, daß sich meine beiden Kinder *ihm* gewidmet hatten. So hatte ich mich oft etwas über die Mitmenschen erhoben, das heißt, ich hatte auf die andern herniedergeschaut – ich war etwas hochnäsig.

In der Geisteswelt wurde mir dann gesagt, daß ich den Mitmenschen viel zuviel erzählt und dadurch Unfrieden gestiftet hätte. Ich hätte mich in viele Dinge eingemischt und so Unfrieden hervorgerufen. Meine Vorstellung, daß ich eine besondere Belohnung meiner Kinder wegen finden würde, hatte sich nicht bestätigt. Das war meine erste Enttäuschung, als ich ins Jenseits kam.

Ich wurde von meinen Eltern begrüßt. Sie sagten mir aber, sie könnten nicht bei mir bleiben, und so kam es nicht zu einer weiteren Unterhaltung.

Dann traten Engel Gottes an mich heran und sagten: »Hanna, beeile dich! Wir führen dich jetzt in deine Welt hinein. Da mußt du mit andern zusammenleben und mußt mit ihnen deine Aufgaben erfüllen.«

Ich war enttäuscht – wie ich schon sagte –, daß man mir nicht eine Belohnung dafür gab, daß ich alles darangesetzt hatte, meine Kinder Gott zu widmen. Ich erklärte es jenen Engeln, meine Tochter sei im Kloster und der Sohn sei Priester – ob ich denn dadurch nicht Verdienste erworben hätte?

»Nein«, sagten sie, »darüber reden wir nicht, sondern du gehst jetzt der Vergeltung entgegen, die du verdient hast. Du mußt zuerst einmal einsehen, was du falsch gemacht hast.«

»Die beiden beten für mich, soviel sie können«, entgegnete ich ihnen, »und da müßte ich doch in den Genuß des Gebetes kommen.«

Sie antworteten mir, wenn es an der Zeit sei, werde

das Gebet mir zugute kommen; aber jetzt gehe es
darum, einmal selbst zu beweisen, was ich fähig sei
in der geistigen Welt zu leisten.

Feste und falsche Vorstellungen,
die man mitbringt, hemmen
die geistige Entwicklung

Nun, die Welt, in die ich geführt wurde, war nicht
besonders schön. Im Erdenleben war es viel angenehmer gewesen, glaubte ich. Ich schien hier in einem Dorf zu sein: Es gab größere und kleinere Häuser. Es waren auch Gebäude da, die ich für eine Fabrik hielt.

Ich wurde gerade dahin, in ein solches großes Gebäude, geführt. Es war aber keine Fabrik. Es befanden sich unendlich viele Wesen darin. Sie alle hatten
ihren Aufenthalt in diesem Haus. Hier arbeiteten sie
aber nicht, sondern sie gingen außerhalb des Hauses
ihrer Arbeit nach.

Mir wurde eine Kammer zugewiesen, die ich mit
anderen teilen mußte. Wir waren unser fünfzehn. Es
störte mich sehr, daß ich mit all diesen zusammenleben sollte. Sie waren alle so unruhig! Jedes erzählte
aus seinem Leben, von seiner Arbeit, und ich selbst
wollte auch aus meinem Leben erzählen. Doch sie
schienen mir nicht zuzuhören und keine Notiz von
mir zu nehmen; denn jene, die schon am längsten in
dieser Kammer waren, führten das Wort, und die andern hörten auf sie. So versuchte ich's halt auch – ver-

suchte laut zu werden und zu erzählen; doch sie schenkten mir ihre Aufmerksamkeit trotzdem nicht.

Es wurde mir auch erklärt, ich solle mit den andern auf das Feld gehen und dort arbeiten. Da überlegte ich und dachte: »Nein, im Himmelreich muß man bestimmt nicht arbeiten.« Ich wollte nicht auf das Feld gehen und arbeiten. Ich konnte ja auch sonst irgendwohin gehen. Und das tat ich auch, während die andern regelmäßig ihrer Arbeit nachgingen. Wenn sie dann jeweils zurückkamen und sich ausruhten, erzählten sie einander, was sie erlebt hatten. Doch aus dem, was gesprochen wurde, bekam ich nicht den Eindruck, daß es notwendig sei, da aufs Feld zu gehen, um zu arbeiten. Das konnte ich [damals] nicht begreifen und nicht verstehen.

Wer auf Erden sich gekannt,
findet oft auch in der Geisteswelt
zusammen

So ging ich eben eigene Wege. Es kümmerte sich auch niemand weiter um mich. Wenn die andern von der Arbeit zurückkamen und ich mit ihnen wieder in die Kammer zurückging, fragte mich niemand, wo ich gewesen oder warum ich nicht zur Arbeit erschienen sei. Also fand ich es auch nicht notwendig zu arbeiten. Das größere Interesse hatte ich daran, herauszufinden, wer alles überhaupt da in der Geisteswelt war. Ich wollte also nach Bekannten und Verwandten suchen und tat es auch. Ich sah sie außerhalb des Hauses und traf sie auch im Hause. Ich wußte ja, daß diese auch schon längst die Erde verlassen hatten, und nun kümmerte ich mich natürlich um sie; denn ich wollte von ihnen wissen, ob auch sie einer Arbeit nachgehen müßten. Die einen bejahten es – sie führten die ihnen aufgetragene Arbeit aus –, und die andern waren wie ich dem Müßiggang verfallen. Diese hatten auch das Gefühl, es sei ungerecht, daß man nach einem harten Erdenleben in der andern Welt, der Geisteswelt, noch zu arbeiten habe. So hatten wir uns diese Freiheit genommen und eben die Arbeit nicht ausgeführt.

Dann aber traf ich auf der Suche nach Bekannten aus dem Erdenleben zwei, die ganz nahe bei uns gewohnt hatten. Es war Franziska von der Mühle mit ihrem Mann. Ich begrüßte sie und sagte, offenbar hätten sie es auch nicht weiter gebracht als ich – denn sie hatten im Erdenleben ja auch ganz fromme Leute sein wollen; so wie ich es gewollt hatte.

Nun, Franziska und ihr Mann gingen einer Arbeit nach, und sie forderten mich auf, es auch zu tun. Sie sagten, in der Geisteswelt, wo man Gott näher sei als auf Erden, müsse man noch mehr gehorchen; wenn ich aber dieser Arbeit nicht nachginge, könne ich diesen Ort nie verlassen, und sie tadelten mich. Sie sagten, es sei beschämend, wie ich aussähe.

Ich hatte das nicht gefunden. Ich hatte mich überhaupt noch nicht so recht angeschaut; denn ich legte gar keinen Wert auf das Äußere, auf mein eigenes

Äußeres. Franziska und ihr Mann jedoch hatten ein gutes Aussehen; das konnte man wohl sagen. Sie waren ja fromme Leute im Erdenleben gewesen, und sie gingen auch einer Arbeit nach, wie sie sagten. Sie forderten mich dann auf, ich solle mich ihnen anschließen und mit ihnen kommen und arbeiten – Gott verlange es; ich solle nicht meinen Willen durchsetzen.

Aber ich ging nicht mit ihnen. Ich sagte ihnen, daß ich in der Zeit, da sie arbeiteten, beten werde und daß mein Gebet ebenso gottgefällig sei wie ihre Arbeit. Sie erwiderten mir, daß auch sie das Gebet nicht unterlassen würden – auch sie müßten beten, aber außerdem noch arbeiten. Und dann sagte Franziska: »Schau doch einmal, daß du zu einem besseren Aussehen kommst! Unser jetziges Aussehen haben wir uns schließlich auch durch Arbeit erworben.«

Doch sie waren bereits eine ordentliche Zeit vor mir in der Jenseitswelt angelangt und hatten also schon vorher die Möglichkeit gehabt, etwas zu verdienen. Nun wollte ich wissen, auf welchem Wege man denn zu einem besseren Aussehen kommen könne. Sie erklärten, eben nur durch das Arbeiten: das Arbeiten einmal in dem Sinne, wie es einem aufgetragen worden sei, und dann solle man sich außerdem in den Dienst des Nächsten stellen. Sie würden ja auch zu meinen Diensten stehen, indem sie mir nun erklärten, daß ich in dieser neuen Welt anders handeln müsse und für ein besseres Aussehen besorgt sein solle.

Franziska machte mich auf meine Schuhe aufmerksam und sagte: »Sieh mal deine Schuhe an, Hanna! Im menschlichen Leben habe ich dich nie so gesehen, in solchen Schuhen, wie du sie hier anhast, und du schämst und genierst dich nicht, mit solchen Schuhen umherzugehen?«

»Gott hat mir diese Bekleidung gegeben«, antwortete ich. »Was kann ich denn dafür?«

»Du kannst etwas dafür tun, daß du besser aussiehst«, entgegnete sie mir. »Stück für Stück muß man erwerben, wenn man in einem solchen Zustand kommt, wie du gekommen bist«, meinten sie. »Betrachte doch einmal deine Schuhe!« sagte Franziska.

Ja wahrhaftig, das war mir vorher gar nicht aufgefallen! Ich hatte wohl Schuhe an, aber die hatten keine Schuhriemen. Ich stand nur so in diesen Schuhen drin. Natürlich war da kein feiner Gang in diesen Schuhen möglich, die man nicht einmal zuschnüren konnte! Aber was störte es mich – man hatte mir ja diese Schuhe so gegeben, und ich glaubte, wenn man schon im Himmelreich sei, so könne man einem auch das geben, was dem Himmel gefällt.

»Versuche doch einmal, zu arbeiten«, sagte Franziska zu mir, »damit du wenigstens zu einem Paar Schuhriemen kommst.«

»Wie soll ich dazu kommen?« fragte ich.

»Eben mit Arbeit.« Ich solle mit ihnen die Arbeit verrichten und dann würde ich bestimmt welche bekommen.

Ich konnte mich noch nicht entschließen, diese Arbeit aufzunehmen. Hierbei muß ich jedoch betonen, daß ich vom Erdenleben her nicht gewohnt war zu arbeiten. Ich mußte nicht so streng arbeiten, denn es hatten andere für die Familie gearbeitet. Darum hatte ich es einfach nicht im Gefühl und konnte es auch nicht. Und so hielt ich mich eben zurück. Ich glaubte auch, es würde genügen, wenn andere dies täten, und dann würde man mir sicher eine Arbeit zuführen, die mir Freude bereiten könnte – aber nichts dergleichen geschah. Man gab mir keine Arbeit, an der ich Gefallen hatte, sondern ich sollte aufs Feld, und aufs Feld wollte ich nicht.

Kinderreichtum, Aufopferung und Ehrlichkeit werden in der Gotteswelt belohnt

Nun kam Franziska mich besuchen und sagte, sie habe eine Neuigkeit für mich. Diese Neuigkeit bestand darin, daß sie mir erklärte, *Barbara* habe sie besucht – jene Barbara, die ich doch gut gekannt hätte! Sie habe hausiert und sei doch eine ganz arme Frau gewesen! Ich hätte doch Barbara gut gekannt, sprach Franziska zu mir. Sie sei ja öfters zu mir gekommen, aber ich hätte ihr eben wenig abgekauft.

»Ja so, die Barbara! Ich erinnere mich gut an sie«, sprach ich zu Franziska.

»Barbara ist da und will dich besuchen«, sagte Franziska.

Also mich wollte sie besuchen! Sie sei so schön und so vornehm und sie wohne nicht da in derselben Welt wie wir, ergänzte Franziska.

»Die Barbara, die Hausiererin, wohnt nicht da?« fragte ich. »Ja wo wohnt sie denn? Ja was hat denn die verdient? Warum geht es ihr denn besser als uns? Wir waren doch fromme Leute!«

»Weißt du«, entgegnete Franziska, »was ich erfahren habe? Gott hat an ihr mehr Gefallen gehabt als an uns. Sie hat zu Gottes Gefallen mehr getan als du und ich.«

»Ja was denn?« entgegnete ich. »Sie war doch eine Hausiererin!«

»Und?« sprach Franziska. »Du hast wohl vergessen: Sie hat zweiundzwanzig Kinder geboren! Glaubst du denn nicht, daß sie mit so vielen Kindern den Himmel verdient hat? Sie *mußte* doch hausieren! Sie hatte ja kein Brot und keine Milch für ihre Kinder. Sie *mußte* doch hausieren gehen! Ihr Mann verdiente ja zuwenig. Sie alle mußten doch hausieren!«

O ja, sie *mußte* hausieren; das war mir klar. »Und der ergeht's so gut hier, weil sie so viele Kinder gehabt hat? Nur deswegen hat sie sich den Himmel verdient?« wollte ich von Franziska wissen. »Ich habe schließlich auch zwei Kinder, und beide habe ich doch Gott gewidmet. Zählt es denn nicht, daß ich eine Tochter habe, die Ordensschwester ist, und einen Sohn, der Priester ist? Zählt das denn nicht?«

»Oh, anscheinend nicht«, sagte sie zu mir. »An-

scheinend hatte sie mehr Verdienste als du und ich.«
Aber sie munterte mich dann wieder auf, ich solle
doch zu arbeiten anfangen, denn wenn Barbara mich
besuche, müsse ich mich doch schämen. Ich sollte
einmal [den Unterschied] sehen, wie jene aussehe,
und dann, wie ich ...

»Das ist gut! Ich lass' es darauf ankommen. Vielleicht kann mir auch Barbara helfen. Schließlich habe ich ihr im Leben auch dann und wann etwas abgekauft.«

Und Barbara besuchte mich. Ich war sprachlos!
Ich fand keine Worte für Barbara; aber dann brachte
ich es doch hervor und sagte ihr: »Du warst ja nur
Hausiererin!«

»Ja«, sprach sie, »Hausiererin war ich. Gott hat es
mir vergolten, meine Mühsal, meine Aufopferung,
meine Liebe zu den Kindern und meine Tapferkeit.
Gott hat mir die Belohnung dafür gegeben. Ich bin
immer ehrlich durchs Leben gegangen«, sprach Barbara, »trotz meiner zweiundzwanzig Kinder!«

Ja, das konnte schon sein; aber ich konnte es
[noch] nicht verstehen, daß man bloß deshalb schön
sei, nur weil man so viele Kinder gehabt hat.

Nun, Barbara ließ sich nicht weiter mit mir ins Gespräch ein, sondern sie schenkte mir ein Paar Schuhriemen und sprach: »Hier, schnüre deine Schuhe zusammen, damit du besser gehen kannst!« Und sie
fügte bei, daß sie wieder einmal kommen werde, um
nachzusehen, wie es mir ergehe.

Grundbedingungen für ein besseres
Aussehen sind Gesinnungsänderung
und eine positive Einstellung
zur Arbeit

So schnürte ich meine Schuhe mit diesen Schuhriemen zu und ging dann wieder einmal zu meiner
einstigen Nachbarin, zu Franziska, auf Besuch. Als
ich Franziska wiedersah, stellte ich fest, daß sie einen
schönen Schal um ihre Schultern trug. Vor meinen
Augen nahm sie diesen Schal ab und band ihn dann
zu einem Gürtel, so als wollte sie sagen: »Siehst du,
ich habe doch ein besseres Aussehen als du!« Da
wollte ich wissen, von wem sie den Schal bekommen
habe.

»Barbara hat ihn mir gebracht. Weißt du, ich habe
doch Barbara auch manchmal etwas gegeben«, antwortete sie.

»Und dafür hast du diesen Schal bekommen, während ich doch nur ein Paar Schuhriemen von ihr erhielt.«

»Vielleicht bekommst du später noch einmal etwas«, tröstete sie mich.

Nun, ich mußte mich mit dieser Antwort begnü-
gen. Franziska forderte mich darauf erneut auf, ich
solle doch auch zur Arbeit kommen; aber ich konnte
mich einfach nicht entschließen.

Als ich mich wieder einmal im Dorfe nach neuen
Bekannten umsah, da kam einer – ich sah ihn schon

von weitem –, der sehr vornehm gekleidet war, mit
großen Schritten auf mich zu. Er stellte mich zur Rede und wollte wissen, wie mein Name sei und woher
ich komme. Ich war etwas erschrocken; aber es war
mir klar: Das war nicht einer von den Unsern, sondern das war ein Engel. So mußte ich Bescheid geben.

»Warum bist du nicht bei der Arbeit?« fragte er
mich.

Ich war verdattert und erwiderte: »Ja... es hat
mich schließlich niemand zur Arbeit geführt.«

Da nahm er mich bei der Hand und führte mich
ebenso raschen Schrittes durch diese vielen Wege
auf jenes Feld, und da sah ich alle, die in dem großen Hause wohnten – ich sah, wie sie da auf diesem
Felde arbeiteten.

Da gab es Blumen, Sträucher, Bäume, und es gab
Steine. Man grub aus und versetzte; man schien mit
vielem nicht einverstanden zu sein. Man wurde belehrt, was wohin gehöre und dergleichen. Man mußte die geistige Erde abermals umgraben und die Blumen erneut einpflanzen.

»Nun«, sagte der Engel zu mir, »das ist auch deine
Arbeit; du sollst nun hier arbeiten.«

Diese Welt war neu für mich, und ich getraute
nicht, ihm zu widersprechen und zu fragen, wieso
man sich hier mit diesen Pflanzen, mit diesen Sträuchern abgeben müsse. Im Himmelreich, so glaubte
ich, würde alles von selbst gedeihen... »Warum
braucht man denn unsere Hände dafür?« dachte ich.

Der Engel sah, was ich dachte, und er antwortete mir: »Du wirst darüber belehrt werden, wenn du eine Zeitlang deine Arbeit ausgeführt hast.«

Dann zeigte man mir, wie ich zu arbeiten hätte. Ich stellte fest, daß immer mehr Geschwister kamen. Sie brachten Pflanzen und sonst allerlei Dinge herbei. Alles schien nach einer genauen Ordnung zu gehen. Alles mußte genau nach Anweisung eingepflanzt werden, genauso, wie es in dem Plan, den der Engel hatte, vorgezeichnet war.

Später wurde ich dann belehrt. Man sagte mir: »Geh einmal ins Erdenreich zurück, tritt aufs Feld hinaus, gehe auch in einen Garten, und schau einmal zu, wie Blumen gepflückt, wie Sträucher geschnitten werden! Schau dir dies einmal an – und auch wie Bäume gefällt werden!«

Ich fand daran nichts Besonderes.

»Darin ist Leben«, sagte man mir dann; »in diesen Blumen, in diesen Sträuchern ist Leben – in all diesen Dingen ist Leben. Durch Menschenhand werden sie jetzt verdorren [und der Vergänglichkeit anheimfallen]. Ihr Leben [auf Erden] ist ’gebrochen’. Das geistige Leben jedoch kann nicht ’gebrochen’ werden. So zieht das geistige Leben [dieser Pflanzen] hin in diese Ebene. Es ist die ’Parallelstufe’ [die geistige Entsprechung] zum Wachstum und Gedeihen auf Erden. Nun, was der Mensch zu pflegen und zu ordnen hat, das haben auch in der Jenseitswelt die Wesen zu pflegen und zu ordnen. Sie müssen dem

niederen Leben beistehen und [ihm in seinem Auf-
stieg] helfen.«

Und dann sagte man mir noch: »Später – erst viel
später! – wirst du dann erleben und erfahren, wie dieses Leben umgewandelt wird; aber zunächst geht dieses Leben in dieselbe Art hinein [es lebt in der gleichen geistigen Form weiter], und so wird es in die
geistige Erde gesetzt.«

So mußten die Geschwister dort auf dem Felde arbeiten, und auch ich mußte nun arbeiten. Ich konnte es [den Sinn dieser Arbeit] jedoch lange nicht begreifen.

Arbeitseifer wird belohnt,
Nachlässigkeit und Eigenwille
werden getadelt

Dann traf ich mich wieder einmal mit Franziska.
Sie schien erfreut zu sein und sprach zu mir: »Du
wirst recht bald zu einem anderen Gewand kommen, wenn du so fleißig arbeitest wie bis anhin.«

»Es stört mich gar nicht, wie ich aussehe«, sagte
ich. »Mein Gewand will ich gar nicht wechseln. Ich
hätte lieber etwas anderes als ein neues Gewand.«

»Was denn?« wollte sie wissen.

»Glaubst du denn wirklich«, sprach ich zu ihr, »ich
könnte Gefallen finden an diesem Zusammenleben
in dem Gemeinschaftshaus, das aussieht wie eine
Fabrik, wo so viele zusammen sind und so viele
Unarten zum Ausdruck kommen? Das gefällt mir

doch nicht! Ich werde jetzt arbeiten; aber ich arbeite, um mir ein eigenes Haus zu erwerben.«

»Das wird wohl lange dauern, bis du es so weit gebracht hast«, entgegnete Franziska.

»Ich werde es jetzt versuchen«, sagte ich darauf. »Ich werde jetzt arbeiten. Ich will ein eigenes Haus!«

Nun gab es einmal ein Fest. Etwas abseits des Dorfes war eine große Halle. Dorthin sollte man zum Feste kommen; es sollten jedoch nur jene an diesem Feste teilnehmen können, die viel gearbeitet hatten, die für ihre Arbeit ausgezeichnet worden waren – ich hatte aber keine Auszeichnung erhalten. Während die andern mit Freuden, mit Jubel und Gesang der Halle zuströmten, blieb ich zurück. Ich hatte keinen Zutritt zu diesem Feste. Ich wollte dann gleichwohl versuchen hinzugehen, denn ich glaubte, es wäre vielleicht doch möglich, hineinzukommen; aber es ging nicht. Man schob mich zur Seite und sagte mir: »Du hast ja noch nicht soviel gearbeitet! Du hast noch keine Auszeichnung verdient.« Und sie fügten bei, es sei bitter nötig, noch mehr zu arbeiten, um recht bald zu einer Auszeichnung zu kommen. Und sie machten auch eine etwas geringschätzige Bemerkung über mein Aussehen.

Ich ging dann zurück und mußte warten, bis die andern vom Feste kamen. Sodann ließ ich mir erzählen, was sie erlebt hätten. Sie waren alle froh gestimmt. Sie waren alle mit Geschenken zurückgekommen. Und ich sah, daß sie eigentlich weiter nichts als irgendwelche Kleidungsstücke und sonstige Gegenstände hatten. Also, ich fand, es habe eine bedeutendere Belohnung nicht gegeben als vielleicht eine Jacke oder ein anderes Kleid. Daß dieses aber eine besondere Belohnung war, konnte ich dazumal nicht verstehen.

Dann kam wieder jener gestrenge Engel zu mir, und er forderte mich auf, von nun an fleißig meine Arbeit auszuführen; denn in erster Linie müsse ich nun dafür besorgt sein, ein anderes Kleid zu erhalten. Er stand vor mir und sagte: »Schau einmal, wie vernachlässigt du bist – wie dein Gewand aussieht! Sehr schäbig siehst du aus! Zu Lebzeiten hättest du einem solchen keine Hand dargeboten!«

Ja, war es nun wahrhaftig so? Ich schaute mich an. Ja, besonders schön sah ich nicht aus – wahrhaftig!

»Wenn du aus diesem Dorfe herauskommen willst«, sprach der Engel, »mußt du besser aussehen als eine Bettlerin.«

»Eine Bettlerin? Ich bin doch keine Bettlerin!«

»Du bist eine Bettlerin«, entgegnete er, »du siehst so aus wie eine Bettlerin.«

»Ich habe doch«, sprach ich, »eine Tochter und einen Sohn – du weißt es ja.«

»Ja, das wissen wir wohl; aber deshalb bleibst du eine Bettlerin, denn du möchtest jetzt mit deren Verdiensten werben, und dieses geht nicht. Du selbst mußt arbeiten! Solange du jedoch aussiehst wie eine Bettlerin, kannst du dieses Dorf nicht verlassen und am allerwenigsten das Haus, in dem du bist.«

Dann sagte ich, die andern seien ja gleich wie ich – wir wohnten ja zusammen –, also seien auch sie solche Bettlerinnen.

Nein, ich sei die Ärmste von allen, sagte er. Die andern seien schon längst einen Schritt vorwärtsgekommen – ich aber nicht.

Ohne Arbeit und hierdurch erworbene Erkenntnisse kann niemand das Reich Gottes in Besitz nehmen

Nun kam ein anderer Engel Gottes zu mir, und auch er schien sehr streng mit mir zu sein. Er sagte, er werde von nun an immer da vor dem Hause stehen und mich in Empfang nehmen und mich tadeln, wenn ich zuwenig geleistet, wenn ich mich über unwichtige Dinge unterhalten hätte. Und es war so. Er stand jeweils nicht nur am Eingang zu meiner Kammer, ich sah ihn immer wieder in meiner nächsten Nähe. Es war, als würde er sein Auge nur auf mich richten. Jetzt *mußte* ich arbeiten, *mußte* gehorsam sein und mich weniger um die andern kümmern als vielmehr um mich selbst.

Und so setzte ich mich ein. Es blieb mir nichts anderes übrig, denn ich fürchtete mich vor diesem strengen Engel. Auch war Franziska zu mir gekommen und hatte gesagt: »Wenn du nicht mit mehr

Fleiß arbeitest, wirst du herausgeholt, und es wird dir ganz schlecht ergehen.« Sie wollte mich warnen. Sie wußte Bescheid; Barbara hatte es ihr gesagt. Natürlich wollte ich nicht, daß es mir schlechtgehen sollte, und so setzte ich mich ein. Ich arbeitete und betete mit den andern. Ich fing an, über mein Leben nachzudenken: warum ich jetzt in der geistigen Welt so hart arbeiten mußte, während es andere doch viel leichter hatten. Sie mußten nicht so hart arbeiten. Man achtete nicht so auf sie, wie man auf mich achtete.

Endlich war es mir klargeworden: Ich mußte etwas nachholen. Ich mußte jetzt in der Geisteswelt arbeiten, weil ich es im Erdenleben nicht getan hatte und nicht tun wollte und weil ich kein Verständnis für jene hatte, die hart arbeiten mußten. Jetzt mußte ich die Arbeit selbst verrichten. Das tat ich dann nach besten Kräften und mit gutem Willen, so wie es von mir verlangt wurde. Dafür bekam ich ein anderes Kleid. Ich konnte also meinen schäbigen Rock ablegen, und ich hatte das Gefühl, in dem neuen Kleid würde ich aussehen wie ein Engel.

Endlich hatte ich es erfaßt, und ich bemerkte auch, daß die anderen viel mehr Respekt vor mir hatten. Sie benahmen sich mir gegenüber nun ganz anders. So viel konnte also das Äußere ausmachen; das wurde mir jetzt klar. Denn die Engel Gottes sahen ja auch ganz vornehm aus. Welch kostbare Gewänder trugen sie!

Sie erklärten mir dann, daß auch sie Stück für Stück verdienen müßten. Die Säume ihrer Gewänder waren mit Edelsteinen besetzt. Jeden Stein müßten auch sie erwerben, sagten sie. Sie hätten dafür [als Gegenwert] Verständnis und Liebe und Aufopferung zu geben – eben alles, was man von einem Engel verlange. Auch die Engel würden für ihre Treue, für ihre Hilfsbereitschaft, für ihre Duldsamkeit belohnt, sagten sie; sie bekämen jeweils wieder schönere Kleider. So würden sie belohnt.

Ich sah es, wenn einer in seinen rauschenden Gewändern kam, in seiner Farbenpracht und seinem Glanz: Da neigten alle ihren Kopf und getrauten sich aus lauter Ehrfurcht kaum aufzublicken; denn man sagte: »Er kommt von weit, weit her! Er ist ganz nahe bei Gott! Schaut einmal seine Pracht an!« Und man sagte uns, wir müßten noch viel, viel mehr um diese [göttlichen] Dinge werben. Wir sollten ja das Reich Gottes wieder in Besitz nehmen dürfen – aber nicht ohne Arbeit. Auf irgendeinem Gebiet müsse man sich voll einsetzen, mit seiner ganzen Kraft wirken – dann werde man dafür belohnt.

So war es mir [in der Läuterung] ergangen. Es war eine schlimme Zeit gewesen. Heute kann ich nicht verstehen, daß ich es nicht früher eingesehen habe, daß ich als Mensch falsch lebte – daß ich so egoistisch war und glaubte, dem lieben Gott gefällig zu sein, wenn ich fromme, gerechte Kinder hätte. Ich dachte nicht an meine Fehler. Ich machte mir keine

Gedanken darüber, daß ich mein Leben viel zuwenig in den Dienst des Nächsten gestellt hatte. So mußte ich eine harte Läuterung durchmachen, bis ich jenes Dorf verlassen durfte.

Angespornt zur Tätigkeit wurde ich von Franziska und Barbara. Sie warnten mich jeweils. Als sie längst schon das Dorf verlassen hatten, kamen sie auch dann noch stets zu mir, um mich darauf aufmerksam zu machen, daß ich nicht nachlassen dürfe. So hatte ich schließlich einige Verdienste erworben. Zuerst kam ich zu einem besseren Aussehen, dann mußte ich Schulen besuchen. Ich wurde über vieles belehrt und unterrichtet, was mir alles neu war.

Später durfte ich mich in den Dienst des Nächsten stellen. Ich brauchte nicht mehr dieselbe Arbeit [auf dem Felde] auszuüben. Ich sollte nun um das Seelenheil der Menschen besorgt sein: Ich sollte versuchen, auf das Denken der Menschen Einfluß zu nehmen, sie von den irdischen, belastenden Gedanken abzuhalten. Für das Heil ihrer Seele sollte ich mich einsetzen und darum besorgt sein. Es war jedoch hart, wenn man einem Menschen beistehen wollte und er die Hilfe nicht annahm, einfach nicht annehmen wollte – so wie auch ich nicht hatte arbeiten wollen. Und so mußte ich auf die Suche nach jenen Menschen gehen und bei ihnen verweilen, die willens waren, daß für das Heil ihrer Seele gesorgt werde.

So stieg ich langsam Stufe um Stufe hinauf. Ich durfte in göttlichen Werkstätten arbeiten, wo nur

Künstler wirken. Ich durfte als Dienerin mithelfen, um Einsicht in das Schaffen der göttlichen Welt zu bekommen. So wurde ich von der einen Ebene zur andern geführt. Aber jeder Übertritt mußte verdient werden. Durch eine [besondere] Leistung gelang es mir jeweils, einen Übertritt zu erreichen.

Ich kümmerte mich um die Menschen, wo man mich hinstellte; ich kümmerte mich um die Jenseitsgeschwister, wo man mich darum bat. So fand ich den Anschluß zu den gehorsamen und selig gewordenen Geistern. Und so übe ich meine Tätigkeit unter ihnen aus in der großen Gemeinschaft Jesu Christi und stehe unter der Herrschaft Gottes.

Liebe Gott über alles
und deinen Nächsten wie
dich selbst

So habe ich versucht, euch von meiner Anfangszeit zu erzählen. Jene hohen Geschwister haben es mir ermöglicht, mich wieder in jene Zeit zurückzufinden. Sie haben mir die alte Zeit stückweise wieder lebendig gemacht. So sollte ich dieses euch erklären, und es sollte euch zur Belehrung sein. Ihr solltet erkennen: Was im Erdenleben falsch getan wird, muß unbedingt wiedergutgemacht werden, und daß zum größten Vergehen der Menschen Lieblosigkeit und Herzenskälte zählen. Denn jene Frau, von der ich sagte, sie sei nur eine Hausiererin gewesen, mußte unendlich viel für ihre Kinder opfern. Sie mußte durch viele Sorgen schreiten und war trotzdem eine liebende Mutter. Ich dagegen hatte es im Leben angenehm. Ich kannte keine Sorgen ums tägliche Brot; aber ich setzte zuviel an den andern aus – ich achtete zu sehr darauf, was *sie* falsch machten, während ich meine eigenen Fehler nicht sah. So mußte ich diesen Weg gehen.

Euch soll es ein Hinweis auf das hohe und große Gesetz sein: »Liebe Gott über alles und deinen Nächsten wie dich selbst.« Tue an ihm viel Gutes! Belaste durch keine Worte das Leben des andern, sondern mache ihm das Leben angenehm!

So ziehe ich mich wieder zurück. Gottes Segen möge euch beglücken!

Niemand kann sich im Jenseits auf die Verdienste anderer berufen. Nur eigene Verdienste zählen. Jeder ist für sich und für sein geistiges Weiterkommen selbst verantwortlich.

Umgebung, Kleidung und Art der Tätigkeit entsprechen im Jenseits genau der jeweiligen geistigen Entwicklung des einzelnen. Jeder wird gesetzmäßig dahin geführt, wo er seiner geistigen Entwicklung nach hingehört. Dies bedeutet auch, daß sich jeder Mensch auf Grund seines freien Willens und Handelns seine Umgebung und sein Aussehen im Geistigen selbst schafft.

Geistiger Lohn kann nur durch geistige Arbeit und damit verbundene Verdienste erworben werden: eine schönere Umgebung, schöneres Wohnen, besseres Aussehen, mehr

Ansehen, größere Erfüllung durch die Art der Betätigung, beglückende geistige Erlebnisse und Verbindungen, hilfreiche Freundschaften ...

Es dauert lang, bis Hanna einsieht, daß sie Fehler wiedergutzumachen und zu überwinden hat. Zu ihrer Läuterung muß sie mit solchen Geistwesen zusammenleben, die die gleichen Fehler haben wie sie, was begreiflicherweise nicht leichtfällt. Allmählich erkennt sie aber: <u>Lieblosigkeit und Herzenskälte gehören zu den größten Vergehen des Menschen – und was man im Leben falsch macht, muß wiedergutgemacht werden.</u>

Bekannte aus dem Erdenleben versuchen, sie zu beeinflussen und zu führen. Gegenüber dem Erdenleben sind nun im Jenseits die Rollen vertauscht, was An- und Aussehen angeht (Hanna – Barbara). Aber auch dieses dient zu Hannas Läuterung und Belehrung.

Vom Jenseits beglückt –
vom Jenseits enttäuscht

Mein Name ist *Theresia*. Ich lebte vor zirka achtzig Jahren in Österreich. Ich möchte euch nur kurz mein Leben schildern. Ich möchte jedoch die [unterschiedlichen] Verhältnisse von dazumal und heute etwas beleuchten. Im weiteren will ich euch sagen, welches heute meine Aufgaben in der anderen Welt sind: Ich betreue Heimgekehrte. Ich tröste sie, wo es notwendig ist. Ich habe auch Zugang zu den Menschen; doch ich erfülle meine Aufgabe vor allem in unserem Reich.

Verglichen mit ihrem entbehrungs-
reichen Erdenleben fand die Mutter
die neue Welt wunderschön
Begangene Fehler bedürfen jedoch
einer Bereinigung

Verdienste hatte ich mir dadurch erworben, daß ich eine große Kinderschar aufzog, das heißt, ich war Mutter von vierzehn Kindern. Ein hartes Leben hatte ich; hart war die Arbeit. Das heißt, es war nicht so leicht, das tägliche Brot zu verdienen. Ich mußte mitverdienen helfen. Ich hatte jedoch das Glück, eine leibliche Schwester zu haben, welche die notwendigen Arbeiten im Hause ausführte. So konnte ich auch dem Verdienst nachgehen. Aber was heißt Verdienst? Von Haus zu Haus, von Türe zu Türe ging ich mit einem Korb mit Waren. Wenig war es, was ich hatte. Man war froh um jeden Verdienst.

Nun versuche ich einmal, das Leben von dazumal mit dem Leben von heute zu vergleichen; denn es ist ja meine Beschäftigung, Heimgekommene zu trösten.

In meinem Erdenleben habe ich auch viele, viele Fehler gemacht. Das wurde mir gleich bei meiner Ankunft in der Geisteswelt gesagt. Aber man sagte mir auch: »Theresia, du hast dir Verdienste erworben durch deine Kinder, die du geboren hast. Du hast im Heilsplane Gottes ein großes Werk erfüllt. Was jedoch dein Leben anbelangt, so war es nicht immer ehrlich. Damit waren wir nicht so einverstanden; denn du konntest unter anderem sehr streitsüchtig sein.«

Nun, ich hatte wohl ein schlechtes Gewissen. Aber man sagte mir ja, die vielen Kinder würden mir hoch angerechnet werden – das sei für mich das geistige Verdienst. Ich mußte auch durch die Läuterung gehen; doch man war sehr rücksichtsvoll und sehr liebevoll zu mir.

Ich fand die neue Welt wunderbar. Ich fand sie so herrlich, denn während meines ganzen Lebens hatte ich nie etwas so Herrliches erlebt – solche Fürsorge, solche Aufmerksamkeit! Das machte mir gewaltigen Eindruck! Nun will ich euch auch sagen, warum mir die Welt, in die ich eingekehrt war, so großen Eindruck machte: Vom heutigen Standpunkt aus betrachtet, war die Welt von dazumal eben gar nicht so besonders schön. Von meinem Erdenleben kann ich nichts Besonderes erzählen – daß ich etwa gut gelebt und so ein schönes Leben gehabt hätte –, doch machte man mir zum Vorwurf, ich sei nicht immer ehrlich und außerdem auch streitsüchtig gewesen.

Ich mußte mit einem Korb von Haus zu Haus gehen, und es war bescheidene Ware, die ich anzubieten hatte – ganz bescheidene Ware. Das Wichtigste jedoch, viel wichtiger als die ganze Ware im Korb, war der *Rosenkranz*. Den legte ich immer zuoberst hin. Wenn ich dann den Leuten die bescheidenen Waren anbot, die ich hatte, dann konnten sie nicht anders – sie mußten mir etwas geben. Ja, wenig war es; aber ich war mit dem wenigen zufrieden. Manchmal nahm ich den Rosenkranz und wand ihn um die Hand. Man sollte sehen, daß ich eine 'fromme' Frau sei. Daß ich so getan, brachte mir materielle Vorteile. Man gab mir auch dann und wann etwas – manchmal etwas Brot oder sonst irgendwelche Lebensmittel –, und damit war ich schon zufrieden. Ich mußte eben alles tun, um meinen Kindern das Notwendige geben zu können.

Als ich mich dann in der Geisteswelt umsah und die Bekanntschaft mit diesen höheren Geschwistern machte, da machten sie mir jenes Verhalten zum Vorwurf: das sei Falschheit von mir gewesen; nur aus Berechnung hätte ich's getan. Und ich mußte ihnen sagen: »Aus Not! Es war nicht Berechnung; es war Not! Die Not hat mich dazu gezwungen!« Aber sie nahmen meine Ausrede nicht an.

Nun, ich kümmerte mich nicht so sehr darum, was jetzt diese Vornehmen zu mir sagten. Für mich war wichtig: Ich durfte in einer wahrhaft schönen Welt leben, hatte keine Sorgen mehr ums tägliche Brot, keine Leiden mehr – ach, was wollte ich da noch mehr! Alle waren so zuvorkommend! Es war einfach herrlich!

Im Erdenleben verwöhnt –
im Jenseits unglücklich

Nun, ich habe die Aufgabe, euch den Unterschied klarzumachen zu jenen, die *heute* zu uns kommen und die ich trösten muß und bei denen es mir manchmal nicht leichtfällt, sie zu trösten und für sie die richtigen Worte zu finden. Aber was tue ich dann? Ich erzähle ihnen, wie es mir ergangen ist.

Wenn heute jemand zu uns kommt und – sagen wir – entwicklungsmäßig auf derselben Stufe anlangt wie ich damals, dann ist er nicht zufrieden. Solche Heimgekehrte fangen an zu klagen und sagen, so was seien sie sich nicht gewöhnt; sie hätten ein viel schöneres Leben gehabt, ein schöneres Zuhause. Sie hätten alle Bequemlichkeiten, sie hätten schöne Kleider gehabt und so weiter; alles hätten sie sich leisten können. Und jetzt diese bescheidenen Verhältnisse! Nein, damit könnten sie sich nicht abfinden.

»Weißt du«, entgegne ich dann, »ich kam auch einst da an, wo du jetzt stehst; doch für mich war diese neue Welt ein großes Erlebnis. Denn dazumal, als ich lebte, da herrschte noch große Armut, und wir waren überhaupt nicht so anspruchsvoll. Wir trugen jahrzehntelang denselben Rock!«

Wenn wir die heutigen Menschen betrachten, sei es beispielsweise das weibliche Geschlecht, dann müssen wir sagen: »Den Staat, den die machen, den Putz, den die aufwenden!« Und kommen sie dann zu uns, so ist ihnen doch nichts mehr gut genug. Sie möchten denselben Staat und denselben Putz machen, und dann müssen sie feststellen, daß nichts mehr von dem vorhanden ist – ein einfaches Gewand tragen sie. Und ich sage ihnen: »Zu meiner Zeit war es so, daß die Frauen nicht jeden Tag neue Kleidung anzogen und die Männer ein sauberes Hemd. Zu meiner Zeit trugen die Männer mindestens vier Wochen lang dasselbe Hemd.« Doch wenn sie heutigentags in die Jenseitswelt einkehren, dann verlangen sie dieselben Bequemlichkeiten wie auf Erden, und diese Bequemlichkeiten finden sie dort nicht.

Und im weiteren muß ich ihnen erklären: »Zu meiner Zeit war es so: Wenn man krank war, mußte man die Schmerzen einfach ertragen. Nur die ganz feinen und reichen Leute konnten sich einen Arzt leisten, und dann konnte auch ihnen nicht immer geholfen werden. Aber unsereins ging doch nicht zum Arzt! Dann mußte man eben sterben! Ein Menschenleben währte nicht so lange wie heute, und die Schmerzen mußte man einfach ausstehen. Kam man dann in die geistige Welt und war von den Schmerzen befreit – wie war man da froh darüber! Froh war man, die Schmerzen los zu sein, und man fühlte sich auch so frisch! Die Kleider waren viel schöner als zu Lebzeiten; denn man stellte nicht solche Ansprüche, wie sie die Heimgekehrten heutigentags stellen.

Begegnung mit
einem unzufriedenen
Heimgekehrten

Es ist noch nicht so lange her, da hatte ich ein besonderes Erlebnis. Einer kam heim, der trug einen ziemlich schmutzigen Rock. Er stand an einem Brunnen, netzte seine Hände und wollte seinen Rock reinigen, der voller Flecken war. Diese waren nicht mehr zu definieren; man wußte nicht, war es Blut oder Rost – es waren einfach scheußliche Flecken. Und da stand er nun am Brunnen und glaubte, seine Flecken loswerden zu können. Ich ging auf ihn zu und fragte ihn, was er denn da mache. Und er war gar nicht etwa besonders freundlich zu mir, obwohl ich ihm eigentlich nur helfen wollte.

»Siehst du denn nicht, welch schmutzigen Rock ich habe?« entgegnete er. »Es wäre besser, du würdest mir ein Mittel verschaffen, um diese Flecken loszuwerden!«

»Weißt du«, antwortete ich, »diese Mittel zum

Fleckenentfernen, wie du sie als Mensch auf Erden hattest, haben wir hier nicht. Wir haben zwar auch Mittel, um Flecken zu entfernen, doch die sind von anderer Art, als du sie dir vorstellst.«

Ich solle ihm doch helfen, diese Flecken wegzubringen – er müsse sich ja schämen; er sei sich zeit seines Lebens nicht gewohnt gewesen, so schmutzig umherzulaufen, in einem derart fleckigen Gewande, wie er eins anhabe. Überhaupt, er könne sich gar nicht vorstellen, woher die Flecken kämen, und dieses Gewand gehöre doch gar nicht ihm – es müsse ein Irrtum, eine Verwechslung sein, meinte er.

»Lieber Bruder«, sagte ich und klopfte ihm auf die Schulter, »es ist absolut keine Verwechslung! Es ist dein Rock, der dir gehört.«

Da staunte er mich bloß unwillig an und meinte: »Hilf mir lieber, die Flecken zu entfernen!«

»Nein«, entgegnete ich, »mit Wasser bringst du diese Flecken auch in unserer Welt nicht weg. Dafür gibt es andere Mittel.«

»Was für Mittel denn?« wollte er wissen.

Ja, das sei hier ein ganz anderes Leben, erwiderte ich ihm; so schnell sei das nicht gesagt – ich könne ihm dies jetzt nicht so am Brunnen erklären; dazu müßten wir schon viel länger miteinander ins Gespräch kommen, um ihm klarmachen zu können, auf welche Weise er wieder einen sauberen Rock bekomme. Ich wies ihn dann auf das hin, was er ja auch gehört habe, als er heimgekehrt sei; da habe man ihm doch seine großen Fehler gesagt. Diese Flecken an seinem Rock seien eben nichts anderes als die Folgen seines belasteten Lebens. Daß sein Rock in dieser Welt so beschmutzt sei, sei gesetzmäßig, und dieser Schmutz werde erst dann weggehen und sein Äußeres sich verbessern, wenn er sich den Verhältnissen dieser neuen Welt anpassen würde.

Dann sprach er, er habe so viele schöne, saubere Gewänder gehabt und ein so schönes Haus mit allem Drum und Dran und jetzt befinde er sich nur im Elend und im Schmutz.

»Ja, du warst doch auch ein Christ«, entgegnete ich. »Hast du denn nicht gewußt, daß alles, was auf Erden im Glanze liegt, nichts ist – gar nichts? Mag er sich auch mit den schönsten Gewändern kleiden – wer eine häßliche Seele und eine Kälte in seinem Herzen hat, der kann dadurch nichts beitragen, um sein geistiges Aussehen zu verbessern.«

Er wollte das aber nicht so recht verstehen. Er wollte sich mit diesen Worten nicht so recht zufriedengeben und sagte: »Ich will nichts anderes als wieder zurück! Hier gefällt es mir nicht. Ich will wieder in meine Welt, wo ich so lange gelebt und gewirkt habe. Da habe ich meine Bequemlichkeiten. Da kann ich unter meinesgleichen gehen. Da fühle ich mich wohl. Aber hier, in diesem Schmutz, da fühle ich mich nicht wohl, und wo ich mich auch umsehe, sind alle so ungepflegt, so ungezogen! Mit denen will ich mich nicht abgeben!«

»Du kannst machen, wie du willst«, sagte ich, »und wenn es dir gut erscheint, dann kannst du ja wieder zurückgehen. Du kannst ja dann schauen, wie weit du kommst; aber ich mache dich darauf aufmerksam: Du hast keinen irdischen Leib mehr, und gebunden bist du daher nicht mehr an die irdischen Gesetze. Gebunden bist du jetzt an die *geistigen* Gesetze der neuen Welt, in die du eingegangen bist.«

Vorläufig könne er sich nicht mit dieser neuen Welt abfinden, sprach er, und er verabschiedete sich von mir und kehrte dann eben in die Welt zurück, wo er hergekommen war. Sein Verlangen nach dieser Welt, die er verlassen hatte, war so groß, daß er von ihr wie von einem Magneten angezogen wurde. Und er ging wieder unter die Seinen. Doch er konnte nur eine bestimmte Zeit dort leben; dann wurde er geholt. Man gab ihm zu verstehen, daß er zurückkehren müsse.

Der Christ sollte sich mehr mit dem
jenseitigen Leben befassen
Hartnäckiges Festklammern am
irdischen Besitz hemmt den
geistigen Aufstieg

So habe ich allerlei erlebt. Die einen klagen um den Besitz, den sie verlassen haben oder der ihnen entschwunden ist. Kommt man dann mit ihnen ins Gespräch, so fangen sie an zu erzählen, was für einen Beruf sie gehabt, was sie geleistet und welch großes Ansehen sie gehabt hätten. Und einem jeden, der ih-

nen begegnet, erklären sie, was sie [an Besitz] zurückgelassen und was sie geleistet hätten, und glauben
dann, der andere habe Respekt und Achtung vor ihnen. Und dann erleben sie die große Enttäuschung:
Es erweist ihnen niemand Respekt und Achtung;
denn hier sind alle gleich. Solches Verhalten
schmerzt die Heimgekommenen. Sie können sich
damit einfach nicht abfinden.

Macht man sie dann auf das innere [geistige] Leben aufmerksam und sagt ihnen: »Ja, du hast bestimmt auch gewußt, daß es noch eine andere Welt
gibt«, dann entgegnen sie: »Ja, darüber haben wir
nicht nachgedacht – wir haben uns damit nicht beschäftigt«, und dann klagen sie uns an, es läge an uns,
massiver ins Leben des Menschen einzugreifen. Man
hätte es ihnen deutlich machen müssen, daß es nach
dem irdischen Tode nicht aus sei; dann hätte sich
mancher besser besonnen, was er getan hätte.

»Ja«, müssen wir ihm darauf sagen, »das wäre eine
ganz billige Eroberung der göttlichen Welt! So ohne
weiteres gibt Gott seinen Himmel nicht her. Ihr leb-
tet doch in einer Zeit, in der ihr immer wieder auf die
christlichen Festtage aufmerksam gemacht wurdet,
und ihr hattet doch auch die Gebote; aber Gott war
euch viel zu weit entfernt.«

Da sagen sie, es habe eben nicht zum guten Ton
gehört, in der Gesellschaft von Gott zu reden; man
hätte sich lächerlich gemacht.

»Es gehört eben auch nicht so besonders zum guten Ton, wenn wir uns mit euch unterhalten«, entgegnen wir darauf. »Wir lassen uns dazu auch Zeit. Zum guten Ton gehört eben erst die Unterhaltung einige Stufen weiter oben.« So gibt man ihnen zu verstehen, daß man die Unterhaltung recht bald abbrechen und sie so bald nicht wiederholen wolle.

Da es meine Aufgabe ist, solche Geistwesen zu trösten, beurteile ich immer wieder von Fall zu Fall. Die einen scheinen so ziemlich hartnäckig in ihrer Einstellung zu sein. Sie bringen noch so viel Menschliches mit herüber, und so muß man sich auch dementsprechend mit ihnen unterhalten. Andere wiederum sind bereit, sich den neuen Verhältnissen anzupassen, und die behandelt man auch ganz anders.

Wer den Willen hat, sich
zu ändern, kommt am
schnellsten vorwärts

Das Schwierige für die Heimgekehrten ist jedoch immer wieder, sich dieser neuen Welt anzupassen, sich in diese Ordnung einzufinden. Denn ich sagte, sie trügen noch so viel menschliche Gefühle in sich, da ihre Seele noch vom menschlichen Denken geprägt und nicht frei von Leidenschaften ist. Die Leidenschaften haben sie doch mitgenommen! Nicht der Körper ist Träger der Leidenschaften – der irdische Leib ist bedeutungslos, denn er ist vergänglich –: *Träger der Leidenschaften oder der Tugenden ist die Seele!*

Die Seele ist unvergänglich. Sie ist lebendig und kann nicht vernichtet werden. Sie stirbt nicht mit dem Menschen. Sie lebt weiter. Wenn es ums Sterben geht, um das Ablegen der schwer gewordenen [irdischen] Hülle, dann sehnen sich die Seele und der Geist nach der Wirklichkeit. Sie werden von dieser neuen Welt angezogen, auch wenn die Seele und der Geist noch so eingehüllt sind in das menschliche Denken, in das Verlangen, das dem Menschen eigen ist. Es ist doch etwas in ihnen, was sie in jene Welt hineindrängt. Es ist eine innere Kraft vorhanden, etwas, das nur eine schwache Spur von sich herausläßt; aber diese schwache Kraft hat die Möglichkeit, das Verlangen zu steigern, in diese neue Welt einzukehren und sich mit dieser neuen Welt zu befreunden. Denn es ist für die Seele etwas wie ein Traumerlebnis – wenn der Geist in die Jenseitswelt einkehrt, befindet er sich ganz besonders in der ersten Zeit manchmal in einem solchen Zustand. Einerseits will er sich mit der neuen Welt befreunden, andrerseits ist das Verlangen, in die alte Welt zurückzukehren, größer, und manchmal sind es die noch nicht erloschenen Leidenschaften, die zum Ausdruck kommen. Und diesen Leidenschaften in der neuen Welt nachzugehen bringt für das betreffende Geistwesen Schwierigkeiten. Man kann wohl noch eine gewisse Zeit in denselben Begierden und Leidenschaften [wie auf Erden] leben – man kann ja wieder ins Erdenreich zurückkehren, und man kann für eine bestimmte

Zeit denselben Lastern frönen. Man kann jedoch nicht einfach nach Belieben tun, was man will! Kann man sich nämlich von diesen Lastern und Leidenschaften nicht loslösen, dann wird man mit sanfter 'Gewalt' zurückgeführt.

So ergeht es den Geistwesen, die sich während ihres Menschendaseins nie mit höheren Gedanken beschäftigt haben. Da kann diese schwache Kraft, dieses leise Verlangen nach etwas Höherem und Besserem [nach dem höheren Leben] nicht so zum Ausdruck kommen. Wohl sind viele klug genug, zu erkennen, daß sie in der neuen Welt unter einer anderen Macht stehen, daß andere Verhältnisse herrschen, und sie sind willens, sich diesen Verhältnissen anzupassen; denn sie erkennen: *Es gibt kein Ausweichen!* Jene, die den Willen haben, sich zu ändern, kommen am schnellsten vorwärts.

*Jeder erlebt den Himmel,
den er sich zu
Lebzeiten verdient hat*

Aber heute ist das nicht ganz so einfach. Wenn jene zurückkommen, die in ihrer Welt so viele Bequemlichkeiten hatten und sich alles leisten konnten; wenn sie sich nun plötzlich in einer Welt befinden, die ihnen nichts zu bieten hat, das heißt, die ihnen vorübergehend nichts Gleichwertiges bietet, dann sind sie unglücklich – zutiefst unglücklich.

Einem solchen Heimgekehrten muß man immer

wieder sagen: »Ja, in welch schöner Zeit bist du geboren worden! Denn eure Welt ist doch schön; da, wo du gelebt hast, war es doch schön! Du hattest Brot genug. Du brauchtest nie Hunger zu haben, und weil du nie Hunger haben und dich nie fragen mußtest "Wo muß ich am morgigen Tag mein Haupt zum Schlafen hinlegen?", bist du nun nicht zufrieden mit dieser neuen Welt; denn du verlangst ja dieselben Bequemlichkeiten wie in deinem Erdendasein.«

Aber in jener Zeit, da ich lebte, mußte man Hunger leiden, und es gab Tage, da eine Mutter nichts essen konnte, nur damit die Kinder genug bekamen. Wenn man Schmerzen hatte und krank war, gab es kein Pulver und keine Tabletten – da mußte man die Schmerzen ertragen! Ach, wie froh war man da, von den Schmerzen befreit zu sein und in einer Welt leben zu dürfen, in der der geistige Leib fortan nicht mehr zu leiden braucht! Und jene, die in einer Welt lebten, in der die leichtesten Schmerzen durch Mittel überwunden werden können – sie mußten so wenig an Schmerzen, an Unbehagen ertragen! –, ja, da wachsen die Ansprüche: Man fordert noch Schöneres! Was man gehabt hat, hat man gehabt, und man will Besseres haben.

Den Heimgekommenen darauf die richtige Antwort zu geben und sie richtig zu führen ist nicht so einfach. Und ich mache auch euch Menschen darauf aufmerksam: Da, wo ihr lebt, in eurer Welt, habt ihr es schön. Ihr habt Kleider, soviel ihr wollt; ihr könnt euch nach Belieben in eine Farbenpracht hüllen. Wenn man jedoch zurückkommt und in Einsamkeit und Düsterheit leben muß, dann fühlt man sich zutiefst unglücklich; denn man hatte Schöneres, und man verlangt nun *noch* Schöneres.

Gut haben es jene, die gläubigen Herzens waren, die eine Verbindung und eine innere Bindung zu unserer Welt hatten und die das Gute taten; die die Gebote kannten und die genau wußten, was sie zu tun hatten; die daran dachten, daß das Leben vorübergeht und daß nach dem irdischen Leben andere Gesetze, andere Verhältnisse maßgebend werden. Gut haben es die, die sich für die Zukunft vorbereiten. Diese können dann in eine schöne Welt eingehen. Sie werden Schöneres erhalten, als sie im menschlichen Leben gehabt haben. So erlebt jeder den Himmel, den er sich zu Lebzeiten verdient hat.

Für uns ist es eine Freude, einen, der heimkommt, begrüßen zu dürfen und ihm sagen zu können: »Wir freuen uns, daß du für uns eingestanden bist.« Es ist ja nicht selbstverständlich, daß man für uns einsteht. Gar nicht selbstverständlich ist es; denn die Menschen glauben, sie würden sich bloßstellen, wenn sie von der andern Welt reden, von Geistern, vom Himmel, von Gott. Wer das getan hat – wer das Bekenntnis am richtigen Ort, zur richtigen Zeit zum Ausdruck gebracht hat –, der wird dafür seinen Lohn empfangen. Dann brauchen sie auch nicht unglücklich über die Gewandung zu sein, die sie tragen.

Wohl ist diese am Anfang [oft] nicht so makellos, so vorzüglich. Manches gibt es an der Kleidung, überhaupt an der äußeren Erscheinung zu beanstanden. Aber die höheren Geschwister sind gerne bereit zu sagen, was zu tun ist, um sein Aussehen zu verbessern. Dann soll man sich eben in den Dienst des Nächsten stellen. So kommen die göttlichen Gesetze zum Ausdruck. So müssen die Heimgekehrten sie erlernen, und so machen sie dann die Bekanntschaft mit höheren Geistern; aber ehe eine solche Unterhaltung zustande kommt, erlebt man noch allerlei mit seinesgleichen. Man muß ständig mit anhören, was sie über ihr Unglück zu klagen haben.

Da ist einer, der hat keinen besonderen Besitz zurückgelassen und hat auch kein besonderes Ansehen – ein anderer jedoch, der hat es eben gehabt, und dann will er dieses seinem Nächsten zum Ausdruck bringen und glaubt, dafür eine besondere Behandlung zu bekommen. Doch die erhält er nicht, und so ist es für manchen Heimgekommenen schwer, sich in der neuen Welt zurechtzufinden.

*An jene, die im Wohlstand
gelebt haben, werden größere
Anforderungen gestellt*

So war es meine Aufgabe, euch dieses zu erzählen. Und ich möchte euch abschließend dazu auffordern: Kehrt einmal im Geiste achtzig, hundert oder noch mehr Jahre zurück – wieviel Elend gab es da!

Ihr sprecht unter euch vom Hunger dieser Welt, von Völkern, die Hunger leiden. Ja, so ist es. Und früher war der Hunger noch größer. Ihr aber könnt euch satt essen. Ihr braucht nicht Hunger zu leiden. Stirbt jedoch einer Hungers und öffnet er seine Augen in einer besseren Welt – selbst wenn ihm diese Welt nicht die Bequemlichkeiten [eurer Welt] zu bieten hat, so ist er doch mit der bescheidenen Welt zufrieden; denn er muß in der neuen Welt nicht Hunger leiden und keine Schmerzen ertragen. Er hat jene Probleme nicht mehr, die er als Mensch hatte.

So ist es des Menschen Aufgabe, aufwärtszustreben. Denn es werden heute viel größere Anforderungen an die Heimgekehrten gestellt als zu meiner Zeit. Denn wir hatten nichts. Wir lebten in Armut und größter Bescheidenheit und haben so schon einen Teil der Läuterung im menschlichen Leben durch unsere Armut abgetragen. Der Mensch in der heutigen Welt jedoch kann selten einen Teil seiner Läuterung während seines menschlichen Lebens abverdienen; denn er kennt den Weg der Läuterung kaum, den er durchschreiten müßte. Er will den schönen und bequemen Weg gehen.

Wenn solche heimkehren, werden größere Anforderungen an sie gestellt. Der Aufstieg wird ihnen nicht so leicht gemacht. Im geistigen Reiche müssen sie mehr wirken, bis sie eine Stufe aufsteigen dürfen; denn sie haben mehr zu leisten als jene, die Hungers sterben. Diese werden getröstet. Ihnen werden die

Tore des Himmelreiches aufgetan, und ihnen wird der Beistand zum Aufstieg gegeben. An jene jedoch, die im Überfluß gelebt haben, werden größere Anforderungen gestellt, und die Tore des Himmels werden nicht so [ohne weiteres] aufgetan; denn sie hatten ein besseres, schöneres Leben, und sie haben vieles in ihrer Welt erlebt, was ihre Bewunderung hätte hervorrufen müssen, so daß sie der Frage hätten nachgehen müssen, woher die Kraft und die Möglichkeit dazu komme. Weil es nicht oder selten getan wird, sind die Anforderungen eben größer.

Das war die Aufgabe, die ich an euch zu erfüllen hatte: diese Erklärungen euch zu geben. Und ihr sollt nicht enttäuscht sein, wenn unsere Welt [euch] nicht diese Bequemlichkeiten und Schönheiten bietet wie die eure. Bedenkt doch einmal: Ihr könnt hier in eurer Welt wunderbare Musik erleben! Ihr könnt die schönen Künste erleben! Ob ihr sie jedoch sogleich im Himmelreich erleben werdet, das ist eine andere Frage.

So habe ich genug gesagt. Ich kehre zurück in meine Welt und stehe wieder bereit, meinen Dienst, meine Fürsorge einem Heimkehrenden zukommen zu lassen. Ich werde ihm sagen, daß ich hier war und daß es mir möglich wurde, solche Worte an Menschen zu richten.

Nicht alle hier Anwesenden schenken meinen Worten Glauben. Wie groß wird da ihr Staunen sein, wenn es einst soweit sein wird!

Irdisches Ansehen und irdischer Besitz nutzen im Jenseits nichts – für manchen von dieser Welt Abgeschiedenen ist dies eine bittere, für andere eine erfreuliche Erfahrung. Umgebung, Aussehen und Ansehen im Jenseits richten sich exakt nach den geistigen Werten des jeweiligen Erdenlebens. Jeder erlebt den Himmel, den er sich zu Lebzeiten verdient.

Armut ist für viele Menschen eine schwere, aber sinnvolle Läuterung und Prüfung. In der Armut kann – durch Glauben und Gottvertrauen und in Erfüllung der Pflichten und Aufgaben – geistiger Reichtum erworben werden. An diejenigen aber, die im Überfluß leben, werden größere Anforderungen gestellt.

Auch das Zusammenleben mit anderen Wesen im Jenseits richtet sich nach den geistigen Werten des zurückgelegten Erdenlebens. Heimgekehrte mit gleichen Eigenschaften, Fehlern und Belastungen werden zusammengeführt. Sie erfahren auf diese Weise an sich selbst die Auswirkungen der eigenen Fehler und müssen einander ertragen, führen und unterstützen lernen, um ihre Fehler zu erkennen und allmählich zu überwinden. Jene, die den Willen haben, sich zu ändern, kommen am schnellsten vorwärts, in höhere Ebenen, zu schöneren Tätigkeiten. Diejenigen aber, die es in irdischer Bequemlichkeit verlernt haben, ihre Fehler zu überwinden und ihre Aufgaben zu erfüllen, haben es schwer.

Die Verstorbenen, die im Jenseits ankommen, sind noch nicht frei von ihren menschlichen Fehlern, Leidenschaften und von ihrem menschlichen Denken. Wer im irdischen

Leben sich nie mit höheren Gedanken beschäftigt, hat es im Jenseits besonders schwer, sich der für ihn neuen Welt mit ihren Gesetzen anzupassen, die göttliche Ordnung zu erkennen und aus freiem Willen nach ihr zu leben. Solche sind oft über lange Zeit nicht bereit, sich führen und belehren zu lassen.

In einem geistigen Kinderdorf

Mein Name ist *Karin*. Ich pflegte während meiner Lebenszeit auf Erden kranke Menschen, und es war mir stets eine große Freude, Kinder pflegen zu dürfen. Ich liebte sie über alles, und ich machte mir so viele Gedanken, wenn kleine Kindlein starben! Ich führte ein frommes, gerechtes Leben und dachte, daß diese Kindlein wohl als Engelein weiterleben würden. Ich hatte jedoch keine richtige Vorstellung von der anderen Welt; doch glaubte ich, in irgendeiner Form würde man weiterleben. Ich hatte das aber nicht so in der Art erwartet, wie es war – ich hatte mir eine ganz andere Welt vorgestellt!

Im Erdenleben von Engeln begleitet

Als ich in der geistigen Welt meine Augen öffnete, begrüßten mich zuerst meine Eltern. Nach meinen Eltern stellten sich dann meine Schutzgeister vor und machten ihre Bemerkungen zu meinem Erdenleben, als wollten sie mir sagen: »Sieh, wir geben dir den Beweis für unser Wirken! Wir rufen das Vergangene in deine Erinnerung zurück.« Sie erklärten mir, auf welche Art und Weise sie jeweils mir und den Kranken, die ich betreut hatte, beigestanden waren, und sie erzählten auch sonst noch dieses und jenes.

Nach diesen wenigen Worten wurde mir klar, daß Geister Gottes während meines Erdenlebens neben mir gewesen waren. Wie wüßten sie denn sonst von allem Geschehen?

Als ich in diese neue Welt eingetreten war, waren alle darüber erfreut, und meine Eltern sagten: »Du hast ja während deines menschlichen Lebens die Kinder so geliebt! Mit großer Fürsorge hast du sie betreut, gehegt und gepflegt, und du hast dir deine Gedanken darüber gemacht, wie sie in der andern Welt wohl ankämen und auf welche Art und Weise ihr Leben weitergehen würde. Wir haben deshalb darum gebeten, daß dir erlaubt werde, deine Arbeit bei Kindern zu erfüllen, und wir ahnten, daß unsere Bitte nicht abgeschlagen würde; denn wir sahen ja, daß die Engel, die dich begleiteten, mit dir zufrieden waren. Und so war es auch: Man hat unsere Bitte nicht abgeschlagen. So wirst du nun zu jenen Kindern gehen dürfen und wirst sie weiter pflegen und wirst bei ihnen eine gewisse Zeit leben dürfen. Jetzt wollen wir aber zuerst Wiedersehen feiern!« sagten meine Eltern zu mir. »Wir freuen uns, daß du jetzt hier bist. Wir dürfen sogar in deiner Nähe wohnen, wenn auch nicht im selben Dorf wie du. Wir mußten nämlich so lange warten, bis du hierherkamst, und jetzt dürfen auch wir wieder eine Stufe aufwärtsschreiten.«

An einem himmlischen Gastmahl

So begleiteten mich eine kleine Schar Engel und meine Eltern auf einem schönen Weg. Zu beiden Seiten des Weges waren bald die schönsten Blumen, bald sah ich reiche, weite Felder, bald erblickte ich herrliche Wälder. Da sagte man mir plötzlich: »Nun sind wir an Ort und Stelle, wo du wohnen wirst.«

Ich schaute umher und stellte fest, daß ich auf einem Berg war, und auf diesem Berg befand sich ein Dorf. Ich hatte eine herrliche Aussicht nach allen Seiten. Es schien mir auch, die andern Dörfer wären gar nicht so weit entfernt und man könnte sie bald erreichen, und doch ahnte ich, daß die Distanzen größer wären, als es mir vorkam.

Man klärte mich auf: »Die Dörfer und Täler, die du siehst, erscheinen deinem Auge so nahe. In Wirklichkeit sind sie für dich auch nicht so weit entfernt. Du wirst früher oder später Gelegenheit haben, alle diese Dörfer und Täler zu besuchen. Du wirst dann feststellen können, wie rasch wir an Ort und Stelle sind. Es gibt hier keine Entfernungen in dem Sinne, wie du glaubst; aber wir werden dich später darüber unterrichten. Zuerst wollen wir nun Wiedersehen mit dir feiern.«

Ich war eigentlich noch etwas benommen, denn ich hatte eine Zeit des Leidens hinter mir. Wenn auch diese Zeit nicht allzulang gewesen war, so hatte ich doch das Gefühl, es sei eine große Wandlung in mir vorgegangen. Ich kam mir vor wie neugeboren: Ich empfand keine Schmerzen irgendwelcher Art. Ich war schlank geworden und konnte so leicht atmen! Es war so ganz anders als noch im menschlichen Leibe! Das Atmen ging jetzt so leicht, und man bewegte sich auch so leicht vorwärts – man wurde gar nicht müde! Ich war ja nun mit meiner Begleitung einen Hang hinaufgegangen, und dabei hatte ich das Gefühl, als schwebte ich, und doch standen meine Füße auf dem geistigen Boden.

Das Dorf war herrlich! Am Eingang des Dorfes stand ein ganz besonders schönes Haus. Hier wollte man Wiedersehen feiern, und so trat man mit mir in dieses Haus ein. Hier war alles so farbenreich und schön! Ein runder Tisch war gedeckt. Ich sollte mich nun an diesen Tisch setzen, und sie alle setzten sich mit mir nieder. Ein jedes hatte ein Gedeck für sich.

Meine ersten Gedanken waren: »Ist dies möglich? Muß man im Himmel ebenfalls essen und trinken? Muß man ebenfalls um das tägliche Brot besorgt sein wie auf Erden?« Ich kannte mich doch noch gar nicht aus!

Man sah wohl meine Gedanken, denn einer meiner Begleiter zu meiner Rechten sagte: »Hier mußt du dich nicht um das tägliche Brot sorgen. Im Himmelreich ist es immer vorhanden. Es wird einem immer gegeben, wenn man es braucht und es für einen gut ist und wenn man gesellig zusammensein und sich freuen will; da ist genügend Brot vorhanden. Ja, auch wir genießen eine Speise; aber wir arbeiten nicht um des Brotes willen.«

Als ich diese Worte vernahm und so um mich blickte, um alles zu betrachten und wer alles sich an diesem Tisch befinde, da nahm einer dieser Engel das Wort und fing an, jeden einzelnen vorzustellen, meine Eltern ausgenommen, die ich ja kannte. »Dies ist eine geistige Schwester von dir«, hieß es, »und dies ist eine geistige Freundin.«

Ja, ich nahm es an: eine geistige Schwester, eine geistige Freundin; aber ich machte mir keine weiteren Gedanken darüber.

Dann hieß es wieder: »Und dieser Engel hat dich jeweils in den schweren Tagen betreut, die du mit deinen Kranken hattest; denn er hat eine wunderbare Kraft in sich, die sich in ihm immer weiter entfaltet und mehrt. Er gibt von dieser Kraft den Kranken und dem, der sie pflegt.«

So stellte man mir jedes einzelne an diesem Tisch vor: meine Geschwister, meine Freundinnen und Freunde, meine geistigen Lehrer und Schutzengel.

Dann kam ein Engelwesen mit einer Schale, die voll kleiner Brote war. Es waren runde, flache Brote – nicht in der Art, wie ihr sie kennt, sondern dünne Scheiben. Zuerst wurde mir das Brot angeboten; denn ich sei, so sagte man mir, heute der Gast – der große Gast. Und so wurde ich zuerst bedient. Ich nahm eines dieser dünnen Blättchen Brot auf meinen Teller, und dann wurde die Schale rund um den Tisch gereicht, und ein jedes nahm ein kleines Stücklein Brot und legte es auf seinen Teller. Hierauf wurde der Teller in die Mitte des Tisches gestellt, und dann kamen zwei Engelwesen und brachten kostbare Gefäße, die mit einem köstlichen Trunk gefüllt waren. Es war himmlischer Wein! Und wiederum wurde zuerst mir eingeschenkt. Die beiden, die uns bedienten, leerten ein klein bißchen in mein Gefäß, und dann füllten sie gemeinsam die Becher der andern.

Ich wartete, bis man mich aufforderte, das Brot zu essen und vom Wein zu trinken. Darauf erhob jener Engel, von dem ich annahm, daß er bestimmt der wichtigste Bote Gottes sei, der zu diesem Mahl geladen war – denn er war ganz besonders schön gekleidet –, seinen Becher und richtete seinen Blick aufwärts. In der einen Hand hielt er diesen Becher, und die andere streckte er aus, als wolle er einen unsichtbaren Segen oder eine unsichtbare Kraft aufnehmen, als wolle er etwas holen. Wir machten es ihm gleich – ich wohl auf etwas ungeschickte Art und Weise. Ich hatte nicht den Eindruck, daß ich den Becher so schön hinhalten konnte, wie die anderen es taten. Ich mußte also nach rechts und nach links blicken, um zu sehen, wie es zu geschehen habe. Es war dies das Tischgebet. So sprach es dieser Engel vor und bat um den Segen Gottes. Er lobte und pries Gott in seiner Herrlichkeit, und er pries seinen heiligen Willen, der im Himmel und auf Erden – überall! – geschieht. Er lobte und pries Jesus Christus, den Erlöser. So nahm man den Kelch und trank zu *seinen* Ehren. Man nahm von diesem Brot; man brach es und aß davon.

Eigentlich war ich ganz neugierig, wie diese Dinge wohl schmeckten. Noch war ich ja nicht so mit diesem himmlischen Leben vertraut, wie die andern es waren; denn noch schweiften meine Gedanken zurück in mein vergangenes Erdenleben, und noch war mir der Geschmack und Geruch von dem irdischen Wein und dem irdischen Brot gegenwärtig. Ich mußte jedoch feststellen: Das war nicht das Brot, wie man es auf Erden aß. Es war fein und etwas herb. Ich fand es köstlich. Der Wein hatte auch einen gewissen herben Geschmack, und er war so bekömmlich! Alle, die davon nahmen und aßen, waren erfreut und beglückt und brachten ihre Freude darüber zum Ausdruck, daß dies alles nun geschehe, weil ich zurückgekommen sei.

Dann getraute ich mich doch, die Frage zu stellen: »Ja warum macht man denn meinetwegen soviel Aufsehen? Ich bin es doch wohl nicht wert, daß man soviel Aufhebens macht!«

»Du hast so viel an Liebe und Aufopferung gegeben«, entgegneten sie mir, »und das kleine Mahl« – so nannten sie es –, »das du hier empfängst, ist nur ein Zeichen unserer Dankbarkeit angesichts deiner

Aufgabe, die du erfüllt hast. So viel hast du gegeben, und jetzt hast du vom Wein aus den himmlischen Gärten kosten dürfen und hast vom himmlischen Brot gegessen – vom gleichen Brot, das auch im Hause Gottes gekostet wird!«

Dieses Mahl dauerte nicht allzulange. Es schien mir, als hätten die einzelnen Wesen so viel Arbeit oder so viel Wichtiges zu tun; denn sie führten bald eifrige Gespräche, und es kamen Boten in dieses Haus und in diesen Raum, in dem wir zusammen waren, und überbrachten dem einen oder andern eine Nachricht. Diese verabschiedeten sich denn auch gleich von uns. So war es bald einmal die Hälfte, die sich zurückgezogen hatte, und auch die andern sagten, sie müßten wieder zu ihren Aufgaben zurückkehren und ihre Pflichten erfüllen.

Rundgang im Kinderparadies:
bei den Kleinsten

So stand ich nun allein mit meinen Eltern und meinen Schutzgeistern, die zu meiner Rechten und Linken waren.

»Komm, wir verlassen jetzt das Haus«, sagten sie dann, »und begeben uns ins Dorf – dahin, wo du deine Aufgaben finden wirst.«

Dann aber, noch auf dem Wege dorthin, erklärten meine Eltern, daß sie nicht in demselben Dorfe wohnten, aber doch in derselben Ebene; ihr Dorf würde man jetzt nicht sehen – es sei hinter dem Berge. Sie luden mich noch ein, sie zu besuchen, und dann verabschiedeten sie sich; denn auch sie mußten zu ihren Aufgaben zurückkehren.

Die Engel Gottes – meine Schutzgeister – schritten mit mir zu diesem Dorfe hin. Da waren kleinere, mittlere und ganz große Gebäude. Ich sah auch wunderschöne, herrliche Gärten und prachtvolle Wälder, die sich ganz in der Nähe des Dorfes befanden, ja die Häuser des Dorfes grenzten an den Wald.

Nun gingen meine Begleiter mit mir in ein Haus hinein und sagten: »Jetzt treten wir mit dir in das Haus hinein, wo die ganz kleinen Kinder aufgezogen werden. Hier leben Kindlein, die nach einem ganz kurzen Erdenleben in die Jenseitswelt kommen – solche Kindlein, die vielleicht nur zwei, drei Tage oder zwei, drei Monate gelebt haben.«

Ich war voller Fragen. So vieles stürzte auf mich ein, daß ich eigentlich gar nicht wußte, welche Frage ich zuerst stellen sollte.

»Sei nur geduldig«, sprach man zu mir; »du wirst auf alle deine Fragen Antwort bekommen.« Und so führte man mich nun in dieses Haus hinein, das viele Stockwerke hatte. Man erklärte mir auch, daß alle diese Kindlein die gleiche Entwicklungsstufe einnähmen und daß es nicht von Bedeutung sei, ob sich ein Kindlein im ersten oder im fünften Stock befinde; aber die verschiedenen Stockwerke seien in unterschiedlichen Farben ausgestaltet. Auf der einen Etage waren die Kindlein in farbige Bettchen gebettet. Überhaupt war es eine herrliche Farbenpracht und ein herrliches Licht. Es war kein grelles Licht, wie ich es von meinem Erdenleben her kannte, sondern es war ein etwas gedämpftes Licht; aber es war etwas Herrliches und ein beruhigendes Gefühl, in diesem Lichte seine Arbeit zu erfüllen. Es war nicht so wie das künstliche Licht, das man auf Erden hat. Ich erlebte in dieser Welt auch nicht die Nacht mit ihrer Dunkelheit; vielmehr war es ein Einstrahlen von Licht in dieses Haus mit seinen Farben – wunderbar! Man hatte dabei das Gefühl, als wäre ein zusätzliches Licht vorhanden. Man erlebte es in seinen verschiedenen Farben; doch alle waren gedämpft, aufeinander abgestimmt und machten einen beruhigenden Eindruck auf mich.

Als ich dann auch Einblick in die anderen Stockwerke erhielt, stellte ich fest, daß diese Kindlein ebenfalls in zarte Farben gebettet waren. Und es interessierte mich doch, was das für Stoffe waren! Ich hatte ja überhaupt keine Kenntnis von dieser geistigen Materie – wie sie beschaffen sei.

Man gab mir gleich die Erklärung: »Siehst du, auch wir haben Decken; auch wir haben Seide. Wir haben die kostbarsten Stoffe; aber hier sind sie in ihrer geistigen Reinheit und Feinheit vorhanden, während sie bei den Menschen in verdichteter Materie bestehen und so viel an Feinheit und Schönheit verlieren. Die wahre Schönheit ist *unser* Gut und findet sich nur in der geistigen Welt.«

So betrachtete ich diese Stoffe. Ich betastete auch mich selbst. Ich hatte ja nicht mehr dieselben Hände wie zu Lebzeiten, obwohl es noch meine Hände waren; aber sie waren nicht mehr so knochig, nicht mehr so fleischig, sondern fein und zartgliedrig. Ähnlich war es auch mit diesen geistigen Stoffen: Sie waren so zart und fein! Und ich dachte: »Könnten doch die Menschen sehen, welche Kostbarkeiten sich hier in der Geisteswelt befinden! Ach, wüßten doch die Menschen etwas davon, so würden sie doch etwas mehr glauben! Sie würden glauben, daß das Leben nach dem irdischen Tode weitergeht! Würden sie das glauben, so würden sie ihr Leben ganz anders gestalten! Sie würden mehr nach *geistigem* Gewinn trachten als nach irdischem Reichtum.« Das waren jeweils die Gedanken, die mir kamen, wenn ich etwas Neues sah und erlebte.

Ich fand das Haus mit den kleinen Geistkindern wunderbar. Es interessierte mich natürlich, ob ich meine Tätigkeit in diesem Hause ausüben durfte; denn ich fand die Kleinen so lieb und süß! Am liebsten hätte ich jedes einzelne in meine Arme genommen, es umschlungen und geherzt. Ich hätte mich so gefreut! Doch getraute ich mich nicht. Ich war ja da, um Einblick zu nehmen und zu warten, welche Aufgabe man mir übertragen würde.

Ich sah nicht etwa nur die Kindlein, sondern auch die vielen Helfer. Sozusagen bei jedem zweiten Bettchen stand ein Engelwesen; denn diese Kindlein mußten doch betreut werden. »Sie werden betreut, und sie werden heranwachsen«, erklärte man mir. Dann stellte ich auch fest, daß man ihnen in einem kleinen Gefäß Nahrung brachte. Man legte es ihnen an den Mund, so daß die Kleinen davon trinken konnten. Dieses Gefäß war so fein, daß ich die Flüssigkeit darin sehen konnte. Das Gefäß schien aus dem Glas zu bestehen, welches man auch in der irdischen Welt hat; aber hier war es nicht das verdichtete Glas – es war jedoch ein ähnlicher Stoff.

»Was bekommen denn diese Kindlein zu trinken und zu essen?« fragte ich interessiert. »Ist dies überhaupt notwendig? Können sie denn nicht einfach mit dem Atmen ihre Nahrung aufnehmen?«

»Ja, einen Teil ihrer Nahrung nehmen sie auch auf diese Weise ein«, sagten sie mir; »aber das genügt nicht für ihr Wachstum. Sie müssen noch auf andere Art und Weise gestärkt werden, und so bekommen sie noch eine zusätzliche Nahrung.«

»Darf ich wissen, was das für eine Nahrung ist?« fragte ich weiter.

Die Engel zeigten mir die Flüssigkeit und gaben mir davon zu trinken. Ich stellte fest, daß sie überaus süß war, und stellte mir vor, daß sie diesen Kleinen sicherlich wohlschmeckte. Und dann wollte ich weiter wissen: »Ja ist es Milch oder so etwas Ähnliches, was auch Kinder auf Erden erhalten – Milch von Tieren?«

»Nein«, sagten sie, »es ist nicht Milch von Tieren. Wir verwenden keine Milch von Tieren hier, sondern wir haben eine wunderbare, herrliche Frucht. Wir werden dir den Garten später zeigen, wo diese herrliche Frucht gedeiht.«

Auf Anweisung einer meiner Begleiter brachte man mir eine solche Frucht. Sie hatte die Größe eines normalen Apfels, und man konnte die Flüssigkeit im Innern dieser Frucht sehen: Es war ein milchartiger Stoff. Der Engel zeigte mir, wie man nur an einer bestimmten Stelle zu ritzen habe – und schon floß diese Milch heraus. Man hielt einen Becher hin, und so floß diese kostbare Flüssigkeit in den Becher.

»Die Frucht ist aus dem Garten Gottes«, sprach der Engel. »Alle Nahrung, die wir zu uns nehmen, kommt aus den himmlischen Gärten.«

Ich war erstaunt darüber, doch ich hatte mich auf Überraschungen eingestellt; denn ich war ja jetzt im Himmel, das war mir klar, und der Himmel war voller Überraschungen und voller Dinge, die ich [noch] nicht verstehen konnte. Ich wollte im einzelnen auch gar nicht danach fragen. Ich wollte warten, bis ich soweit war, daß ich diese Dinge verstehen konnte.

Schon die Kleinen
müssen lernen, miteinander
auszukommen

So verließ ich denn mit meinem Begleiter das Haus und trat in das daneben stehende ein. Dort befanden sich Kindlein vom zweiten bis zum vierten, fünften Lebensjahr – wie ich sie nach irdischer Zeitrechnung schätzte. Diese Kindlein waren am Spielen. Sie hatten auch ihre Bettchen, aber diese waren nicht so mollig, so niedlich wie die der Kleinen; es war eher eine Art Pritsche mit einer farbenfrohen Decke darüber. Ich dachte mir, es müßte auch hier sehr angenehm für die Kleinen sein.

Die Kinder konnten sich in diesem Raume unterhalten. Man erklärte mir aber, daß sie sich zum größten Teil außerhalb des Hauses aufhielten; man könne mit diesen Kindlein nicht nur im Hause verweilen. »Die Kindlein brauchen Unterhaltung«, sagte man mir, »und sie müssen auch eine liebevolle Pflege und eine liebevolle Erziehung bekommen. Es sind dies Kindlein, die zuerst in dem andern Hause verweilten, bevor sie in dieses Haus herüberkommen durften. Auch sie werden von himmlischen Boten betreut.«

Hierauf führte man mich aus dem Haus hinaus und erklärte mir: »Das Leben dieser Kindlein spielt sich größtenteils im Freien ab und nicht im Hause. Doch werden sie von Zeit zu Zeit wieder zurück in ihr Haus geführt, um zu ruhen; denn auch sie bedürfen der Ruhe und haben nach einem bestimmten Rhythmus zu schlafen.«

Nun zu dem, was ich da im Freien, im Garten, erlebte. Man führte mich in einen herrlichen, schönen Garten hinauf, und mein erster Gedanke war: »Was ich hier sehe, kann man auch auf Erden dann und wann erblicken, und zwar bei jenen Müttern, die Zeit für ihre Kinder haben – die sich ihren

Kindern widmen und die sie mit großer Liebe betreuen.«

In diesem Garten befanden sich einmal kleine Teiche, an denen die Kleinen spielten; dann gab es auch Brücken und Tunnel. Es war ein ähnliches Bild wie bei spielenden Kindern auf Erden, die im Sand ihre Brücken, Häuser und dergleichen mehr bauen. Hier in der geistigen Welt war der Spielplatz jedoch nicht mit Sand angefüllt, sondern die Bauten waren aus den entsprechenden geistigen Stoffen – so auch diese kleine Brücke, über welche die kleinen Geistkinder hinüberklettern konnten. Die einen gingen unten hindurch, andere spielten an Bächlein und wieder andere an den Teichen. So hatten sie alle ihre Beschäftigung.

Nun machte man mich auf etwas Besonderes aufmerksam: »Da und dort siehst du Kindlein, die untereinander uneins sind; denn auch im geistigen Reiche ist es so, daß schon beim Kleinkind etwas von seinem inneren Wesen herausdringt. Die einen« – so erklärte man mir – »sind immer bereit, zurückzustehen, um die andern nach vorne zu lassen. Andere versuchen bereits als Kind, zu herrschen und zu regieren, und andere sind folgsam und machen immer genau das, was jene sagen ... Die Kindlein werden von Engeln Gottes betreut und von ihnen dazu angehalten, Frieden untereinander zu haben. Sie müssen also schon lernen, die Dinge, die zu ihrer Unterhaltung da sind – sagen wir die Spielsachen –, miteinander zu teilen, und spielt eines an einem gewissen Platz, so darf es dort bleiben, ohne vom andern verdrängt zu werden; denn es kommt vor, daß ein Kind fortgedrängt wird, weil es einem andern gerade paßt, an jenem Ort zu sein. So muß schon das Kleinkind lernen zu verzichten. Es muß lernen, ganz liebevoll dem andern gegenüber zu sein. Dasjenige, das schon eine gewisse Zeit an demselben Platz gespielt hat, wird jedoch mit liebenswürdigen Worten aufgefordert, dem andern den Platz zu überlassen und sich eine andere Unterhaltung zu suchen.«

So wird diesen Kleinen schon die Liebe beigebracht. Freilich, man kann bei ihnen noch nicht zuviel Verständnis für den andern erwarten; doch müssen sie lernen, miteinander auszukommen, und das ist nicht immer so einfach; denn diese kleinen Wesen bringen eben das zum Ausdruck, was in ihrem Innersten ist. Das Wunderbare sei jedoch, erklärte man mir, daß diese Unebenheiten, die in ihnen sind, ausgeglichen werden können.

So ist das Spielen, wie man mich belehrte, auch mit Erziehung verbunden, und die Engel, die sich in großer Zahl unter den Kindern befinden, sind bemüht, ihnen Gehorsam beizubringen. *Dieser Gehorsam und die Achtung vor dem andern seien das Wichtigste,* sagte man mir.

Der Schlaf bei Kindern
beruhigt sie und fördert ihr
geistiges Wachstum

Im nächstfolgenden Haus, in das ich eintrat, waren wiederum ältere Kinder, also solche vom sechsten Altersjahr aufwärts. Auch diesen Kindern stand eine gewisse Zeit zum Spielen zur Verfügung. Auch sie hatten einen Garten, und man erklärte mir, daß sich ein großer Teil ihres Wirkens ebenfalls im Garten abspiele, daß sie in diesen Gärten auch unterrichtet würden und daß sie sich nach einem bestimmten Rhythmus wieder ins Haus zurückbegäben, wo ein jedes seinen Platz zum Schlafen einnehme; denn auch sie bedürften noch der Ruhe.

Auf meine Frage hin »Ist dies denn notwendig? Muß man tatsächlich im Himmelreich schlafen?« erklärte man mir: »In der Zeit, da sie ruhen, wachsen sie geistig, denn sie haben ja nicht immer dieselbe Körpergröße. Es wächst ihr geistiger Leib, und sie wachsen auch in ihrer Seele, in ihrem Denken und in ihrem Wollen, und deshalb bedürfen sie dieser Ruhe.«

Ich konnte diese Beobachtung selbst machen: Nach der Ruhe waren die Kinder viel aufnahmefähiger. Sie waren in ihrem Wesen viel ruhiger. Sie waren, wie ihr sagt, ausgeruht. Sie waren auch gehorsamer geworden, und sie konnten nun den Anweisungen, die ihnen gegeben wurden, besser nachkommen; denn das Spielen hatte sie auch in einem gewissen

Sinne ermüdet. So bedürfen sie des Schlafes. Das sei vom Himmel so eingerichtet, erklärte man mir.

Man führte mich auch noch in andere Häuser hinein und sagte: »Hier leben Kinder bis zum zwölften Lebensjahr – nach irdischer Zeitrechnung. Die älteren Kinder jedoch wohnen nicht hier in diesem Dorf, sondern in einem andern, ganz in der Nähe. Diese Kinder haben jetzt bereits Aufgaben zu erfüllen.«

Diese Kinder hier mußten in einem bestimmten Rhythmus lernen. Ich möchte nicht von Zeit reden, weil in der geistigen Welt der Zeitbegriff nicht jene Bedeutung hat wie bei euch Menschen. Diese Kinder wurden also schon in den Gesetzen Gottes unterrichtet, und sie lernten eine Sprache – eine einheitliche Sprache. Alle, die im selben Hause waren, lernten dieselbe Sprache und vielerlei andere Dinge dazu, die in Verbindung mit den Gesetzen Gottes stehen.

An dieser Stelle möchte ich noch nachholen, daß auch alle andern Kinder von klein auf eine Sprache lernen. Alle im selben Haus sprechen jeweils dieselbe Sprache, und so verständigt man sich untereinander. Die Engel Gottes jedoch, die da ein und aus gehen, reden verschiedene Sprachen. Sie können sich mit diesen *und* jenen unterhalten.

So nimmt jedes Haus Kinder eines bestimmten Alters und einer bestimmten Entwicklung auf. Die Erziehung wird in der Sprache weitergeführt, die dem Kleinkind beigebracht wurde; die Kinder werden dann aber immer besser in dieser Sprache ausgebildet. Es ist genauso wie bei euch Menschen: Wenn das Kind heranwächst, hat es immer mehr zu lernen. Auch in der geistigen Welt wächst das Kleinkind zu einem selbständigen Wesen heran, das fähig werden muß, in seiner Stufe Recht von Unrecht zu unterscheiden und seine ihm gestellte Aufgabe zu erfüllen.

Das ist die Art und Weise, wie die Erziehung im Geistigen vor sich geht.

Diese Ebene, von der ich spreche – so klärte man mich auf –, hat viele, viele Dörfer; denn viele Stämme, viele Völker sind es, die auf Erden leben. Und die Kinder aus diesen Völkern kommen an ihren ganz bestimmten Platz, wo sie unter ihresgleichen aufwachsen dürfen. Erst später, nach einer gewissen Zeit, finden sie sich mit andern zusammen und fangen an, einander verstehen zu lernen. Dann werden solche zusammengeführt, die eine andere Sprache sprechen und die ein anderes, ein ganz anderes Aussehen haben.

Schwierige Kindlein
erhalten eine besonders
sorgfältige Erziehung

Nun habe ich euch noch zu erklären, daß die Kindlein – sagen wir solche ab dem zweiten Lebensjahr –, die den Erziehern Schwierigkeiten bereiten, die immer wieder das Gegenteil von dem tun, was ihnen erklärt wird, die ungehorsam und unfolgsam sind, aus der Kinderschar herausgenommen werden, wenn man erkennt, daß trotz Hingabe und Aufopferung nichts zu erreichen ist. Sie werden dann in ein anderes Dorf gebracht, wo sich bereits solche Kinder befinden, die widerspenstig sind, und wo [im Verhältnis] mehr Engel diese schwierigen Kinder betreuen. Jene Engel haben mehr Aufopferung zum Ausdruck zu bringen, die größere Hingabe an diese Wesen zu leisten.

Es sind dies Wesen, wie man mir erklärte, die aus der unseligen Welt aufgestiegen und in das menschliche Dasein getreten sind. Und dann, wenn sie die Erdenwelt als Kindlein verlassen, sind sie in der Jenseitswelt noch genauso voller Widersprüche und verstehen es noch nicht, sich in die göttliche Ordnung einzufügen wie die andern.

Es ist also so, daß das, was an Unebenheiten und Unvollkommenheit in der Seele eines solchen Wesens ist, schon im Kleinkindalter in einem gewissen Maße zum Ausdruck kommt. Diese Kinder bedürfen deshalb einer noch viel sorgfältigeren und aufmerksameren Erziehung, und auch sie werden mit großer Liebe betreut. Doch wenn sie dann diese Schulung hinter sich haben, werden sie bald wieder für ein neues Erdenleben vorbereitet, und sie müssen zu beweisen versuchen, daß sie auf Grund ihres kurzen Erdenlebens [und der darauf folgenden sorgfältigen Erziehung in der Geisteswelt] viel für die

Zukunft gewonnen haben. Denn etwas von ihrer Widerspenstigkeit sollte doch durch die große Aufopferung und Hingabe, durch die sorgfältige Betreuung durch die Engel Gottes überwunden worden sein.

So hat ein solches kurzes Erdenleben seine große Bedeutung und seinen großen Wert für die geistige Weiterentwicklung dieser Geistwesen.

Die Seele des Kindes ist
einem Bäumchen zu vergleichen,
das man zu veredeln sucht

Man sagt mir, daß ich euch noch darüber aufklären soll, warum ein solches Wesen, das nach kurzen Erdentagen stirbt, als *Kind* in die geistige Welt eintritt. Die Frage, warum es so ist, habe auch ich gestellt; denn ich stellte mir doch vor, bei Gott wäre alles möglich: der Geist müßte nicht so kindlich sein, vielmehr könnte er bereits eine gewisse Entwicklung einnehmen und diesen Stand auch behalten.

Man sagte mir darauf: »Wenn ein Wesen wieder für ein Erdenleben bestimmt wird, braucht es dazu seine Vorbereitung. Ein jedes macht eine gewisse Wandlung [Umwandlung] durch, und in dieser Wandlung wird der geistige Leib, der ja im geistigen Reiche von – sagen wir – normaler Größe war – wie sie beispielsweise der Geist in euch oder euer Schutzgeist einnehmen mag –, dieser geistige Leib also wird in gewissem Sinne eingeengt, seine körperliche Größe gemindert [dem Kindesleib des Neugeborenen angepaßt]. Auch sein Denken wird sozusagen in einen Schlaf versetzt. Wenn dann dieser geistige Leib mit dem irdischen Leib [bei der Geburt] vereint wird, werden die beiden gemeinsam wachsen. Der geistige Leib wird also mit dem irdischen heranwachsen. Das Denken, das eingeengt worden ist, muß sich langsam wieder entfalten; von dieser Unselbständigkeit, in die das Wesen versetzt worden ist, muß es sich ganz langsam wieder befreien. So wird das Wesen mit der Zeit wieder zu seiner früheren Größe, die es im Jenseits hatte, heranwachsen. Sein Denken muß sich in ihm entfalten; mit dem Heranwachsen wird es sich erweitern ... Die Eindrücke, die ein junger Mensch täglich aufnimmt, beeinflussen auch sein Denken und Wollen, und es erfolgt so eine Prägung seines Geistes und seiner Seele. Bei einem jeden Wesen kommt dann seine wirkliche geistige Entwicklung zum Ausdruck, die es im Laufe der vielen, vielen Jahre gemacht hat. Ich möchte sagen: Die Seele veredelt sich immer etwas mehr. Der Leib, der die Seele umgibt, gibt der Seele die Kraft und die Möglichkeit, sich langsam zu veredeln. Man könnte die Seele mit einem Baum vergleichen, der in gute Erde gepflanzt wird und den man langsam zu veredeln sucht. Diese Veredelung kann jedoch nicht von heute auf morgen stattfinden, sondern es kommt erst nach einer gewissen Zeit zum Höhepunkt. Ähnlich verhält es sich auch mit der Seele. Der Geistleib mit der Seele muß nun mit dem irdischen Körper wachsen, mit ihm sich ausdehnen. Und stirbt dann beispielsweise ein Mensch im Kindesalter, so entspricht eben der Geistleib in seiner Größe und Art dem irdischen Leib des Kindes. So wird nun das Geistkind in der Geisteswelt heranwachsen, und die Gotteswelt wird es pflegen und während seines Heranwachsens unterstützen.«

Jeder Mensch soll die
Möglichkeit haben, sein Leben
neu zu beginnen

So geschieht alles auf gerechte Art und Weise, nach dem Willen Gottes. Doch die Menschen haben von diesen Dingen keine richtige Vorstellung. Ihr müßt bedenken, daß verschiedene Leben hinter einem jeden liegen. Würden nun einem Wesen seine Erinnerungen, die es in sich trägt, zu gewissen Zeiten offenbar werden und könnten diese Erinnerungen nicht für sein Denken verschlossen werden, so würde dies dem Menschen zum Schaden gereichen. Gott möchte einem jeden Gelegenheit geben, von neuem zu beginnen, von neuem anzufangen.

Bei dieser Umwandlung für ein neues Erdenleben werden die Erinnerungen zwar nicht vollständig ausgelöscht, jedoch werden sie so eingeschlossen, daß es nur in seltenen Fällen einem Menschen in seinem späteren, reiferen Leben möglich ist, eine Rückschau in seine früheren Leben zu halten. Denn dadurch, daß dem Menschen Gelegenheit gegeben wird, auf neuem Boden sein Leben frisch zu beginnen, unbelastet von seinem [früheren] Denken, hat er die größere Möglichkeit, schnell aufzusteigen und Gott treu ergeben zu sein. Ein solcher Mensch wird weniger Fragen und Vorwürfe an Gott oder an seine Mitmenschen haben.

So steht der einzelne in seinem Erdenleben da und sieht nur sein persönliches, jetziges Leben, das er hinter sich gebracht hat und das noch vor ihm liegt und das er ordnen kann und so weiter. Er kann also sein persönliches Leben leben, kann sich unbelastet von all dem Geschehen, das hinter ihm liegt, seinem Leben widmen – ungeachtet, ob es ihm zum Schaden oder zum Vorteil sein könnte.

So gibt Gott einem jeden Wesen Gelegenheit zum Neubeginn. Wenn dann einst jene Zeit gekommen sein wird, da der Mensch seine geistige Reife erreicht hat, dann wird seine Seele auch geöffnet, und es gibt dann keine Einengung im Denken mehr, sondern eine Entfaltung und Erweiterung; dann wird das Verständnis vorhanden sein für all diese Dinge, die [heute] noch so vielen Menschen unfaßbar sind. Dazu bedarf es jedoch einer wirklichen, geistigen Reife. Nach einer gewissen Zeit wird es beim einen oder andern soweit sein, daß es ihm klar wird oder daß ihm gesagt werden kann, womit er sich früher belastete. Man wird ihm vielleicht Erklärungen zu seinen früheren Existenzen geben – aber vielleicht auch nicht. Für den einen ist es von Vorteil und Nutzen, es zu wissen, während es für andere wiederum ein Hindernis wäre. So entscheidet die Geisterwelt Gottes darüber, und jedem wird die Möglichkeit gegeben, das zu erleben und zu erfahren, was er fähig ist zu verstehen.

So kommt ein Wesen unbeschwert in diese Erdenwelt, und in dieser für es so neuen Welt kann es von neuem beginnen. Und ein Licht leuchtet einem jeden: Es ist das Licht des Erlösers, das jedem den Weg zeigt. Es ist sein Kreuz, an dem man sich halten und aufrichten kann.

So habe ich versucht, wenn auch dann und wann etwas zögernd in meinem Erklären, doch nach besten Möglichkeiten, euch von meinen Erlebnissen in der Geisteswelt zu erzählen und euch Einblick in die göttliche Welt zu geben, und ich hoffe, daß ich meine Aufgabe zur Zufriedenheit meiner höheren Geschwister ausgeführt habe.

Unbelastet durch das Wissen, was früher war, bekommt der Mensch mit dem Erdenleben die Möglichkeit, sein Leben zu leben. Er kann in seinem Leben unverfälscht seine innere Haltung zum Ausdruck bringen, sich unvoreingenommen bewähren und seinen geistigen Stand verbessern.

Für jedes Erdenleben wird der Geistleib des betreffenden Wesens verkleinert, um ihn in Größe und Gestalt dem irdischen Geburtsleib anzupassen. Dadurch werden Erinnerungen an frühere Erdenleben und an die geistige Welt in der Regel gelöscht.

Der Geistleib wächst mit dem irdischen heran. Wird ein Mensch schon als Kind – noch nicht ausgewachsen – in die geistige Welt gerufen, dann wächst der Geistleib in der jenseitigen Welt entsprechend langsam weiter. Hierbei ist es gleichgültig, in welchem Stadium des Wachstums der Übertritt erfolgt. Irdisches und geistiges Wachstum unterliegen ähnlicher Gesetzlichkeit.

Mit viel Zuwendung, Geduld und Liebe werden die Kinder im Jenseits gepflegt, betreut und erzogen. Man versucht, sie durch Liebe in ihrem Innersten zu beeindrucken und zu verändern. Gehorsam und Achtung vor dem andern werden als besonders wichtig eingestuft. Schon diese Kleinen müssen lernen, miteinander auszukommen.

Aber auch das Geistkind bringt mit seinen Handlungen und Äußerungen seinen inneren Entwicklungsstand zum Ausdruck, und dieser kann sehr verschieden sein. Solche Kinder, bei denen diese Liebe nicht fruchtet, werden deshalb von den anderen getrennt und in besonderer Weise betreut, aber ebenfalls mit Liebe.

Das Ruhen spielt in der Erziehung ebenso eine Rolle wie das Spielen und Lernen. Besonders in der Ruhe wachsen die Kinder, werden ausgeglichener und aufnahmefähiger. Sie werden in vielen Dingen unterrichtet, so über die göttlichen Gesetze, über Recht und Unrecht, und sie lernen beispielsweise auch eine gemeinsame Sprache. Durch Speise und Trank werden sie in besonderer Weise gestärkt.

Auch im Geistigen gibt es Speise und Trank – zur Freude und zum Genuß derer, die dafür würdig sind, aber auch zur Stärkung derer, die bedürftig sind.

Karin wird im Himmel für ihr Erdenleben belohnt durch

- *die Art der Begrüßung,*
- *die Befreiung von ihren irdischen Leiden (Wohlbefinden, Leichtigkeit des Atmens und Fortbewegens),*
- *ein Wiedersehensfest mit ihren Eltern, geistigen Geschwistern, Freunden, Lehrern und Schutzengeln,*
- *die Schönheit der Umgebung, in der sie leben darf,*
- *eine sie beseligende Tätigkeit.*

Für den Würdigen hält der Himmel vielfältige und beglückende Freuden bereit.

Die Blumenkönigin

Ich heiße *Adelheid*. Ich habe die Aufgabe, euch von meinem letzten und vorletzten Erdenleben zu erzählen und euch auch den Heimgang nach meinem letzten Erdenleben zu schildern.

Ein schweres Erdenleben
Vernachlässigte Pflichten

Zuerst zu meinem vorletzten Erdenleben: Ich war in Armut geboren, ich lebte in Armut und starb in Armut. Ich war Mutter vieler Kinder. Mit ihnen lebte ich in großer Armut. Ich schickte sie zum Betteln und Stehlen. Dazumal machten andere es auch nicht besser als ich. Es blieb einem nichts anderes übrig; das war meine Auffassung. Man kannte damals den höheren Sinn des Lebens nicht, wie ihr ihn heute kennt, und schon gar nicht an jenem Ort, wo ich lebte. Die Gotteswelt war mit mir nicht zufrieden, denn ich erfüllte meine Pflichten nicht. Trotz Armut hatte Gott mehr von mir verlangt.

Mein Mann war früh gestorben, und so mußte ich mich mit meiner Kinderschar allein durchs Leben schlagen, und so tat ich es auf diese Weise. Es blieb mir, wie ich glaubte, nichts anderes übrig. Später sah ich die Fehler, die ich gemacht hatte, wohl ein – aber dazumal, in jenem Leben, eben nicht.

Später, von höherer Warte aus betrachtet, erschien mir dieses zurückgelegte Leben als etwas Unvollkommenes, Unrechtes. Ich konnte es nicht verstehen, daß ich auf diese Weise gelebt hatte. Man klärte mich hernach in der Geisteswelt darüber auf und führte mir auch andere Verhältnisse vor Augen, wobei es ähnlich zugegangen war.

Weiteres aber soll ich darüber nicht berichten, als daß ich eben diesen Fehler begangen und die Kinder zum Stehlen angehalten hatte. Dazumal war es üblich zu betteln – aber das andere hätte man als Christ nicht tun dürfen.

So kam ich in die Geisteswelt. Engel führten mich und gaben mir zu verstehen, daß man von mir noch nicht viel erwartet habe; hier sei es mir jedoch möglich, durch Arbeit wiedergutzumachen, und ich sollte doch nach dem geistigen Aufstieg trachten. Dann wies man mir eine Arbeit zu. Für meine Fehler, für das, was ich im Erdenleben falsch gemacht hatte, wurde ich nicht besonders bestraft; denn ich hatte ja mein Leben unter schwierigen Umständen fristen müssen.

Mein Erstaunen darüber, daß das Leben nach dem irdischen Tod weiterging, war groß, und ich fand es in der geistigen Ebene, in die ich eingekehrt war, paradiesisch schön; denn man brauchte nicht mehr zu hungern, und so vieles war ganz anders als auf der Erde. So fand ich mich gleich ab mit dieser neuen Welt.

Aber mit dem Müßiggang war es nichts. Es kostete mich viel Überwindung, mich in die göttliche Ordnung einzufügen; doch die Engelwesen waren sehr um mich und all die anderen bemüht, die mit mir zusammenlebten, und erklärten uns immer wieder, was zu tun sei. Sie hatten eine überaus große Geduld mit uns.

Innere Wandlung durch
Hilfeleistung an bedrängten
Geistwesen

Ich lebte in einem großen Haus in Gemeinschaft mit anderen Geistgeschwistern, und unsere Aufgabe bestand darin, solchen Wesen beizustehen, die in größerer Bedrängnis waren.

Die Hilfsbedürftigen, die auch in diesem großen Hause lebten, waren Geschwister, die durch einen plötzlichen Tod von der irdischen Welt abberufen worden waren. Größtenteils waren sie Verbrechen zum Opfer gefallen. Wenn diese Geschwister in der geistigen Welt erwachten, waren sie im Innern ganz aufgewühlt; denn sie hatten noch immer das furchtbare Geschehen vor Augen. Sie wehrten sich noch und klagten den betreffenden Verbrecher an. Sie waren sehr unglücklich; sie schrien, weinten und tobten.

Unsere Aufgabe war es jetzt, diese Geschwister zu beruhigen und zu trösten. Engel unterwiesen uns genau, wie wir vorzugehen hatten, wie wir diese Ärmsten trösten konnten. Wir hatten ihnen beizubringen, daß sie jetzt in einer anderen Welt weiterlebten – daß das Leben nach dem irdischen Tode eben weitergeht und daß sie nach der christlichen Lehre dem, der ihr menschliches Leben auf gewaltsame Weise vorzeitig beendet hatte, vergeben sollten.

Uns wurde auch vorgeworfen, wir hätten viel zuwenig gebetet und keinen tiefen Gottesglauben gehabt; wir hätten mehr Nächstenliebe und Aufopferung aufbringen sollen; wir hätten den Mitmenschen mehr beistehen müssen. So wurden wir auf die Fehler, die wir begangen hatten, hingewiesen, und jetzt sollten wir in dieser neuen Welt versuchen zu beten und die Arbeit, die Tat, mit dem Gebet zu verbinden und den Leidenden Trost zu spenden.

Ich sah nun meine großen Fehler ein und war der Meinung, diese viel schneller wiedergutmachen zu können, wenn ich nur recht fleißig betete; denn es paßte mir in der ersten Zeit gar nicht, diese unglücklichen Geschwister zu trösten. Es lag mir nicht, ihnen Trost zu spenden, und so hatte ich mich von ihnen abgewandt und gebetet. Ich glaubte, durch das Gebet, das ich recht laut verrichtete, die Aufmerksamkeit der hohen Geistwesen auf mich lenken zu können, ja ich war sogar der Meinung, sie würden mit Wohlgefallen auf mich blicken und mich dann eine Stufe weiter hinaufführen, da ich doch soviel betete.

Es war jedoch nicht richtig, was ich da tat. Man kam immer wieder zu mir und sagte: »Es geht hier nicht nur um das Gebet; vielmehr ist es wichtig, daß du diesen Ärmsten beistehst, denn sie sind auf den Beistand ihrer Geschwister angewiesen. Dein Gebet wird nicht erhört, wenn du diesen unglücklichen Geistgeschwistern nicht beistehst. Erst dann, wenn du ihnen Trost spendest und Gott bittest, daß er dir und diesen Ärmsten hilft – dann wird man Gefallen an deinem Gebet finden.«

Ich ging dann und wann zu einem solchen bedrängten und armen Wesen hin und versuchte, es aufzumuntern und mit ihm zu beten. Aber gewöhnlich wollten sie vom Gebet nichts wissen, sondern sie jammerten und klagten über das Verbrechen, das an ihnen begangen worden sei.

Dann war es mir recht bald wieder verleidet, und ich suchte wieder eine stille Ecke auf, um dort zu beten. Das tat ich immer wieder und wurde dafür auch immer wieder getadelt: man habe an meinem Gebet keine Freude, wenn ich nicht zugleich meine Arbeit ausführe; es sei das gleiche wie bei den Menschen – das Gebet des Menschen werde auch nicht weitergetragen, wenn nicht neben dem Gebet noch Taten vollbracht würden; das Gebet sei dann ohne jede Kraft und sinnlos. Das sagte man mir jetzt eindringlich: ich solle nun endlich meine Arbeit ausüben.

Es hatte sehr lange gedauert und viel dazu gebraucht, bis ich es wahrhaftig begriff, daß ich diesen armen Geschwistern beistehen mußte. Aber nach

langer Zeit war ich dann doch soweit und verstand
es, sie zu trösten und Gott zu bitten, er möge diesen
Heimgekehrten wie auch jenen anderen vergeben,
die so große Schuld auf sich geladen hatten, und er
möge auch mir verzeihen, damit wir alle zusammen
eine Stufe hinaufsteigen könnten.

Endlich war man wohl mit mir zufrieden; denn
diese Engel Gottes kamen und sagten: »Nun hast du
dich doch etwas von dem alten Denken abgewendet
und bist jetzt bereit, dich Gott hinzuwenden, und du
willst nun, daß man auch dir und den anderen ver-
gibt.«

*Vorbereitungen für ein
neues Erdenleben*

Die Engel fanden es an der Zeit, daß ich diese Stufe verlassen durfte, das heißt, ich blieb wohl in derselben Ebene, konnte aber jene Umgebung verlassen
und in ein anderes Haus eintreten. In diesem Haus
unterrichteten uns geistige Lehrer. Es kamen ständig
neue Geschwister hinzu, die ihren Aufstieg so weit
vollzogen hatten, daß auch sie hier unterrichtet werden durften. Wir lebten hier ebenfalls in einer größeren Gemeinschaft zusammen. Gemeinsam wurden
wir unterrichtet und dann über das Gelernte abge-
fragt. So prüfte man uns, ob wir wohl das zu behalten vermochten, was man uns lehrte.

Die Engel erzählten uns sehr viel vom Himmel,
von den Höhen, von der Herrlichkeit, vom Zusam-

mensein mit Christus, von den prachtvollen Festen. Sie erzählten uns so viel Schönes, daß sie uns damit anspornten, so daß wir Mut und Freude bekamen. Wir fingen an, eifrig zu lernen, und wollten diesen schönen Himmel wieder zurückgewinnen.

Die Engel erklärten uns, daß dies nur durch ein weiteres, gottgefälliges Erdenleben erreicht werden könne. Durch ein erneutes menschliches Leben bestehe die Möglichkeit, viel schneller aufzusteigen; denn durch die Anforderungen, die ein neues Erdenleben an uns stelle, vermöchten wir größere Verdienste zu erwerben, falls es uns gelingen würde, die Prüfungen zu bestehen.

So wurden wir dann voneinander getrennt und je nach unserem Einsatz eingereiht. Der große Fleiß sollte uns zugute kommen. So wurde auch ich für das neue Erdenleben vorbereitet. Ich ahnte jedoch nicht, wie das vor sich gehen sollte. Man versprach mir aber, man werde mir beistehen, und man machte mir Hoffnung, daß ich jetzt entwicklungsmäßig höher stehe und daher nicht mehr in dieser großen Armut leben müsse, und zudem hätte ich auch eine andere Einstellung zum Leben gewonnen. Auf Erden würde mir der inzwischen gemachte Fortschritt und alles, was die Menschen an Neuem errungen hätten, zugute kommen.

Ehe ich in dieses neue Erdendasein gesandt wurde, hatte ich Freundschaft mit einigen Geistern Gottes geschlossen, die sich ganz besonders um mich bemüht hatten – die mir Hilfsbereitschaft, Verständnis und wohlwollende Liebe beizubringen versuchten.

Ich war ja wie alle anderen im Heils- und Erlösungsplan unterrichtet worden. Man erklärte uns aber auch, daß wohl nur wenig von dem, was wir jetzt aufgenommen hätten, in das menschliche Bewußtsein dringen werde und wir als Menschen nicht mehr viel davon wissen würden. Dennoch hätten wir von diesen Belehrungen einen Nutzen; denn etwas davon würde in der Seele schlummern und durch die Belehrungen, die wir empfangen hätten, würden jetzt mehr Glauben und Opferbereitschaft in ihr wurzeln.

Wer im Erdenleben die
Prüfungen besteht, der wird
vom Himmel mit
Freuden aufgenommen

Wir wurden mit viel Segenswünschen ins menschliche Dasein gesandt. Wir hatten den Eindruck, die Engel wüßten im großen und ganzen wohl Bescheid, wie unser zukünftiges Leben aussehen würde; doch verrieten sie uns nichts davon.

So kam ich in dieses neue Erdenleben und wurde in eine kinderreiche Familie hineingeboren. Meine Eltern waren gerechte, fromme Leute. Sie bemühten sich, den Glauben ihrer Kinder zu vertiefen, und gaben sich Mühe, uns eine rechte Erziehung zu geben.

Nun geschah es aber, daß unsere Mutter krank wurde und starb, und der Vater stand da mit uns zwölf Kindern. Ich war die Älteste. Nun mußte ich Hand anlegen und sozusagen Mutterstelle vertreten. Ich liebte die Geschwister – unsere ganze Familie verband ein tiefes Gefühl der Zusammengehörigkeit. Der Vater liebte uns alle, und so versuchte ich, meine Aufgabe an den Geschwistern zu erfüllen. Ich ging keine Ehe ein, weil ich meinen jüngeren Geschwistern und auch meinem Vater stets eine Stütze sein wollte.

So konnten wir uns recht durchs Leben bringen. Wir brauchten nicht zu hungern; wir lebten aber auch nicht im Überfluß. Unser Leben war sehr bescheiden, doch wir waren zufrieden. Ich erfüllte meine Aufgabe, indem ich an meinen Geschwistern Mutterstelle vertrat. Ich mußte oft bis spät in die Nacht hinein arbeiten und morgens früh beginnen, wie es eben eine Mutter mit vielen Kindern getan hätte. So konnten wir uns ehrlich und redlich durchs Leben bringen.

Alle Geschwister waren sehr anhänglich. Sie betrachteten mich als Mutter und liebten mich sehr. Diese enge Verbindung blieb bis zum Ende meines Lebens bestehen.

Als der Vater in die geistige Welt eingegangen war, führte ich mit einem anderen Geschwister das Haus weiter. So trugen wir gemeinsam dazu bei, daß die jüngeren Geschwister ihren Lebensunterhalt hatten und daß sie als ehrliche, gerechte Menschen heranwachsen konnten.

Das war mein Leben. Es bestand aus Aufopferung und Liebe zu meinen Geschwistern. Daneben hatte ich aber auch Gelegenheit, meine Dienste den Nachbarn zur Verfügung zu stellen. Ich opferte mich also nicht nur für meine Familie; vielmehr kümmerte ich mich auch noch um das Wohl anderer Familien, die in Not und Leid waren. Ich konnte dafür ein ganz besonderes Verständnis aufbringen, und die Leute schätzten mich. Wir führten ein frommes und gerechtes Leben, und ich hatte eine große Verehrung für Christus. Ich war fromm – so wie ich glaubte, daß es recht wäre.

Dann kam die Zeit, da ich diese Welt wieder verlassen mußte. Ich hatte mir überhaupt keine Gedanken über das Leben nach dem irdischen Tode noch irgendwelche Vorstellungen von der zukünftigen Welt gemacht. Um so größer war mein Erstaunen, als ich in dieser neuen Welt erwachte: Sie war so schön – so prachtvoll!

Meine Eltern standen da. Meine Mutter kam als erste auf mich zu, umarmte mich und sagte mir so vieles: sie sei stets um mich gewesen; wenn sie die Erlaubnis dazu gehabt habe, ihre Welt zu verlassen, dann sei sie mir und den andern Kindern beigestanden. Sie dankte mir und erklärte, den Dank für meine Aufopferung würde ich jetzt in der himmlischen Welt bekommen; sie sei immer wieder zu den Engeln Gottes gegangen und habe ihnen gesagt: »Belohnt mein Kind für alles, was es getan hat!«

Die Engel erwiderten ihr darauf: »Wir werden deine Tochter mit Freuden aufnehmen, und wir freuen uns auch auf ihren Empfang.«

Nun waren also Engel da; aber auch Kinder, ganze Scharen Kinder, waren gekommen. Sie alle trugen Blumensträuße. Jetzt sagte man mir, ich müsse noch einige Zeit im selben Himmel verweilen wie meine Eltern. Das gefiel mir; denn ich war doch so gerne bei ihnen, und sie hatten mir so viel zu erzählen! Ich freute mich auch über die vielen Kinder, die gekommen waren, mich zu begrüßen. Sie schenkten mir die Blumensträuße, und dann verabschiedeten sie sich wieder. Ein hoher Führergeist sagte mir, sie würden wiederkommen, wenn es an der Zeit sei, daß ich dieses 'Paradies' – das heißt die Ebene meiner Eltern – verlassen sollte.

So hörte ich zu, was Vater und Mutter mir zu erzählen hatten.

Wir hatten auch häufig Besuch. Es kamen Verwandte, Freunde und Bekannte von uns, und man freute sich, und alle sprachen so geheimnisvoll von meiner Zukunft. Ich ahnte nichts von alledem, was mit mir geschehen würde. Doch redeten sie immer davon, daß ich einen schönen Empfang erleben und in eine wunderbare Welt eingehen würde. Da ich ja bei meinen Eltern sein durfte, machte ich mir keine weiteren Gedanken darüber; denn es gefiel mir bei ihnen, und ich interessierte mich für alles Neue in dieser Welt.

Nun sollte ich aber gar nicht so lange bei meinen Eltern bleiben.

Ich möchte noch erwähnen, daß wir in dieser Zeit, da ich bei ihnen zu Besuch weilte, nicht arbeiten mußten. Man brachte uns dann und wann Speise und Trank, man bot uns Früchte dar, und dann wurde es jedesmal ein kleines Fest, wenn diese Geschwister kamen.

Dann kamen plötzlich wieder ganze Scharen Kinder. Es waren solche, die im Alter von vier bis fünf Jahren sein mochten, aber auch Kinder von sieben, acht und zehn Jahren. Sie kamen und zogen einen Wagen mit zwei großen Rädern. Ich versuche nun, euch zu schildern, auf welche Weise sie den Zweiräderwagen zogen; denn dies beeindruckte mich sehr. Die Kinder waren mit farbigen Bändern um Schultern und Taillen davorgespannt – sie spielten sozusagen die Pferde: Die kleinen waren vorne, die größeren und stärkeren hinten. Der Wagen war über und über mit Blumen geschmückt. Dann baten mich die Kinder einzusteigen, denn sie würden mich mit dem Wagen fortziehen.

Ich war darüber erstaunt; aber meine Eltern und meine Freunde hatten mir zuvor schon verschiedenes geschildert. Jetzt war ich richtig neugierig darauf, was geschehen würde. Meine Verwandten waren nicht näher darüber unterrichtet worden, was sich ereignen sollte; aber etwas davon hatte man ihnen wohl verraten.

Mit Blumen gekrönt

Nun, man hatte mich in diesen Wagen geführt. Ich kam mir vor wie eine Siegerin, wie ich so in dem schönen, geschmückten Wagen stand. Man gab mir die Bänder in die Hand, die um die Körper der Kinder geschlungen waren und die sie in den Händen hielten. So gingen wir davon – wohin, wußte ich nicht. Allen voraus ritten hoch zu Pferd schöne Wesen. Es waren wunderschön gewandete Geister Gottes, die uns den Weg wiesen.

 Es ging so schnell des Wegs! Ich hätte doch so gerne nach allen Seiten geblickt und mich gerne länger nach allem umgesehen, was da wie im Flug an mir vorüberging! Als ich bat, man möge langsamer gehen, sagte man mir nur: »Später, später!«

Dann öffnete man ein großes Tor – hindurch ging's und weiter wie im Fluge über viele Hügel, die für die Kleinen aber keine Hindernisse waren. Hierauf wurde ein weiteres großes, glänzendes Tor geöffnet, und da stand ich nun mit den Engeln Gottes und den Kleinen in dem 'Paradies', in der neuen Welt, wo ich meine Aufgaben erfüllen sollte. Als ich durch das Tor gefahren kam, trat uns eine große Schar jubelnder Kinder entgegen. Der Jubel galt aber nicht etwa mir allein, sondern auch den 'Pferdchen' und den Engeln Gottes, und die Kleinen bestürmten uns alle.

Dann wurde ich aus dem Wagen geholt. Gleich umringten mich kleine Geschwister, und sie jubelten

mir zu: »Nun kommt unsere Rosenkönigin!« Mit
diesen Worten zogen mich die Kinder auf meine
Knie und legten mir einen kleinen Kranz von Rosen
auf mein Haupt. Dabei sangen und jubelten die Kleinen: »Nun ist die Rosenkönigin da!« Dann fingen sie
an, auch mein Kleid zu schmücken, und im Nu, ehe
ich mich versah, hatte ich ein wunderschönes Kleid
an. Ich hatte das Gefühl, als wäre ich wahrhaftig eine
Königin. Die Kinder zogen mich einige Schritte vorwärts, dann kamen andere auf mich zu, ergriffen
meine Hände, und ich mußte wieder auf die Knie gehen. Sie nahmen mir den Rosenkranz wieder ab und
setzten mir einen Kranz von Tulpen auf und sagten:
»Nun kommt unsere Tulpenkönigin!«

So ging das eine längere Zeit. Kaum hatte ich einige Schritte getan, kamen wiederum Kindlein auf
mich zu, nahmen mich an den Händen, zogen mich
zu sich hinunter und nahmen den Blumenkranz
wieder von meinem Kopf und setzten mir einen anderen auf. So wurde ich von der Tulpenkönigin zur
Veilchenkönigin und dann zur Maiglöckchenköni-
gin und zur Fliederkönigin und so weiter.

Ich mußte nur staunen – ich wußte nicht, was da
vor sich ging. Es kam mir einerseits vor, als erlebte
ich dies alles in einem wunderbaren Traum – ich
konnte es noch nicht verstehen –; aber es war kein
Traum. Es war Wirklichkeit!

Ein Engel Gottes kam und nahm mir den Blumenkranz wieder ab und gab ihn den Kindlein zu-

rück. Diese wurden darauf von andern Engeln weggeführt.

Jetzt stand ich allein da mit einer Schar Engel. Die
Berittenen hatten ihre Pferde abgegeben und blieben noch eine Weile bei mir.

Dann wurde mir erklärt, ich dürfe meine zukünftige Aufgabe in diesem Kinderparadies erfüllen; die
Gotteswelt habe sich so darüber gefreut, daß ich meinen Geschwistern die Mutter ersetzt, daß ich diese
Opfer gebracht hätte und daß mein Leben erfüllt gewesen sei von der Liebe zu meinen Geschwistern. So
wolle man diese Fähigkeit dazu benutzen, mich jetzt
in diesem Kinderparadies mit der Aufgabe einer geistigen Mutter zu betrauen.

Als Mutter in einem
Kinderparadies

Der Wagen war weggeführt worden, die Kinder
waren gegangen, und die Engel begleiteten mich in
einen anderen Teil dieser paradiesischen Ebene – in
ein schönes Haus mit herrlichem Garten. In diesem
Haus waren lauter kleine, kleine Kindlein, deren Erdenleben nicht länger als drei Tage gedauert hatte.
Ich sollte nun all diesen kleinen Geistkindlein Mutter sein, sie alle hüten, hegen und pflegen. Selbstverständlich konnte ich das nicht allein bewältigen.
Es standen mir daher viele dienstbare Geschwister
zur Seite; doch ich war die Mutter dieses Hauses. Die
Kindlein wuchsen heran, und ich konnte mich ih-

nen widmen. Ich brachte ihnen meine Liebe entgegen, und sie hingen an mir. Ich ging mit ihnen in den Garten, spielte mit ihnen und erzählte ihnen von den Engeln Gottes; denn ich durfte vieles miterleben. Ich erzählte ihnen vom Heiland, vom König der Geisteswelt.

Die Kinder liebten mich, und sie liebten auch alle anderen mithelfenden Geschwister; sie alle waren die Lieblinge dieser Kinder. Gab es aber etwas zu schlichten oder in Ordnung zu bringen, so mußte ich es tun; denn ich war die Mutter. Sie kamen auch zu mir, wenn sie etwas zu klagen hatten; auch das gab es. Sie kamen, wenn sie sich etwas wünschten. So vieles hatten sie mit mir zu besprechen, und ich tat es in großer mütterlicher Liebe.

Ich durfte mit diesen Kindern zusammensein, bis sie – nach menschlicher Zeitrechnung – sieben Jahre alt waren; dann sollten sie dieses Haus verlassen und in eine Gemeinschaftsschule gehen. Dort wurden sie von Lehrern betreut und unterrichtet; aber ich blieb weiterhin ihre geistige Mutter. Sie konnten immer wieder zu mir kommen und mir ihre Anliegen vorbringen. Sie alle, die in diesem Haus aufgewachsen waren, blieben miteinander verbunden wie Brüder und Schwestern. Dieses Band der Zusammengehörigkeit blieb für eine lange Zeit bestehen.

Nun aber sollten die Kinder in der Gemeinschaftsschule unterrichtet werden. Sie mußten Sprachen erlernen, schreiben und rechnen lernen. Ähnlich wie die Menschen eine Bildung erhalten, so erfolgt diese auch in der Geisteswelt. Denn die Gotteswelt ist eine Welt der Ordnung, und da muß eben auch gerechnet werden.

So wuchsen diese Kinder heran. Sie blieben wiederum eine Zeitlang in diesem Gemeinschaftshaus; dann sollten sie von diesem Haus – nach eurer Berechnung mögen es weitere sieben bis zehn Jahre gewesen sein – in eine andere Schule hinüberwechseln. Doch jetzt wurden sie getrennt; denn auch im Kinderparadies gibt es viele verschiedene Schulen. Von hier aus können sie eine Stufe weiter hinaufsteigen, und sie werden von Engeln Gottes weiter unterrichtet und belehrt. Sie werden dort für die Aufgaben ihres künftigen geistigen Lebens vorbereitet, oder sie werden für eine Aufgabe vorbereitet, die sie in einem späteren menschlichen Leben ausführen sollen.

So werden diese Kinder, wenn sie diese Schulen verlassen, ein jedes einzeln auf seine Talente geprüft. Doch nicht jedes Geistkind verfügt über große Talente, auch wenn es in der Geisteswelt aufgewachsen ist. Die Begabungen sind hier offensichtlicher, aber sie kommen nicht bei jedem gleich stark zum Ausdruck. Man kann besondere Talente besitzen, zum Beispiel für die schönen Künste. So kann ein heranwachsendes Geistkind auch in dieser Beziehung besonders geschult werden.

Nun ist es aber nicht meine Aufgabe, euch dies im einzelnen zu erklären, sondern ich habe euch nur zu sagen, daß, als die Zeit dafür gekommen war, die Kinder weggeholt wurden, daß sie dann die Gemeinschaftsschule besuchten und von dort auf verschiedene Schulen verteilt wurden, je nach ihren Talenten, nach ihren Veranlagungen, die sie im Innersten ihrer Seele besaßen.

Neue Aufgaben mit schwierigeren Geistkindern

Meine Aufgabe ging weiter. Ich sollte nun andere Geistkinder betreuen; doch diesmal waren es nicht mehr die ganz Kleinen, sondern man vertraute mir größere Kinder an, die auch noch einer geistigen Mutter bedurften. Es waren solche, die aus anderen Häusern des Kinderparadieses zu mir gebracht wurden.

Ich möchte noch erwähnen, daß das Kinderparadies auch verschiedene Aufstiegsstufen hat. Da gibt es zum Beispiel eine Ebene, wo Kinder hinkommen, die in ihrer geistigen Entwicklung und mit ihren Verdiensten [aus Vorleben] noch nicht so weit sind, daß sie eine höhere Ebene einnehmen können. So hat also auch das Kinderparadies eine Abteilung oder eine begrenzte Sphäre, wo Geistkindlein sind, die ihren Aufstieg vollziehen, der von unten, von ganz unten her kommt.

Nun sollte ich zu jenen gehen, die schwieriger zu betreuen sind – also nicht mehr die ganz Kleinen, sondern Kinder, die ihre Persönlichkeit, ihren eige-

nen Willen, ihren Widerstand bereits deutlich zum
Ausdruck bringen. Es handelte sich aber nur um eine
kleine Schar, die ich betreuen sollte. So kann ich
meine Aufmerksamkeit dem einzelnen voll und
ganz schenken. Es kostet mich hier viel mehr Mühe;
denn diese Kinder haben einen anderen Entwicklungsstand – sie stehen eben noch auf einer anderen
Entwicklungsebene. Ich versuche, auch ihnen eine
gute, liebende geistige Mutter zu sein.

Bevor sie zu mir kamen, waren sie auch schon in
der Obhut einer geistigen Mutter gewesen; aber der
Zeitpunkt war für sie gekommen, da sie wieder anderen Händen anvertraut werden sollten und da sie eine andere Schule besuchen mußten. So kann jedes
Geistwesen, das eine Aufgabe im Kinderparadies
hat, aus seiner eigenen Kraft heraus, mit seiner besonderen Liebe diese Kinder betreuen.

So erfülle ich meine Aufgaben an diesen Kindern
nach besten Kräften. Engel Gottes besuchen mich
zwischendurch, unterrichten mich eingehender über
dieses oder jenes Kind und erklären mir, wie ich es
am besten behandeln, wie ich ihm entgegentreten
solle. Man offenbart mir auch teilweise die Zukunft
der betreffenden Kinder. So kann ich dementsprechend meinen ganzen Einfluß auf ein solches ausüben, so daß es zu seinem Heile ist.

Meine Aufgabe besteht also darin, daß ich abwechslungsweise Kinder unterschiedlichen Alters
und unterschiedlicher geistiger Entwicklung be-

treue. So mußte ich auch zu jenen gehen, die etwas schwieriger zu führen sind – die mit ihrem Eigenwillen und ihrem Starrsinn einer Mutter oft auch Sorgen bereiten.

So hatte ich Gelegenheit, in den verschiedensten Ebenen als Mutter zu wirken, und andrerseits wird man immer wieder von Engeln Gottes darauf geprüft, ob alles in Gerechtigkeit vor sich gehe. Man darf kein Kind dem anderen vorziehen. Man muß jedem seine volle Aufmerksamkeit schenken, und kein Kind darf je das Gefühl haben, man würde es in irgendeiner Weise benachteiligen.

Ein Leben voller Glück
und Seligkeit
Möglichkeiten zu weiterem
Aufstieg durch
ein neues Erdenleben

So erfülle ich meine Aufgabe in Liebe und Verständnis; denn ich bin es mir von meinem menschlichen Dasein her gewohnt: Ich konnte [dort] dieselbe Liebe allen meinen 'Kindern' schenken. So gebe ich die gleiche liebevolle Betreuung den Geistkindern.

Zwischendurch erlebe ich viel Abwechslungsreiches, viele schöne Feste. Immer wieder kommt hoher Besuch. Man muß diese Kindlein vorbereiten und schmücken für den Empfang eines besonderen Bruders oder einer Schwester. Dann sind diese Kindlein auch zur Begrüßung da, wenn solche Geschwister ins Kinderparadies geführt werden oder wenn sie in eine ihren Verdiensten entsprechende Ebene begleitet werden. So kann man hier viel Schönes erleben.

Auch kommen immer wieder hohe Gäste, das heißt, von den hohen Himmeln kommt man sehr oft und hält Nachschau bei diesen Kindlein. Man bespricht sich, und gar manches unter ihnen ist für eine bedeutende Aufgabe gezeichnet, sei es für eine solche in der Geisteswelt, so daß es nicht zur Menschwerdung bestimmt werden muß, sei es, daß es eine bedeutende Aufgabe einst im menschlichen Leben erfüllen muß.

So erleben wir jeweils, wie diese hohen Geister des Himmels kommen und die Zeit berechnen, wann man dieses oder jenes Wesen dann senden müsse, damit es in jenen Zeitabschnitt hineingeboren werde, in dem sich das zu erfüllen vermag, was im Plan Gottes gezeichnet ist.

Solches und viele Feste erleben wir. Viele schöne, prachtvolle Engel kommen als Gäste zu uns und werden von den Kleinsten, so diese gehen können, bedient. So ist mein Leben in der himmlischen Welt, und ich versuche, meine Aufgabe so gut wie nur möglich zu erfüllen.

Man hat mir jedoch offenbart, daß ich nicht für alle Zeiten in diesem Kinderparadies bleiben würde, sondern daß ich auch wieder Mensch werden müsse – ich müsse dann im neuen Erdenleben beweisen, daß ich in der Gotteswelt durch vieles gestärkt worden sei und Belehrungen erhalten habe und daß ich dadurch befähigt worden sei, ein besseres und höheres Leben zu führen, um dann nach meiner Heimkehr in die göttliche Welt eine entsprechende Stellung einnehmen zu können.

Dann und wann darf ich auch meine Eltern besuchen, die sich stets sehr darüber freuen. Ich pflege auch Verbindung mit anderen Geistwesen. Sie erklärten mir, mein Aufstieg sei durch meine im vorangegangenen Erdenleben erworbenen Verdienste – weil ich auf Erden auf so vieles verzichtet und mich aufgeopfert hätte – so beschleunigt worden und damit hätte ich mir auch die Voraussetzungen für dieses Leben voller Glück und Seligkeit geschaffen.

Selbstverständlich freue ich mich, meine Aufgabe so lange wie nur möglich in diesem himmlischen Paradies zu erfüllen, und es bereitet mir Freude, meine Aufgabe an jenen zu erfüllen, die schon eine höhere geistige Ebene einnehmen, und es freut mich ebenso, mit meiner ganzen Kraft jenen beizustehen, die es nötig haben, in großer Liebe und Aufmerksamkeit geführt zu werden, damit auch sie einst diese Höhen erreichen.

So habe ich euch von meinem Leben erzählt: von meiner Aufgabe als geistige Mutter. Ich kehre nun wieder zurück zu meinen Aufgaben, zu meinen Kindern. Und ich möchte euch den Segen Gottes übertragen. Ich möchte euch dazu auffordern: Tut alles in euren Kräften Stehende! Opfert euch auf! Stellt euch in den Dienst des Nächsten – es lohnt sich! Wenn ihr hier auf Erden keine Belohnung für euer Wirken findet, um so größer und um so schöner wird sie in der anderen Welt sein.

Erdenleben und Leben im Jenseits ermöglichen in wiederholtem Wechsel und wechselseitiger Ergänzung stufenweise den geistigen Aufstieg, die Rückkehr ins Reich Gottes.

Alle ins Jenseits Zurückgekehrten werden unterrichtet, wenn sie sich in die Ordnung Gottes einfügen, und durch das, was sie erleben, in ihrem Inneren für ein neues Erdenleben vorbereitet. Geister Gottes unterrichten sie in allem Notwendigen, ganz besonders aber im Heils- und Erlösungsplan, und versuchen, ihnen die Liebe, das Verständnis, das Wohlwollen und die Hilfsbereitschaft beizubringen und in ihnen die Sehnsucht nach dem höheren Leben und den höheren Himmeln zu wecken.

Im Erdenleben muß das betreffende Wesen sich dann bewähren – zeigen, was es sich in seinem Innersten zu eigen gemacht hat. Mit seiner speziellen Lebenslage werden ihm ganz bestimmte Aufgaben gestellt, die zu seiner Prüfung dienen. Es bekommt aber auch die notwendige Kraft und Hilfe dafür.

Wenn es versagt, muß das Wesen auf dieser Entwicklungsstufe erneut beginnen; bei Bewährung freut sich der Himmel, belohnt es dementsprechend und führt es auf höhere Stufen, in schönere Ebenen. Auch dort sind wieder Aufgaben zu erfüllen – je höher die geistige Entwicklung, desto beglückender die Aufgaben und das Erleben –, und erneut dienen die Tätigkeit, das Erleben und der Unterricht unter anderem der Vorbereitung auf ein neues Erdenleben. So geht es Stufe um Stufe aufwärts, der Vollendung entgegen.

Geistige Schulen dienen auf jeder Entwicklungsstufe der Einführung in die Ordnung Gottes – in seinen Heils- und Erlösungsplan – und der Vorbereitung auf konkrete Aufgaben in der geistigen Welt oder in einem Erdenleben.

Jedes Geistwesen wird auf seine Talente geprüft und entsprechend seinen Anlagen, aber auch entsprechend seinen Belastungen bestimmten Schulen zugeführt.

Im Himmel gibt es immer auch Feste, festliche Empfänge und beglückendes Erleben. Festlichkeiten, Unterricht, Arbeit und Gebet folgen und bedingen einander in harmonischem Wechsel.

Adelheid wendet sich in einem Aufruf unmittelbar an uns Menschen. Sie will uns klarmachen, daß wir durch Aufopferung und Dienst am Nächsten geistige Aufgaben erfüllen und damit unseren geistigen Stand verbessern können.

Ein unauslöschliches Erlebnis

Ich heiße *Amalia*. Ich erzähle euch von meinen Erlebnissen nach der Einkehr in die Gotteswelt. So muß ich auch mein zurückgelegtes Erdenleben streifen; denn durch dieses Leben schaffte ich die Voraussetzung für meine Erlebnisse in der Geisteswelt.

In der Traurigkeit von
der Kraft des
Glaubens getragen

Ich hatte ein schweres Leben. Ich war verheiratet und Mutter einer Schar Kinder. Mein Mann war nicht gut zu mir. Er schlug mich sehr oft. Auch hatte ich später keinen Beistand an den Kindern.

Mein Mann konnte nicht glauben. Ich aber hatte einen Glauben, und dieser Glaube kostete mich Schläge. So war mein Mann sehr rauh zu mir; doch meinen Glauben konnte er mir nicht nehmen. Ich betete für ihn, und ich betete für meine Kinder. Ich ging auch zur Kirche; ich mußte es jedoch immer büßen, wenn er merkte, daß ich zur Kirche gegangen war. An meinem Glauben und Gottvertrauen hielt ich fest bis zum Ende meines Lebens.

Ich war immer traurig. Ich konnte nie fröhlich werden – ich hatte auch keinen Grund zum Fröhlichsein. Nur die Kraft des Glaubens trug mich, nur die Kraft der Zuversicht auf ein besseres Leben und auf die Gerechtigkeit Gottes – sie stärkte mich, sie trug mich durchs Leben.

Mein Mann und ein Sohn hatten vor mir die Welt verlassen müssen, und so konnte ich noch einige Jahre nach dem Tode meines Mannes aus meinem Glauben schöpfen. Ich konnte zur Kirche gehen, ohne daß ich nachher dafür bestraft worden wäre.

Nun möchte ich euch schildern, was ich in der geistigen Welt erlebt habe und wie es mir dort ergangen ist.

Ich war eine Zeitlang krank, und man pflegte mich. Ich wußte, daß nun meine Zeit des Lebens vorüber war, und freute mich, daß ich diese Welt verlassen durfte; denn ich erahnte ein besseres Leben. Ich hatte ja für Gott und den Erlöser gelebt. Ihnen hatte ich alles anvertraut; auf sie hatte ich gehofft, und ich hatte es nicht zu bereuen.

Als ich auf dem Sterbebett lag und die Verwandten und Bekannten um das Bett herumstanden, da hörte ich sie reden, daß es nun nicht mehr lange gehen werde. Ich konnte alles verstehen, konnte jedoch keine Antwort mehr geben; ich hatte keine Kraft mehr dazu. Ich sah auch mehr als jene, die an meinem Bett standen. Ich sah schöne Gestalten auf mich zukommen. Besonders ein Wesen fiel mir auf. Es lächelte mich so freundlich an und machte mit den Händen Bewegungen, die ich aber nicht verstehen konnte. Später erst erfuhr ich es: Der Engel wollte mir mit dieser Handbewegung andeuten, daß er mich recht bald an der Hand hinüber ins Reich Gottes führen werde – aber ich war ja noch mit meinem Denken an die Welt gebunden.

Neben diesem freundlichen, liebenswürdigen Wesen stand ein anderer Engel mit strengen Gesichtszügen, und auch er stand wartend da. Meine Augen richteten sich jedoch nur noch auf diesen freundlichen Engel, und es wurde mir bewußt, daß es wohl nicht mehr lange gehen würde.

Nun kamen auch mein Mann und mein Sohn in die Nähe. Ich konnte noch laut ihre Namen aussprechen – die Überraschung war für mich so groß, daß ich die Kraft bekam, die beiden Namen auszurufen!

Meine Angehörigen, die neben mir standen, sagten: »Jetzt ist sie nicht mehr bei Sinnen; jetzt wird es nicht mehr lange gehen.«

So hörte ich sie reden; aber ich wollte nicht mit ihnen ins Gespräch kommen. Ich wollte nun meine Hände diesem liebenswürdigen Wesen entgegenstrecken; doch meine Hände waren schwer und kraftlos – ich konnte nicht.

»Selig sind die
Trauernden; denn sie
werden getröstet«

Dann mußte eine Bewußtseinsstörung über mich gekommen sein; denn als ich nachher die Augen öffnete, war ich in einer ganz anderen Umgebung:

Licht und hell war es. Ich war jetzt nicht mehr in der engen Kammer, und ich sah meine Angehörigen nicht mehr um mich, und auch mein Mann und mein Sohn waren nicht mehr da. Andere, mir unbekannte, aber vornehm aussehende Wesen standen um mich herum und bestaunten mich.

In allernächster Nähe aber war wiederum dieser freundliche Engel. Er lächelte mir zu, und ich tat es ihm gleich. Ich fühlte mich so leicht und beschwingt und hob meine Hände, und er kam mir entgegen und nahm meine Hände in die seinen. Neben diesem freundlichen Engel stand auch der andere, gestrengere Engel, den ich ja schon gesehen hatte; aber auch er schien mir wohlgesinnt zu sein.

So hatte man mich an der Hand genommen und war einige Schritte mit mir gegangen. Ich sah mich um, wo ich denn sei, und dabei hatte ich den Eindruck, als wäre eine Maske von meinem Gesicht gefallen. Alles an mir fühlte sich so leicht an, und doch hatte ich einen Leib, hatte dieselben Hände und trug auch Kleider. Ich konnte jedoch nicht sehen, wie mein Antlitz in dieser neuen Welt aussah. Ich staunte nur ...

Dieses freundliche Wesen sprach nun die ersten, für mich deutlich vernehmbaren Worte zu mir: »Liebe Schwester, ich war dein Schutzgeist in deinem menschlichen Leben!«, und dann mit einer Handbewegung auf den anderen Geist hindeutend: »Dies ist dein geistiger Lehrer.«

Und jener nickte nur.

Mein Schutzgeist führte mich. Ich befand mich mitten in einem herrlichen Garten. Man schritt mit mir auf eine Laube zu, in der es Sitz- und Liegegelegenheiten gab. Dort bot man mir einen Stuhl an. Ich verspürte ein angenehmes Gefühl der Erleichterung in jeder Beziehung. Ich hatte keine Angst, sondern fühlte eine große Sicherheit. Ich war so froh und so glücklich, daß ich hätte jauchzen können; aber den eigentlichen Grund wußte ich nicht. Ich war mir noch gar nicht richtig bewußt, was mit mir geschah, und ich fragte mich: »Ist es wahr? Lebe oder träume ich? Höre ich wirklich richtig? Sehe ich richtig?«

»Du hörst richtig, und du siehst richtig«, sagte der Schutzgeist. »Du bist nicht mehr unter den Menschen. Du bist jetzt in der Geisteswelt. Du bist im Reiche Gottes! Verstehst du mich?« fragte er mich eindringlich und wiederholte: »Du bist nun im Reiche Gottes!«

»Ja«, sagte ich, »ich nehme es an ... ich glaube ... ja, bestimmt ist es so.« Ich konnte mich selbst davon überzeugen, indem ich soviel Wunderbares erlebte ... »Ja, habe ich das überhaupt verdient?« Und schnell ging ich in Gedanken in jene leidvolle Zeit zurück und überlegte darauf: »Ich habe mein Leben auf Gottes Hoffnung und auf Gottes Kraft gebaut ... Ja, es wird wohl stimmen ... ja, ich lebe!«

»Nun«, sagte der Engel, »du wirst alles belohnt erhalten, was man an Unrecht dir zugefügt hat. Der Himmel wird dir das jetzt vergelten. Du hattest es schwer. Niemand hat dir Trost gespendet; aber wir werden dich jetzt trösten – du darfst von diesem Trost empfangen. Jesus Christus hat doch in der Bergpredigt erklärt: "Selig sind die Trauernden; denn sie werden getröstet." Traurig mußtest du durchs Leben gehen; von Trauer war dein Herz erfüllt. Nun, wir trösten dich jetzt, denn deine Trauer war heilig. Du hast getrauert, weil die Deinen keinen Glauben hatten, und du hast oft geweint. Wir konnten nicht merklich und fühlbar dir die Tränen trocknen; aber jetzt können wir es tun – jetzt kannst du von uns getröstet werden.«

Ich betrachtete meine Umgebung. Es waren alles Unbekannte da, und sie alle lächelten mir zu.

»Sieh«, sagte mein Schutzgeist, »sie alle sind da, um dir Trost zu bringen.«

Und während er noch sprach: »Sie wollen dich trösten«, da vernahm ich Gesang, und eine Schar herrlicher junger Wesen kam auf mich zu. Singend und hüpfend näherten sie sich und trugen in den Händen verschiedene Gegenstände.

Eigentlich war es mir gar nicht so angenehm. Ich hatte das Gefühl, das wäre nun doch des Guten zuviel. Ich wollte nicht von so vielen getröstet werden. Ich brauchte jetzt keinen Trost mehr. Diese Überlegung schien mir richtig. Ich lebte ja jetzt in der Seligkeit, und so brauchte ich diesen Trost nicht mehr.

Doch mein Schutzgeist hatte meine Gedanken schon wieder erkannt und sagte zu mir: »Du mußt dich zuerst an unsere Verhältnisse gewöhnen. Weißt du, das geistige Gesetz kann man nicht umstoßen. Es geht alles nach dem Gesetz.«

Da fragte ich etwas beschämt: »Ja, habe ich denn wahrhaftig soviel verdient? Ich habe doch auch Fehler gemacht – ich weiß es.«

»Ja«, sagte der Engel, »du hast Fehler gemacht, das haben wir auch gesehen; doch darüber werden wir später reden. Das ist jetzt nicht die Hauptsache, sondern wir wollen dich zuerst trösten. Wir werden dir zudem den Lohn geben, den du verdient hast.«

Ich hatte doch soviel gebetet und hatte auf Christus gebaut und entgegnete deshalb: »Wenn der Heiland mit mir zufrieden war, bin ich glücklich – mehr brauche ich nicht!«

»O doch!« Und während er noch auf mich einredete, breitete diese Schar Engelwesen Gegenstände vor mir auf dem Boden aus.

Von Engeln geschmückt

In der Nähe war noch ein anderer, besonderer Geist Gottes. Er saß auf einem schönen Stuhl. Ich hatte ihn vorher gar nicht bemerkt. Nun gingen diese schönen Wesen, die da Gegenstände ausgebreitet hatten, zu ihm hin und flüsterten ihm etwas zu; ich verstand es jedoch nicht – der Engel schien ihnen Anweisungen zu geben. Sie nahmen die Gegenstände, die sie auf die geistige Erde gelegt hatten, und führten ihm einen nach dem andern vor.

Ich konnte dies alles beobachten – wozu mich mein Schutzgeist auch aufgefordert hatte. Nun sollte ich mir alles gefallen lassen. Sie alle wollten mich trösten, erklärte mir jener Geist Gottes. Ich war überglücklich und ließ es also geschehen.

Da kam eines von diesen jungen, schönen Wesen auf mich zu. Es hob einen dieser Gegenstände vom Boden auf; es war ein kleines Gefäß, das ein kostbares, wohlriechendes Öl enthielt, das herrlich duftete. Die andern Wesen, die da herumstanden, machten mit ihren Händen Bewegungen, um den Wohlgeruch einatmen zu können. Dieses Geistwesen goß von dem Öl über meine Hände, rieb sie und dann auch mein Angesicht und meine Füße damit ein. So salbte man mich mit diesem wohlriechenden Öl. Dann trat das Wesen zurück.

Ein anderes trat vor und fing an, meine Haare zu flechten.

»Muß das denn wirklich sein?« fragte ich mich. Und schnell streiften meine Augen die Anwesenden, und ich stellte dabei fest, wie vornehm sie alle gekleidet waren und welch vornehme Wesensart bei ihnen allen zum Ausdruck kam. »Ja freilich, ich muß doch ein ganz anderes Aussehen haben; denn sonst passe ich ja gar nicht unter diese schönen Wesen«, dachte ich plötzlich.

Kunstvoll hatte man einen Teil meines Haares geflochten, und einen Teil hatte man ausgekämmt. Ich konnte aber nicht sehen, wie es herausgekommen war; doch genügten mir die Bemerkungen der Anwesenden. Diese staunten und fanden es schön. Auch von den farbigen Bändern, die am Boden lagen, nahm man und flocht sie mir ins Haar. Und wiederum staunten alle und sagten, wie schön es werde. Nun hatte dieses Wesen, das, wie ich glaubte, eine Künstlerin war, seine Aufgabe erfüllt.

Ich war mir sicher, daß sie alle etwas an mir zu tun hatten – daß sie alle mich ausstatten würden. Zuerst hatte man mich gesalbt, dann die Haare geflochten – und was kam nun?

Da brachte man mir Sandalen und zog sie mir an. Die Sandalen waren ebenfalls mit Bändern versehen, welche kunstgerecht geschlungen wurden. Die Engelwesen staunten wieder und sagten, wie schön es sei. Zum Schluß brachte man mir ein Kleid und zog es mir über. Ich fand es wunderbar. Ja ich hatte das Gefühl, als wäre ich schöner als die Engel, die da waren – so schöne Dinge hatte man mir gebracht und angezogen! So etwas Schönes hatte ich zeit meines Menschenlebens nie gesehen. Man hatte mich ja zum Engel erkoren! Und ich dachte: »So schön kleiden sie mich?«

Aber es war noch längst nicht fertig. Es lagen noch mehr von diesen Bändern da, und man wickelte sie kunstvoll um meine Arme und schlang sie um meinen Leib. Das letzte Wort mußte jener Geist geben, der auf dem schönen Stuhle saß. Er bat mich, zu ihm zu kommen, und ich mußte mich vor ihm umdrehen und mich zeigen. Und wahrhaftig hatte er noch verschiedenes zu beanstanden! Und wiederum kamen diese jungen Wesen voller Eifer und trafen die Änderungen, so wie es der Geist Gottes für richtig befand.

Als ich dann fertig gekleidet und geschmückt dastand, umarmte mich dieser schöne Geist. Er verabschiedete sich von mir, und ich bedankte mich bei ihm, und dann ging er weg.

Doch was sollte ich jetzt in dieser Aufmachung? Es kam mir noch etwas ungewohnt vor; doch sollte ich mich bald daran gewöhnen.

Jetzt kam der Schutzgeist wieder in meine nächste Nähe und mit ihm der geistige Lehrer, und sie forderten die Anwesenden auf, sie sollten zu mir kommen, eines nach dem andern. Sie reichten mir ihre Hände, und ein jedes hatte ein Wort des Glücks und der Freude für mich. Sie erzählten mir Dinge, die ich dazumal noch nicht verstehen konnte. Es sollte der Trost sein, wie sie meinten; aber dieser Trost war nicht mehr Mitleid, sondern alles hatte sich in große Freude gewandelt. Sie alle luden mich ein, ich sollte zu ihnen kommen, und sie sprachen von Festen.

»Wie ist das möglich?« dachte ich. »Ich kann doch nicht diese vielen Einladungen annehmen!« Ich fühlte mich doch noch etwas fremd; aber das gab sich bald, denn diese jungen Wesen, die zu meiner Verschönerung beigetragen hatten, tanzten dann einen Reigen, und am Schluß zogen sie mich mit, und ich mußte ein Stück Wegs mit ihnen gehen. Der Schutzgeist und der Lehrer folgten mir, während die andern zurückblieben. Und so machte man mit mir einen Rundgang in der neuen Welt.

In einer Welt der Seligkeit

»Nun gehen wir«, erklärte mir mein Schutzgeist, »durch all jene Ebenen, die zu deiner neuen Heimat geworden sind. Hier kannst du wohnen. Hier kannst du glücklich sein. Hier kannst du deine Aufgaben weiterhin zur Ehre Gottes erfüllen, zur Ehre des Erlösers und zur Ehre aller heiligen Geister.«

Ich mußte nur staunen über diese große, neue Welt. »So groß ist meine Welt?« sagte ich zu meinem Schutzgeist. »Ich brauche doch nicht soviel, um glücklich zu sein.«

»Dies ist nur ein ganz winziger Teil des Glücks und der Freude«, entgegneten sie mir.

Ich wurde ständig mit soviel Angenehmem überrascht in dieser neuen Welt, die so farbenreich und schön war! Diese Welt brachte mich wahrhaftig zum Staunen; denn da erlebte ich Dinge, von denen ich glaubte, daß es so etwas im Reiche Gottes doch nicht gäbe. »Wenn es auf Erden solches gegeben hat«, dachte ich anderseits bei mir, »warum soll solches nicht auch im Himmelreich sein?«

Als diese Geistgeschwister mit mir davonzogen, überquerte eine Schar Hunde unseren Weg. Sie bellten; aber beim genaueren Hinschauen bemerkte ich, daß die Tiere miteinander spielten.

Mein Schutzgeist und die anderen Begleiter sagten: »Schau her! Schau her! Schau dorthin! Schau das an!«

Ich konnte nicht anders – ich wurde einfach fröhlich. Meine Bangigkeit ward mir genommen. Ich mußte auch mitsingen, mit fröhlich werden. Ich hatte nicht mehr das Gefühl eines großen Abstandes von mir zu den andern. Ich fühlte mich plötzlich gleichberechtigt, und ich fühlte die Güte und die Wärme der andern, die Innigkeit, die sie mir entgegenbrachten, und so war ich auch vertraut mit ihnen geworden. Ganz plötzlich war es gekommen.

Ich mußte nur staunen über dieses und jenes, das sie mir zeigten. Auch die Tierwelt war in meiner seligen Welt vorhanden. Da waren prachtvolle Pferde. »Für wen stehen denn diese Pferde bereit?« fragte ich. »Die haben doch nichts zu tun?«

»O doch«, entgegneten sie.

Kaum hatte ich das gesagt, so löste sich eines dieser jungen, schönen Wesen von unserer Gruppe, schwang sich aufs Pferd, ritt im Galopp davon und kam dann wieder auf uns zu.

»Zähl mal die Pferde! Zähl sie mal – und zähl dann uns!« sagte darauf ein anderes schönes Wesen.

Da zählte ich sie: so viele Pferde, so viele Wesen! Ja, sie waren zu Pferd gekommen ... Für einen Menschen kaum faßbar – aber der Himmel ist schön!

»Ja«, sagten sie, »der Himmel ist schön. Wüßten doch die Menschen etwas von dieser Schönheit!«

»Wohnt ihr denn auch hier – mit mir – in dieser Stadt, in dieser Umgebung?« fragte ich sie.

»Ach nein«, erwiderten sie, »wir verfügen über viel, viel mehr Raum als du. Wir haben auch weit größere Aufgaben als du; aber wir werden uns ganz bestimmt wiedersehen.« Dann verrieten sie mir noch: »Weißt du, unsere Aufgabe ist es, den Willen des Erlösers zu erfüllen; denn er hat ja den Menschen von der Seligkeit, von den Schönheiten des Himmels verkündet. So zeigen wir den Heimgekehrten die Schönheiten des Himmels, und schon bald werden wir wieder in einem anderen Himmel sein und einen anderen Heimgekehrten beglücken.«

So unterhielten wir uns; dann aber erklärten sie mir, daß sie jetzt ihre Aufgabe bei mir beendet hätten.

Wir hatten uns inzwischen von dem Garten, von der Laube entfernt und begaben uns hinauf in die Welt der Seligkeit, wo ich fortan leben sollte. Sie war für mich unbegrenzt in den Weiten, unbegrenzt in ihrer Schönheit.

»Das ist noch nicht alles«, sagten sie lachend.

Für mich war es jedoch das Höchste, was es geben konnte.

Nun verabschiedeten sie sich von mir, gaben mir die Hand und schwangen sich aufs Pferd.

Wir – mein Schutzgeist, mein Lehrer und ich – wollten zusammen zur Laube zurückkehren; doch wir

mußten nicht gehen. Wir hätten schweben können
wie sie alle; doch als die anderen Wesen sich verabschiedet hatten, kam ein Wagen mit Pferden, und
man lud mich und die beiden Begleiter ein mitzu-
fahren. So wurden wir zur Laube zurückgeführt.

In der Vorfreude auf das
schönste Erlebnis, das einem
Heimgekehrten zuteil
werden kann

Der Garten sollte auch zu meinem Zuhause gehören. Von dort aus sollte ich dann meine Aufgaben erfüllen. Mein Haus hatte ich noch nicht gesehen. Es
gab ja noch soviel Neues zu bestaunen und zu bewundern! Es kam mir so vor, als wäre ich schon sehr
lange in dieser Welt der Seligkeit. Ich hatte jegliches
Gefühl für die Zeit verloren und hatte daher den
Eindruck, als wäre ich schon lange hier; dabei war es
noch gar nicht so lange! Ich empfand ein Gefühl
höchster Seligkeit, das weder an Zeit noch Raum gebunden war. Denn die Welt, in der ich nun leben
sollte, war für mich unendlich groß und schön.

»Da, wo du stehst, ist auch *er* schon gestanden!«
sagte man mir und meinte damit den König der Geisteswelt. »Nichts ist ihm fremd – alles ist ihm bekannt. Du schaust mit deinen Augen, was *er* mit seinen Augen geschaut hat.«

Ich wurde so selig über diese Worte und fragte:
»Wann wird es sein, daß ich ihn sehen darf?«

»Es wird nicht allzulange gehen, bis es soweit ist, daß du ihm begegnen darfst«, antwortete mir mein Lehrer.

»Darf ich ihm denn die Hand geben?« wollte ich wissen. »Darf ich vor ihm niederknien? Darf ich ihm für alles danken, was er für uns, für die ganze Menschheit getan hat? Darf ich es?«

»Ich will dafür besorgt sein, daß du es kannst«, antwortete mein Schutzgeist.

Gab es da noch ein größeres Glück für mich? Nein, gewiß nicht.

So waren wir also wiederum bei der Laube angelangt, und die Droschke war bereits wieder weg. Der Lehrer und mein Schutzgeist blieben bei mir und wollten mir noch das Haus zeigen – dann könne ich mich ja meinen Aufgaben widmen.

Das Haus war nicht sehr groß. Für mich sah es aus wie ein kleines Schloß, so schön war es. Ich sollte es jedoch nicht allein bewohnen, sondern andere glückliche Geschwister bewohnten es mit mir; doch ein jedes hatte seine besonderen Räume. Man lebte jedoch nicht abgesondert, obschon man seine persönlichen Räume hatte, sondern man kam zu gemeinsamen Gesprächen zusammen.

Da führte man mich hin. Was gab es da alles zu bestaunen! Doch darüber kann ich jetzt nicht reden.

Mein Schutzgeist sagte dann zu mir: »Hier in dieser Seligkeit wirst du leben. Hier kannst du glücklich sein. Sie alle werden mit dir hier und in dieser Umgebung leben. Ihr alle werdet einander in eurem Glück, in eurer Freude unterstützen. Ihr alle werdet beitragen, einander glücklich zu machen.«

Das waren schöne Worte.

Ein geistig Fortgeschrittener möchte
seinen in Bedrängnis
lebenden Verwandten helfen

Nun kamen mir meine Verwandten in den Sinn. Ich mußte doch an meinen Mann, an meinen Sohn denken und an all jene, die im Erdenreich zurückgeblieben waren. »Was wird aus jenen werden, die noch auf Erden leben? Wo sind sie, die anderen Verwandten und Bekannten? ... Wo ist mein Mann? Wo ist mein Sohn? Ja«, dachte ich, »sie können unmöglich hier in der Nähe sein; denn sie haben nicht an Gott und nicht an den König der Geisteswelt geglaubt. Sie sind noch zu weit entfernt! Sie müssen bestimmt außerhalb dieser Seligkeit leben.« Das war mir bewußt.

Mein Lehrer und mein Schutzgeist blieben eine lange Zeit bei mir. Wenn ich sage 'lange Zeit', so hatte ich das *Gefühl* einer langen Zeit; aber ein Zeitempfinden [wie auf Erden] hatte ich nicht mehr.

»Du kannst dich der Deinen annehmen«, sagten die beiden. »Wir werden gemeinsam zu ihnen hingehen.«

Ja, das sollte mir eine Freude sein! Aber plötzlich kam doch etwas wie eine Trauer über mich. »Was werden sie wohl sagen, wenn sie mich in diesem Staate sehen? Was werden sie denken? Mein Mann, der so jähzornig, so böse war – wird er es hier wohl auch noch sein? Mein Sohn, der so ungläubig, so gleichgültig war – wie wird er sich mir gegenüber äußern?« So fragte ich mich.

»Sei unbesorgt! Sei unbesorgt!« sagte der Lehrer zu mir.

Ja, das wollte ich sein – unbesorgt! Und doch kam wiederum eine Trauer über mich wie dazumal. Ich sollte, entfernt von den Meinen, im Glücke leben! Hatte ich doch für die Meinen gelebt, hatte für sie so viele Opfer gebracht – und nun sollte meine Welt des Glücks so weit von ihnen entfernt sein!

Der Schutzgeist ging auf meine Gedanken ein: »Warte, du wirst schon noch Gelegenheit haben, ihnen beizustehen; denn hier steht man einander bei. Man hilft einander. Freilich, das Glück werden sie nicht mit dir teilen können; aber du wirst ihnen Erleichterung bringen können. Doch ehe wir zu ihnen gehen, soll die große Begegnung stattfinden.«

Ein unauslöschliches Erlebnis

Die große Begegnung – wie freute ich mich darauf! Allein der Gedanke daran nahm mir das Gefühl jeglicher Trauer. Ich wollte weiterhin auf *ihn* hoffen. Ich hatte mir ausgedacht, ich wollte vor *ihm* niederknien und wollte für meinen Mann bitten, *er* möge ihm gnädig sein, *er* möge ihm etwas von seiner

Schuld erlassen – ihm und auch dem Sohne. Ich wollte *ihn* anflehen. Das hatte ich mir zurechtgelegt.

Es wurde ein Fest gegeben – ein Fest, das auch die Wesen in der Jenseitswelt an Christi Erdenleben erinnern sollte –, und *er* wollte seine Getreuen besuchen. Wir hatten uns aufgemacht und sollten uns an einem dafür besonders gezeichneten Ort versammeln. Da sollte Christus hinkommen; da sollte *er* zu uns sprechen. Wir sollten *ihn* sehen dürfen!

Es kam der Moment, und wir hatten uns alle so schön wie nur möglich gemacht. Wir gingen an jenen Ort hin, um *ihn* zu sehen und zu hören. Als wir hinkamen, war er schon da, umgeben von einer Schar Geister Gottes. Mir schien es, als sei es eine Schar Wächter. Sie waren prachtvoll gewandet, ihre Gewänder glitzernd; doch ihr Antlitz war nicht so lieblich wie beispielsweise das meines Schutzgeistes. Es war etwas Erhabenes, Respekt Erheischendes, etwas, wovor man sogar hätte Angst bekommen können.

Mein Schutzgeist sagte mir: »Es ist die Wache Gottes. Ja, es ist die Wache Gottes.«

Ihre Gebärden hatten jedoch nichts Kämpferisches, noch hatten sie irgendwelche Gegenstände. Sie wirkten allein durch ihre Erscheinung; denn sie waren groß und breitschultrig. Sie waren auch ganz anders gewandet als unsere Glückseligen.

»Ja«, sagte mein Lehrer, »darüber werde ich dich später unterrichten. Jetzt sage ich dir nur: Es ist die Wache Gottes.«

Mir genügte das. Ich war voller Bewunderung. Doch dann sah ich auch die große Schar Geschwister, die sich versammelt hatte. Sie alle wollten *ihn* sehen; sie alle wollten *ihn* sprechen. »Ich glaube nicht, daß sie alle ihn sprechen können«, sagte ich mir. Nein, das war nicht möglich; denn jene Wächter sorgten dafür. Das konnte nicht gehen.

Da überkam mich plötzlich ein Gefühl der Unsicherheit, und ich überlegte: »Ach, es genügt doch ... es genügt doch, wenn ich niederknie und wenn ich bitte: "Vergib mir, vergib doch all jenen, die dir Leid zugefügt, und vergib doch uns allen die Schulden! Vergib sie auch meinem Mann, meinem Sohn und allen meinen Kindern, weil sie nicht glauben können!"«

»Nun wird es nicht möglich sein, daß du hervortreten kannst«, sagte mein Lehrer zu mir; »aber du wirst ihm schon noch die Hände reichen können. Es wird schon werden. Wann? Es eilt nicht; denn die Seligkeit liegt vor uns! Es gibt für uns kein Heute und kein Morgen. Wir leben immer in der Seligkeit, und doch gibt es eine Zukunft. Du hast dich auf diese Begegnung gefreut, und du wirst dich auf die nächste Begegnung freuen; denn es wird wiederum ein großes Ereignis werden.«

Wir freuten uns alle. Anfangs waren wir einfach stumm. Wir konnten nicht reden. Alles war so stille – ein großes Staunen war über uns gekommen! Wir mußten unser Auge auf diese Schönheit richten und brachten kein Wort hervor ob dieser seiner Schönheit, ob diesem Gottesstaat, den er mit sich brachte.

Plötzlich wurde die Stille gebrochen. Es waren die Wächter, die zu jubeln anfingen, und wir stimmten alle ein, und unter diesem Jubel bahnten sich die göttlichen Wächter mit Christus, ihrem König, einen Weg durch die Menge und entschwanden unseren Augen.

Wer zum erstenmal solches erlebt, dem geht es in die Tiefe seines Gemütes – der sieht diese Herrlichkeit noch lange vor seinem Auge. Das Erlebnis ist unauslöschlich! Wo man auch hintritt – immer wieder hat man dieses Bild vor Augen! Das Erlebnis hat eine solche Beständigkeit, daß man glaubt, es immer aufs neue zu erleben. Wenn ich euch dies erzähle, so könnt ihr Menschen es kaum erfassen; aber ihr könnt Gleiches erleben, wie ich es erleben konnte.

Das war meine erste Begegnung mit Christus.

Diese Glückseligkeit sollte mich jedoch nicht aufhalten, meine Aufgabe zu erfüllen. Ich wollte doch zu meinem Mann und zu meinem Sohn!

Geister Gottes steigen
hernieder, um zu helfen
und zu dienen

Ich ging mit meinen beiden Freunden hin und besuchte sie. Sie waren nicht beisammen, jedoch nicht weit voneinander entfernt. Sie staunten und brachten nur das eine Wort hervor: »O Mutter!« Es war

Staunen, Rührung, Trauer. Weiter hatten sie nichts gesagt.

Ich dachte, mein Mann könnte sich empören, er könnte noch dasselbe Gemüt haben wie als Mensch; aber von seiner Roheit hatte er schon vieles abgelegt, oder man hatte ihn dazu gebracht, es abzulegen. Ich sah nur, daß er litt und der Sohn ebenfalls. Sie beide waren in einer bedrängten, leidvollen Lage... Ich selbst war nicht imstande zu reden, und so führten mich meine beiden Freunde am Arm wieder weg.

So ging ich zurück in meine Welt der Seligkeit. Ich besprach mich aber mit meinem Lehrer und sagte ihm: »Ich will ihnen doch helfen!«

»Es ist gut, daß du das tun willst«, sagte er; »wir werden ja wieder zu ihnen gehen, und du wirst sie sogar alleine aufsuchen können.« Dann aber fuhr er fort: »Sie müssen so lange in der Bedrängnis bleiben, bis sie den gezeichneten Teil ihrer Schuld abgetragen haben. Du kannst ihnen jedoch, solange sie in der Bedrängnis sind, mit deinen Besuchen Erleichterung verschaffen. Sie werden sich vom einen zum andern Mal freuen, und ihre Zuversicht und Hoffnung werden wachsen, und sie werden mutiger werden und in ihrer Bedrängnis ausharren; denn sie wissen um die Befreiung. So sollst du mit ihnen über ihre Befreiung reden.«

So ging ich oft zu ihnen hin und durfte sie dann schrittweise emporführen. Später kamen auch meine anderen Kinder, und ihnen mußte ich ebenfalls beistehen und durfte ihnen Fürsprecherin sein, und ich vermochte auch ihnen die Bedrängnis zu erleichtern.

In dieser Weise dehnte ich meine Aufgabe aus. Ich mußte meine Welt der Seligkeit verlassen und zu den armen Seelen hinuntersteigen, um ihnen Erleichterung zu bringen. Dies tat ich nicht alleine; mit mir tun es sehr, sehr viele Geister – aus allen Richtungen des Himmels trägt man zur Erleichterung der Unseligen bei. Dieses sollte fortan auch meine Aufgabe bleiben.

So erfüllte ich meine Aufgabe, und mein Lehrer stand mir zur Seite. Noch war ich in Unkenntnis über viele Dinge – über die geistigen Gesetze. Zunächst war ich eigentlich gar nicht neugierig, warum es soundso sei – die Hauptsache war mir die Seligkeit, das Zuhausesein bei Gott und bei Christus. Das bedeutete mir alles.

Doch der Lehrer belehrte mich: »Man muß das Glück teilen können; man muß den Ärmsten beistehen. Wer geistig kraftvoll geworden ist, muß von seiner Kraft den Schwachen geben. Wir haben dir Trost gebracht, und so sollst du nun Trost und Beistand jenen Ärmsten zukommen lassen. Du sollst tun, was wir an dir getan haben, im Rahmen dessen, was du vermagst.«

So wurde ich ständig unterrichtet, und mein Lehrer erklärte mir jeweils, was für Aufgaben ich erfüllen sollte.

Das ist, was ich euch zu sagen hatte.

So steigen Geister Gottes hernieder, um zu helfen und zu dienen, um diese Ärmsten emporzuführen in die Welt der Seligkeit, so wie auch Christus sein Reich verlassen und gedient hat und den Menschen die Rückkehr in die Welt der Seligkeit ermöglicht hat. So wie *er* die Seinen emporziehen will, tun es seine Getreuen, die ihm zu Diensten stehen; denn sie alle gehen in seinem Auftrag aus und verkünden sein Wort und seinen Willen.

So kehre ich wieder in meine glückselige Welt zurück. Ich bin nicht alleine gekommen, sondern man hat mich begleitet. Durch meine Erzählung konnte ich euch eine gehobene Atmosphäre bringen ... einen kleinen Beitrag dazu leisten, daß ihr dereinst Gleiches erleben möchtet ..., und so überlasse ich euch dem Segen Gottes.

Gottergebenheit und Treue im Glauben werden belohnt; die Trauernden werden getröstet. Auch ungesehenes Leid wird im Himmel gesehen und belohnt, wenn es im Vertrauen auf Gott getragen wird. Unglauben und Roheit werden bestraft; Schulden müssen getilgt werden. Man begegnet in jedem Fall jenen, denen man Leid zugefügt hat, und ist abhängig von ihrer Vergebung und ihrer Barmherzigkeit.

Geistig Höherstehende helfen den Tieferstehenden. Sie geben ihnen Mut, Hoffnung, Zuversicht und bringen Erleichterung in der Bedrängnis. Auch so werden wiederum

die Trauernden getröstet, und den Rohen kann Liebe zuteil werden.

Der Himmel hat für den, der seiner würdig ist, viele
Überraschungen. Er kann wahrhaft beseligen und beglük-
ken, erlittenes Unrecht und Leid vergelten und vergessen
machen.

Das beglückendste und nachhaltigste Erleben überhaupt ist die Begegnung mit Christus, dem König aller
Geschöpfe!

Zusammenfassung

Die in diesem Buch abgedruckten Erlebnisberichte jenseitiger Wesen enthalten viele Hinweise auf zurückliegende Erdenleben. Selbstverständlich haben sich die Lebensumstände auf der Erde seither gewandelt. In unserem heutigen Leben gelten andere Bedingungen zu unserer Prüfung und Bewährung als einstmals. Allerdings gibt es Grundtatsachen, *die über den Wandel der Zeiten hinweg unverändert Gültigkeit haben. Einige dieser Grundtatsachen, soweit sie in den vorliegenden Erlebnisberichten erkennbar und auch heute noch unverändert gültig sind, seien hier zusammenfassend hervorgehoben:*

Das Leben geht weiter. Nach dem Leben auf der Erde geht es im Jenseits weiter, und nach einem Aufenthalt im Jenseits folgt wieder ein Leben auf der Erde – in wiederholtem Wechsel, bis zur Erkenntnis und vollständigen Bejahung der göttlichen Ordnung.

Das Leben im Diesseits und das Leben im Jenseits sind eng aufeinander bezogen; sie bedingen einander. Das Leben auf der Erde mit seinen besonderen Umständen dient der Prüfung und Bewährung des einzelnen. Das Leben im Jenseits dient der Läuterung, Belehrung, Höherführung, Beglückung und der Vorbereitung auf neue Aufgaben und Prüfungen.

Die göttliche Welt ist eine Welt der Ordnung. Jedes Wesen im Diesseits und im Jenseits – ohne Ausnahme – hat in dieser Ordnung seinen Platz, seine Aufgabe und seine persönliche Betreuung.

Jedes Wesen muß sein Denken und Handeln selbst verantworten. Für alles wird es selbst zur Rechenschaft gezo-

gen. *Die göttliche Gerechtigkeit berücksichtigt dabei in vollendeter Weise die persönlichen Gegebenheiten und Umstände.*

Der Himmel hat viele Stufen und Ebenen, der Entwicklung des einzelnen entsprechend. Jedes Wesen gehört gesetzmäßig einer bestimmten Stufe an. Das Höhersteigen ist ihm nur möglich durch Überwindung seiner Fehler und Schwächen sowie durch geistige Verdienste.

Im Himmel herrscht rege und vielfältige Tätigkeit. Das Wirken des einzelnen richtet sich nach seiner Entwicklungsstufe und seinen Talenten. Je nach Entwicklungsstand kann die ihm zugewiesene Tätigkeit als Last oder als Beglückung empfunden werden.

Die Formen der himmlischen Welt und das Erleben sind unendlich vielfältig. Viele Wesen überrascht nach ihrem Übertritt die Ähnlichkeit von Jenseits und Diesseits. In höheren jenseitigen Ebenen jedoch sind die Formen und Gestaltungen ungleich mannigfaltiger und glanzvoller als auf der Erde, wo sie nicht mehr als einen schwachen Abglanz dieser himmlischen Welten bilden. Die reinen Urbilder sind im Himmel.

Im Himmel wird ständig Neues geschaffen und Bestehendes verändert. In allen Stufen und Ebenen werden dazu schöpferische und tatkräftige Helfer gebraucht. Im schöpferischen Wirken zur Ehre Gottes und zur Freude und Überraschung aller Himmelsbewohner finden die dafür talentierten Geistwesen höchste Erfüllung.

Eine große Verbundenheit herrscht unter allen Wesen, die in der göttlichen Ordnung leben. Geistig Höherentwickelte bringen den weniger entwickelten Wesen (ob Geist, ob Mensch) Trost, Hilfe, Befreiung. Geistig Erstarkte set-

zen sich ein für die Schwachen, um sie zu stärken, zu führen, emporzuheben in ihrem geistigen Stand. Dabei spielen verwandtschaftliche und freundschaftliche Bindungen eine besondere Rolle. Es gibt irdische Bindungen, die in der Höherentwicklung allmählich an Bedeutung verlieren, und geistige Bindungen, die allmählich an Bedeutung gewinnen (geistige Familien, Ehen und Freundschaften aus der Frühzeit der Schöpfung – vor dem Abfall und Sturz der Geister[1]). Auch zwischen Jenseitigen und Menschen spielen solche Bindungen eine Rolle (Schutz- und Führergeister).

Der Himmel kann wahrhaftig beglücken und beseligen, und zwar in einer Weise und einem Ausmaß, wofür menschliche Erfahrungen und Vorstellungen nicht ausreichen. Die Nähe zu Gott und Christus und die Mitwirkung im Heils- und Erlösungsplan in ihrem Auftrag bedeuten höchstes Glück, für das sich jede Anstrengung lohnt.

---

[1] Vgl. hiezu: W. Hinz, »Woher – Wohin«, ABZ Verlag, Zürich 1980.

Nachwort

Dem aufmerksamen und unvoreingenommenen Leser ist kaum entgangen: Das Gelesene hat Konsequenzen – Konsequenzen für das eigene Leben. Nicht allein auf die Kenntnis der aufgezeigten Zusammenhänge kommt es aber an, sondern vielmehr auf die inneren Einstellungen und die daraus resultierende Handlungsweise des einzelnen: »An ihren Früchten sollt ihr sie erkennen.« (Matthäus 7, 16 ff.)

Durch dieses Buch wurden wichtige Themenkreise angeschnitten und Fragen beantwortet. Solche Berichte Verstorbener werfen aber viele weitere Fragen auf: nach dem Woher und Wohin der aufsteigenden Wesenheiten, nach Ursprung und Ziel der Schöpfung, nach dem Warum und Wozu der Erlösung durch Jesus Christus (Erlösung wovon?) und des menschlichen Daseins überhaupt. Diese Fragen können heute beantwortet und verständlich gemacht werden – infolge der erlangten Freiheit in Glaubensfragen und dank den von Christus verheißenen Geistern der Wahrheit: »Wenn aber jene Geister der Wahrheit kommen werden, werden sie euch in alle Wahrheit einführen.« (Vgl. Johannes 16, 12–13.)

Es ist jedoch nicht möglich, alles, was Geister der Wahrheit in der Neuzeit offenbart und gelehrt haben, in einem Buch unterzubringen. Viele Bände sind damit gefüllt. Hier wird deshalb auf weitere zusammenfassende Bücher empfehlend hingewiesen (alle im ABZ Verlag, Zürich):

Aus der Reihe
»Indizien statt Dogmatismus«
W. Hinz, »Woher – Wohin«

W. Hinz, »Neue Erkenntnisse zu Leben und Wirken Jesu« (in Vorbereitung)

Inhaltsverzeichnis und Durchgabedaten

Die Rechnung

befindet sich im Briefumschlag
aussen auf der Verpackung.

INDIZIEN – WARUM?

Die Naturwissenschaften geben Aufschluß über die Wirkung von Kräften, jedoch nicht unmittelbar über diese Kräfte selbst. Wohl aber vermögen aus der Wirkung ableitbare Indizien durch deren logische Verknüpfung mittelbar Gesetze von Ursache und Wirkung zu erschließen.

Die Reihe »Indizien statt Dogmatismus« will diese Möglichkeit der Wahrheitsfindung auf Wissensgebieten verwerten, die durch Dogmatismus suspekt gemacht wurden. Wo bis heute durch solchen Dogmatismus selbständiges Denken gehemmt, ja unterbunden wird, sollen nun Indizien, die für sich selbst sprechen, zu Wort kommen und damit dem Leser eine eigenständige Beurteilung ermöglichen.

Der Verlag

GEISTIGE WELT

Älteste und verbreitetste Zeitschrift über Jenseitswissen in deutscher Sprache

Erscheint seit 1948

In dieser 14tӓglich herausgegebenen Zeitschrift werden die im Rahmen der Geistigen Loge Zürich erhaltenen Jenseitskundgaben und die daraus erarbeiteten neuen Erkenntnisse veröffentlicht.

Außerdem werden periodisch Einführungsvorträge für Neuinteressenten publiziert, die beim Verlag kostenlos bezogen werden können.

THE SPIRITUAL WORLD

Zeitschrift über Jenseitswissen in englischer Sprache

Erscheint seit 1965

In dieser monatlich herausgegebenen Zeitschrift werden im Rahmen der Geistigen Loge Zürich erhaltene Jenseitskundgaben veröffentlicht.

Probeexemplare können beim Verlag kostenlos bezogen werden.

ABZ Verlag
Münchhaldenstrasse 9
CH-8034 Zürich